Sobre la realidad

XAVIER ZUBIRI

Naturaleza, Historia, Dios (1.ª ed., 1944 en Editora Nacional; 9.ª edición en Alianza Ed., 1987)
Sobre la esencia (1.ª ed., 1962 en Moneda y Crédito; 5.ª edición en Alianza Ed., 1985)
Cinco lecciones de filosofía (1.ª ed., 1963 en Soc. de Estudios y Publicaciones; 6.ª ed., en Alianza Ed., 1988)
Inteligencia sentiente/Inteligencia y Realidad * (1980/1991)
Inteligencia y logos (1982)
Inteligencia y razón (1983)
El hombre y Dios (1984)
Sobre el hombre (1986)
Estructura dinámica de la realidad (1989)
Sobre el sentimiento y la volición (1992)
El problema filosófico de la historia de las religiones (1993)
Los problemas fundamentales de la metafísica occidental (1994)
Espacio. Tiempo. Materia (1996)
El problema teologal del hombre: Cristianismo (1997)
El hombre y la verdad (1999)
Primeros escritos (1921-1926), (1999)

Xavier Zubiri

Sobre la realidad

(1966)

Alianza Editorial
Fundación Xavier Zubiri

Primera edición: 2001
Quinta reimpresión: 2025

Reservados todos los derechos. El contenido de esta obra está protegido por la Ley, que establece penas de prisión y/o multas, además de las co-rrespondientes indemnizaciones por daños y perjuicios, para quienes re-produjeren, plagiaren, distribuyeren o comunicaren públicamente, en todo o en parte, una obra literaria artística o científica, o su transformación, interpretación o ejecución artística fijada en cualquier tipo de so-porte o comunicada a través de cualquier medio, sin la perceptiva autorización.

© Fundación Xavier Zubiri
© Alianza Editorial, S. A., Madrid, 2001, 2018, 2022, 2024, 2025
Calle Valentín Beato, 21; 28037 Madrid

ISBN: 978-84-206-9063-6
Depósito legal: M. 34.240-2001
Printed in Spain

SI QUIERE RECIBIR INFORMACIÓN PERIÓDICA SOBRE LAS NOVEDADES DE
ALIANZA EDITORIAL, ENVÍE UN CORREO ELECTRÓNICO A LA DIRECCIÓN:
alianzaeditorial@anaya.es

La Fundación Xavier Zubiri agradece a la **Fundación Caja de Madrid** la ayuda prestada a la edición de estos textos

PRESENTACIÓN

«Las ciencias estudian lo que las cosas reales son en realidad, por ejemplo la electricidad, las células, las sociedades humanas, etc. La filosofía estudia algo mucho más vidrioso y más sutil: en qué consiste que algo sea real. Por lo menos, esa es mi idea de la filosofía. Y a esa inquisición he dedicado los muchos años que ya cargan sobre mis espaldas.» (XAVIER ZUBIRI, 31.I.1983).

En diciembre de 1962, diecisiete años después de la aparición de *Naturaleza, Historia, Dios*, Xavier Zubiri publicaba *Sobre la esencia*. Iniciaba con esta obra la elaboración de su filosofía madura y de mayor originalidad, abriendo una nueva etapa en su pensamiento, la tercera y última, que él mismo calificara de metafísica en el «Prólogo a la traducción inglesa» de *Naturaleza, Historia, Dios*, donde afirma que frente a las cuatro ingentes y falsas sustantivaciones sobre las que ha estado montada la filosofía moderna: el espacio, el tiempo, la conciencia y el ser, él ha intentado una idea de lo real anterior a ellas. «Ha sido el tema —escribe— de mi libro *Sobre la esencia*: la filosofía no es filosofía ni de la objetividad ni del ente, no es fenomenología ni ontología, sino que es filosofía de lo real en cuanto real, es metafísica.» Etapa metafísica que alcanza su máxima expresión en la trilogía sobre la inteligencia humana: «A su vez, —prosigue— la intelección no es conciencia, sino que es mera actualización de lo real en la inteligencia sentiente. Es el tema del libro que acaba de aparecer, *Inteligencia sentiente*». Por tanto, en sus dos grandes obras creadoras realiza Zubiri una doble y formidable liberación: la del concepto de realidad de su adscripción a la sustancia y la del inteligir de su primordial función de juzgar. En efecto, sostiene Zubiri, en *Sobre la esencia*, que las cosas reales no son sustancias ni sujetos sustanciales, sino sustantividades o sistemas sustantivos, y, en *Inteligencia sentiente*, que el acto primario y formal de la intelección no es el idear o juzgar, sino el tener impresión de las cosas mediante la aprehensión primordial de realidad: un único acto elemental, exclusivo y radical de la inteligencia que, por lo que tiene de impresión, es sentiente y, por lo que tiene de realidad, es intelectivo.

Sin embargo, la aparición de *Sobre la esencia* causó tal perplejidad y desazón en sus lectores, que se les hacía difícil reconocer en sus páginas al autor que en 1944 había logrado ofrecer un pensamiento innovador enraizado en las tres grandes creaciones intelectuales de Occidente —la filosofía griega, la ciencia moderna y la tradición fenomenológica—, al tiempo que había radicalizado las cuestiones filosóficas hasta su dimensión ontológica. El Xavier Zubiri de 1962 era visto como un neoescolástico reincidente en el realismo ingenuo y a su libro se hacían, entre otras, las críticas de ser excesivamente estático y de estar falto de fundamento epistemológico. A ambas objeciones responderá Zubiri con sendos cursos: a la primera, en 1968, con el curso *Estructura dinámica de la realidad* (Alianza Editorial/Fundación Xavier Zubiri, Madrid, 1989) y a la segunda, un par de años antes, con el curso *Sobre la reali-*

dad. Uno y otro, en diversos aspectos coincidentes o complementarios, son prolongación natural de *Sobre la esencia*.

Por lo que se refiere al curso de 1966, así se desprende de lo dicho por Zubiri en la introducción al anunciar de qué se va a ocupar y justificar su elección del tema de la realidad: «como cada uno es hijo de sus obras, no puede hacer otra cosa sino exponer aquí el modo como ve este *problema de la realidad*, un modo que, en definitiva, está ya impreso y publicado»; a lo que, líneas después, añade: «en lugar de pensar que lo que fuera a hacer es desarrollar los conceptos de mi libro, que necesitarían, como los de cualquier libro, un desarrollo, voy a hacer estrictamente al revés: ceñirme a unos cuantos conceptos fundamentales, para esclarecerlos en sí mismos y tratar de ver cómo con ellos —de una manera todo lo provisional e insuficiente que se quiera— me he imaginado que se podía organizar el problema de la realidad en mis publicaciones.» En estas lecciones Zubiri, apoyándose en el trabajo editado cuatro años antes, ofrece también la base conceptual de sus investigaciones filosóficas.

Aparecen, por tanto, en las páginas de *Sobre la realidad* conceptos y expresiones, explicaciones y desarrollos, autores y referencias ya contenidos en *Sobre la esencia*. Zubiri seguirá viendo la realidad sustantiva como un sistema de notas cuyo momento de realidad se apoya en la esencia, «el sistema de notas necesarias y suficientes para que haya una sustantividad», a la que denominará unidad coherencial primaria, gracias a la cual las cosas son reales: es la realidad como transcendental. Sin embargo, mientras que en *Sobre la esencia* la primariedad de la realidad como un «de suyo» en la inteligencia sentiente no aparece hasta bien avanzado el capítulo 9, en su artículo 3, el primer capítulo de *Sobre la realidad* está destinado a exponer, en diálogo con Husserl, Heidegger y Sartre, cómo la realidad en cuanto tal se presenta al ser humano en un acto de intelección sentiente, la aprehensión impresiva de realidad, por y en la que se actualiza lo real en tanto que real. De este modo anticipa Zubiri dos tesis básicas de su filosofía que, catorce años después, serán formuladas cabalmente y desarrolladas ampliamente en su obra sobre la inteligencia humana: una, que el saber y la realidad son estrictamente congéneres, y, otra, que la intelección humana es formalmente mera actualización de lo real en la inteligencia sentiente. En pocas ocasiones se ha realizado un trabajo de metafísica tan coherente, riguroso y que, a partir del análisis del acceso intelectivo del hombre a la realidad, consigue ampliar y enriquecer la conceptuación del orden transcendental —cuya exposición en este curso mejora la hecha en el libro de 1962—. Ardua tarea que Zubiri considera inevitable para el metafísico, según advierte antes de poner el punto final al texto: «La metafísica es una ocupación intelectual que el hombre puede tener o no; pero, si el hombre se decide a tenerla, entonces ha de hacerse cargo de la dimensión transcendental de la realidad en cuanto tal. Cosa que se dice muy pronto y parece muy huera, pero no lo es, ya que es el piélago en el que se pierde la inteligencia humana, cuando quiere hacer conceptos a la medida a propósito de la realidad en cuanto tal.»

* * *

Sobre la realidad es, pues, el título de un curso breve que, organizado por la Sociedad de Estudios y Publicaciones, dictó Xavier Zubiri los días 28 y 30 de noviembre, y 2, 5, 7, 9, 12 y 15 de diciembre de 1966. Las ocho lecciones impartidas fueron grabadas en cinta magnetofónica y después transcritas. Zubiri revisó posteriormente la transcripción y dispuso la estructura del texto, esbozando los contenidos del mismo en una introducción, cuatro capítulos y una conclusión, poniendo el título a diferentes capítulos, parágrafos y apartados, modificando y tachando unas cosas, escribiendo otras e insertando algunas notas.

Ha sido el texto original transcrito y revisado por el propio autor el que ha servido de base para la publicación del curso en forma de libro. Sobre él se han realizado algunas correcciones para lograr transformar el discurso hablado en texto escrito, intentando compaginar la máxima fidelidad a lo expresado en lenguaje oral y la deseable fluidez del lenguaje escrito. Para ello se han suprimido las alusiones a la organización del curso y las referencias al auditorio, se han evitado licencias gramaticales y giros propios de la expresión oral difícilmente integrables en la expresión escrita, se han eliminado la mayor parte de las represiones y las frases coloquiales del texto, se han completado frases no acabadas e introducido expresiones fácilmente deducibles del contexto del discurso. No obstante, por habernos mantenido fieles en todo momento al espíritu de su autor puede decirse del libro que ahora ve la luz que procede íntegramente de Zubiri.

A las anotaciones hechas por el propio Zubiri en el texto transcrito se han añadido algunas notas a pie de página con el objeto de identificar y localizar las referencias concretas de las citas explícitas que aparecen en el texto. Así mismo se ha incluido como apéndice el artículo que, a partir de lo expuesto en la primera lección de este curso, publicó Xavier Zubiri, como homenaje a Pedro Laín Entralgo, con el título «Notas sobre la inteligencia humana» en *ASCLEPIO, Archivo Iberoamericano de Historia de la Medicina y Antropología Médica*, vols. XVIII-XIX, años MCMLXVI-VII, pp. 341-353.

Terminaré estas líneas expresando algunos ineludibles agradecimientos: A Diego Gracia, Director de la Fundación Xavier

Zubiri, tanto por haberme confiado la preparación del manuscrito para su edición como por haber leído minuciosamente el borrador del mismo y haberlo corregido, introduciendo en él importantes mejoras. También a Asunción Madinaveitia, Secretaria General de la Fundación, por la ayuda prestada en la lectura de las anotaciones hechas por el propio Zubiri. Asimismo a Carlos Baciero, Antonio González, Víctor M. Tirado, miembros del Seminario X. Zubiri, por haberme facilitado la localización y transcripción de algunas citas.

JOSÉ A. MARTÍNEZ

INTRODUCCIÓN

Voy a desarrollar en las páginas que siguen el tema de *la realidad*. Ningún tema necesita una justificación estricta; basta con que sea un tema para que uno se decida a tratar de él. Pero, en el caso de la realidad hay un motivo, más o menos externo, que justificaría que se hablara de ella; y es que, a diferencia de lo que ha podido acontecer en otros momentos de la historia, el hombre actual, por una razón o por otra —no es cuestión de hacer una disección del problema—, tiene ansia de realidad, de ir a la realidad efectiva de las cosas.

Una segunda razón, menos contundente si se quiere, pero también más innegable, es que se trata de un estudio de metafísica. Nadie tiene obligación de interesarse por la metafísica, pero supuesto que uno se interese por ella, no puede extrañar que hable acerca de la realidad.

Tanto más cuanto que, en tercer lugar, como cada uno es hijo de sus obras, no puede hacer otra cosa sino exponer aquí el modo como ve este *problema de la realidad*, un modo que, en definitiva, está ya impreso y publicado[1]. Por eso pudiera resultar un tanto reiterativo lo que me propongo hacer ahora,

---

[1] Alude Zubiri a *Sobre la esencia*, obra publicada en diciembre de 1962.

pues inevitablemente va a estar sometido a toda clase de repeticiones respecto de lo escrito, y respecto incluso de lo que he dicho en muchas lecciones y cursos míos, a lo largo de tantos años.

Ahora bien, en lugar de pensar que lo que fuera a hacer es desarrollar los conceptos de mi libro, que necesitarían, como los de cualquier libro, un desarrollo, voy a hacer estrictamente al revés: ceñirme a unos cuantos conceptos fundamentales, para esclarecerlos en sí mismos y tratar de ver cómo con ellos —de una manera todo lo provisional e insuficiente que se quiera— me he imaginado que se podía organizar el problema de la realidad en mis publicaciones.

En este sentido voy a dividir las páginas siguientes en cuatro puntos fundamentales:

En primer lugar, el enfoque del problema de la realidad.

En segundo lugar, la idea de lo real en su realidad.

En tercer lugar, cuál es la estructura de la realidad en tanto que realidad.

Y, en cuarto lugar, cuáles son los modos que tiene lo real en orden a la realidad en cuanto tal.

Estos son los cuatro capítulos que fundamentalmente vamos a abarcar en las páginas de este texto.

CAPÍTULO I

EL ENFOQUE DEL PROBLEMA DE LA REALIDAD

En primer lugar, el enfoque del problema. Un punto al que vamos a dedicar este capítulo inicial.

§ 1. EL ENFOQUE DEL PROBLEMA

A primera vista parece que enfocar el problema de la realidad no tiene mucho que ver con el problema mismo, puesto que, en definitiva, puede tomarse como un problema planteado ya, sin más, a propósito de esa cosa que llamamos *la realidad*.

Sin embargo, esto no es completamente exacto. A fuerza de haber desarrollado la metafísica en direcciones múltiples a lo largo de la historia, se ha ido haciendo de ella, al final del siglo XIX y sobre todo al comienzo del XX (especialmente por parte de aquellos que más cuestión hacen en su labor intelectual de haber elaborado una metafísica: piensan que los demás tratan de teoría del conocimiento, puesto que la metafísica la tienen ellos), una especie de conjunto de verdades inconcusas absolutas, que ahí están y que uno toma o deja, o en todo caso justifica, aunque no en su razón intrínseca de verdades. Ahora bien, esto no es verdad más que a medias, porque la metafísica, como cualquier ciencia, por muy absoluta que sea, por muy verdadera que se la suponga, es siempre un modo humano de conocer, de saber o, por lo menos, de querer saber lo que es la realidad en cuanto tal. Sería quimérico pretender que de cualquier saber humano pudiese borrarse sin más ese coeficiente de humanidad que obliga a plantear el problema en cierta forma, que lo hace discurrir por determinados cauces.

La metafísica, como cualquier otra disciplina intelectual, tiene una verdad que le es propia, pero pende en buena medida —veremos inmediatamente en qué medida: justo éste es el tema del enfoque— del modo como el objeto que es término del problema se presente ante el hombre. Un modo de presentación que, en definitiva, revierte a la cuestión del modo como el hombre tiene acceso a ese objeto (en este caso llamamos objeto a la realidad en cuanto tal) acerca del cual se va a plantear un problema.

A este respecto lo primero que habría que decir muy enérgicamente es que no se trata con esto de una teoría del conocimiento metafísico. No. Porque la expresión *teoría del conocimiento* tiene un sentido ya consagrado, bastante triste y penosamente, en la historia de la filosofía de los últimos decenios; *teoría del conocimiento* no significa averiguar cómo el conocimiento puede pasar de sus estados internos y representativos a aquello que estos estados pretenden representar. No se trata de esto, ante todo, porque no es verdad que aquí nos preguntemos sobre un conocimiento, pues el conocimiento, sea lo que fuere, es siempre y sólo un resultado. Resultado ¿de qué? Por lo menos de la presencia de aquello que es término de ese conocimiento. Y el problema radical estriba, no tanto en el conocimiento que el hombre pueda adquirir de ese objeto, cuanto en el modo primero y primario como ese objeto se presenta a la mente del hombre. El enfoque de la cuestión es una precisión, un intento de precisar cómo se presenta lo real como real al hombre.

No basta con que las cosas sean reales para que constituyan y nos planteen un problema. Es menester que se presenten en una cierta forma para que lo haya. Y el verdadero problema nace de que el objeto presente, en este caso la realidad en cuanto tal, no es sin más un término sobre el que recae libremente mi acto de intelección. Si así fuera, yo podría, hasta cierto punto, prescindir de ese objeto; uno puede, por ejemplo, ocuparse de la estructura interna de los astros pero no de astrofísica. Ahora bien, en el caso de la realidad esto no es un así. El objeto sobre el que recae la pregunta por la realidad en cuanto tal, no es un término meramente extrínseco sino algo que, en una u otra forma, se me presenta a mí *desde mí mismo*. Tengo un modo propio de enfrentarme con las cosas en virtud del cual, inexorablemente, la realidad en cuanto tal se me presenta como algo intrínseco a mi acto de referirme a las cosas y no simplemente como un término extrínseco, como algo aportado por ellas. Y nos preguntamos por cuál es ese modo de presentación. Contestar a esta pregunta es el objeto de este capítulo. Pero, para no perdernos y quedarnos un poco en el vacío, podemos y debemos estar anticipadamente advertidos de que este modo no es un mero acto de conciencia. Puedo decir que no lo es aduciendo veinte mil razones; entre otras, una que considero capital: porque el término *conciencia* nivela fabulosamente cosas que no pueden nivelarse, como veremos. De una manera puramente provisional y nominal, llamemos a ese modo *inteligencia* [1]. No tomo aquí *inteligencia* como facultad o como $\delta\acute{u}\nu\alpha\mu\iota\varsigma$, sino tan sólo $\kappa\alpha\vartheta'\acute{\varepsilon}\nu\acute{\varepsilon}\rho\gamma\varepsilon\iota\alpha$, es decir, como un

---

[1] A partir del contenido de este primer capítulo publicó Zubiri en AS-CLEPIO, *Archivo Iberoamericano de Historia de la Medicina y Antropología Médica*, vols. XVIII-XIX, años MCMLXVI- VII, pp. 341-353, como homenaje a

acto en que el hombre se enfrenta con las cosas en un cierto modo, que es el que hay que averiguar. El modo humano como se nos presenta la realidad acerca de la cual nos preguntamos qué es en tanto que tal es, por lo pronto, el que llamamos *modo de intelección*. Pero decir esto es decir muy poco, mientras no se aclaren los términos. Esta aclaración es la que tiene que venir de inmediato.

Aunque ya desde el principio pareciera que este enfoque es sumamente preciso, no está, sin embargo, exento de objeciones, porque decir que la realidad en cuanto tal se presenta en un acto de intelección, puede suscitar ciertas reacciones no del todo injustificadas. Porque ¿es que los sentidos no nos dan la realidad?

No sólo en la historia entera de la filosofía sino en toda la historia de los saberes humanos, se ha considerado que los sentidos nos dan cosas reales y que es así como éstas están dadas. Por consiguiente, la inteligencia, si algo tiene que hacer con ellas, es lo que los sentidos no pueden hacer, que es entenderlas y saber lo que son. Pero, en cuanto tales, las cosas reales nos están ya dadas por los sentidos. Tenemos, pues, aquí una dualidad, sensibilidad-inteligencia, que es menester esclarecer en el exordio mismo del problema, ya que es la que nos conducirá de una manera directa a descubrir en qué consiste concretamente el modo como eso que llamamos *realidad en cuanto tal* le es presente al hombre, y sobre la cual se pregunta el hombre muchas cosas, algunas de las cuales vamos a tratar de averiguar en los capítulos ulteriores.

Que estos presuntos *datos* exclusivos de la sensibilidad son una cosa ancestral en filosofía es evidente, pero también es

---

Pedro Laín Entralgo, el artículo «Notas sobre la inteligencia humana». Es el que aparece como apéndice en este libro.

terriblemente dudosa. Para ver esto, basta con echar mano de tres libros contemporáneos. El primero de ellos es la *Fenomenología* de Edmund Husserl.

Husserl hace un análisis de los actos intencionales con que el hombre se refiere a las cosas. Y nos dice que no en todos, pero sí en casi todos hay aprehensión del mundo sensible: así, en una percepción hay unos momentos intencionales según los cuales mi conciencia se refiere, por ejemplo, a esta mesa, que tiene una determinada forma, que se queda aquí cuando yo me voy, que puede estar ahí aunque yo no la mire, etc. Este momento claramente intencional está compuesto, como toda intencionalidad, de dos aspectos: el aspecto noético del acto, por el cual yo me refiero a la mesa, y su noema, aquello que el acto menciona. Pero Husserl dice, además, que si vamos quitando las intenciones, nos quedamos en la percepción con algo que no es intención y que él llama *materia*, ὕλη, el elemento hilético de la percepción. De este elemento hilético de la percepción, se esperaría que Husserl hubiese dicho grandes cosas. Pero uno abre el libro y con gran pasmo lee: «Lo que llamamos la sensibilidad en sentido estricto representa el residuo fenomenológico de lo que en una percepción externa normal nos queda, después que hemos quitado la intención»[2]. ¿Se puede llamar a lo hilético un mero residuo, sin más? Residuo ¿de qué? La cosa no deja de ser pasmosa en un fenomenólogo, cuando, más aún, dice luego que esta diferencia pertenece a uno de los problemas fundamentales de la fenomenología. Sí, pero resulta que la materia nunca desempeñó ningún papel en la fenomenología de Husserl, como no fuera para apoyar en ella una intención *única*, sobre la cual va

---

[2] Cf. Husserl, E., *Ideen zu einer reinen Phänomenologie und phänomenologische Philosophie*, § 85, Max Niemeyer Verlag, Halle, 1922 [= *Ideen*], p. 173.

a hacer incidir su reflexión filosófica. Porque ¿qué función desempeña la materia que no sea meramente residual? Y, si lo es, ¿por qué es ésta la función de los sentidos? ¿Se puede llamar a la sensibilidad en bloque un residuo fenomenológico, *die Sinnlichkeit ein phaenomenologisches residuum*?

Unos años más tarde, un discípulo suyo, Martin Heidegger, describe la existencia del hombre en el mundo, el existir humano, como un encontrarse con las cosas, *das Dasein des Befindlichkeit*. Y este encontrarse con las cosas —nos dice— es una facticidad. Ahora bien —añade Heidegger inmediatamente—, la facticidad, *Facktizität*, no es *die Tatsachlichkeit*, es decir, no consiste en que de hecho las cosas me estén presentes, *Vorhanden*, ni es un *factum brutum*, un hecho bruto, *eines Vorhandenen*[3], sino que es un carácter que la existencia absorbe en sí misma; por tanto, las cosas son aquello sobre lo cual se apoya la existencia para hacerse a sí misma transcender y estar en el mundo, etc. En fin, venimos a lo mismo. ¿Se puede llamar al punto de partida, sobre el cual se apoya el *Dasein* entero del hombre, su acto transcendental —sea cualquiera la opinión que de ese acto se tenga— un mero *factum brutum*? ¿Se lo elimina así, tan tranquilamente?

Uno puede pensar que eso es una ocurrencia de maestro y discípulo. Sin embargo, no están solos. Hay un tercer representante de esta misma orientación que quiero traer a colación. Su nombre es Jean-Paul Sartre.

Sartre se plantea el problema de la libertad humana, y, para convencernos de que el hombre es libre en todas sus estructuras, cuando menos las radicales, habla, por ejemplo, de la roca que alguien va a escalar, que puede dejarse o no escalar,

---

[3] Cf. Heidegger, M., *Sein und Zeit*, § 29, Max Niemeyer Verlag, Tübingen, 1927 [= *SuZ*], p. 135.

etc.; en definitiva, de todo lo que la libertad puede intentar hacer con una roca. Y nos dice que, si es posible pensar incluso en lo que puede ser la roca en sí misma, *s'il est même possible d'envisager ce qu'il peut être en lui-même*, nos aparece como algo neutro, es decir, algo que está esperando ser esclarecido por el fin que el hombre persigue al enfrentarse con la roca. Cierto. Después de estas consideraciones, y tras desarrollar largamente lo que es escalar una roca, dice: «Sin ninguna duda, después de estas observaciones queda siempre un residuo innombrable e impensable, que pertenece al en sí de la roca, y que hace que en un mundo esclarecido por nuestra libertad esta roca sea más propicia a ser escalada que otra»[4]. Pero este residuo no se opone a la libertad sino que la hace posible, etc., etc. En el desarrollo del problema habla el pensador francés de lo que Heidegger ha llamado *existentes brutos*, traduciendo ahí el *factum brutum* por *existencia bruta*.

Ante estos tres testimonios de la filosofía más actual uno no puede menos de preguntarse: ¿Está justificada esta ausencia radical de la sensibilidad en el problema de la filosofía? ¿Es posible eliminarla so pretexto de que es un residuo, un punto de apoyo, algo bruto que, como quien dice, no entra en cuenta, y que el verdadero problema comienza con lo que el hombre hace sobre eso que se llama *brutalidad*? Porque no vaya a resultar que la partida se ha jugado ya en esa brutalidad.

En ese caso tenemos que plantearnos dos cuestiones, que enuncio mediante estas dos preguntas:

En primer lugar, cómo se presentan las cosas a diferencia de lo que nos describen estas presuntas *brutalidades*.

En segundo lugar, cuál es el problema que estas cosas nos plantean.

---
[4] Cf. Sartre, J.-P., *L'être et le néant*, Gallimard, Paris, 1943, p. 562.

Dado que la segunda de ellas será muy breve, vamos a enfrentarnos más temáticamente con la primera.

I. *Cómo se presentan las cosas*

De la lectura de los textos invocados —a ellos quiero referirme y en ellos voy a apoyarme— se deducen tres puntos evidentes:

Primero, la eliminación de la sensibilidad.

Segundo, una cierta concepción de la sensibilidad.

Tercero, una especie de posposición a última instancia de la sensibilidad respecto de lo que sobre ella va a hacer la inteligencia.

Tomemos, pues, esos tres puntos, uno después de otro, para abordarlos en apartados sucesivos.

A) La eliminación de la sensibilidad

En primer lugar, examinemos el punto que alude a la necesidad o prescindencia de la sensibilidad respecto de la intelección.

Como decía antes, es extraña y paradójica esta ausencia de la sensibilidad a lo largo de toda la filosofía moderna. No más ni menos extraña, pero igualmente grave, que la ausencia entera del cuerpo de toda la antropología filosófica de Husserl y Heidegger. Esto es un poco inverosímil, pero así acontece. El hecho es ése. Limitémonos aquí a nuestro problema: la eliminación radical de la sensibilidad.

Esta ausencia de la sensibilidad tiene una larga prehistoria. No vamos a contarla aquí. Pero sí conviene decir que se nutre toda ella de *algo* que, en definitiva, es a su modo verdad. Ese *algo* es el siguiente. Ciertamente, los sentidos nos presentan las cosas. De ello no hay duda ninguna. Pero ¿qué son las cosas? Esto no nos lo pueden decir los sentidos, los cuales sólo nos dan los *datos* para contestar a esta pregunta, que, como tal, no se la puede plantear más que la inteligencia. Entre la inteligencia y los sentidos hay la relación —si se me permite la comparación— que un matemático establecería entre los datos de un problema y el problema mismo, en que los datos y las incógnitas, en su mutua y determinada relación, van a permitir y forzar la resolución o el despeje de la incógnita. Es la inteligencia la que, con los datos de los sentidos y las relaciones primarias y elementales que la razón establece entre esos datos, va a plantearse el problema de qué sea la realidad. Y es, naturalmente, la inteligencia la que va a decirnos qué son las cosas reales.

No es difícil ver que esta concepción nutre todo el pensamiento del racionalismo en sus formas más temáticas y más larvadas —para el caso es igual—. Para no tomar sino la filosofía contemporánea, ahí están los neokantianos con Cohen, por ejemplo, a la cabeza. Nos dice Hermann Cohen que el verdadero realismo es el idealismo, porque *das Gegebene ist immer das Aufgegebene*[5], los datos no hacen sino plantear un problema a la inteligencia, que es la que tiene que resolverlo. Los sentidos no nos dicen lo que es la realidad.

Ante tal afirmación cabría hacer esta pequeña interrogación: Si en los datos no está el momento de realidad, ¿de dónde lo va a sacar la inteligencia? Prescindamos de esto, por el momento. Pero el hecho es que se nos dice que, sin nin-

---

[5] Cf. Cohen, H., *Logik der reinen Erkenntnis*, Bruno Cassirer, Berlin, 1902, p. 20.

guna duda, son *datos* lo que nos proporcionan los sentidos. Ahora bien, esto podrá justificar en cierto modo esta eliminación o, por lo menos, preterición de la sensibilidad, si es que la palabra *dato* no envolviera un grave equívoco que es menester denunciar desde ahora. ¿Qué se entiende por *dato*? Si yo veo una pared, unas sillas o unas mesas, estas percepciones mías, ¿son datos? Sí, innegablemente. Pero ¿qué significa ahí *dato*? ¿Significa lo mismo que, por ejemplo, los datos de un problema, es decir, datos *para* un problema? Esto será verdad en cierto momento, pero primaria y radicalmente no son datos *para* un problema sino *de* la realidad. Ésta es la cuestión.

Se entreveran bajo un solo vocablo dos sentidos completamente distintos; y, a beneficio de esa ambigüedad, se elimina lo más radical de los datos sensibles, que es justamente ser datos de la realidad. La función del dato sensible no es plantear un problema a la inteligencia, sino ser la vía primaria de acceso a la realidad. Y esto es lo que aquella preterición de la sensibilidad en el planteamiento del problema filosófico va dejando completamente en el olvido. La necesidad del momento de la sensibilidad no viene sólo de la necesidad de que haya datos para que la inteligencia resuelva un problema, sino también de que la sensibilidad sea lo que tenga que ser —ya veremos dentro de un rato lo que eso puede ser—; porque, sea lo que fuere, la sensibilidad por sí misma es una vía, *la* vía de acceso de la inteligencia y del hombre en general a la realidad. Son datos los datos sensibles, pero no *para* una inteligencia sino *de* la realidad.

B) La concepción de la sensibilidad

Supuesto que tenga de alguna manera que integrarse dentro del problema filosófico la presencia de la sensibilidad como sistema de datos *de* la realidad de las cosas, nos preguntamos en qué consiste el carácter con que esos datos se presentan precisamente al hombre.

También aquí ha intervenido un concepto que ha facilitado nuevamente, y en cierto modo impuesto, esta preterición de la sensibilidad en el orden de la intelección. Porque se ha dicho —y en esto la historia es todavía mucho más larga que en la referente a los datos— que los datos sensibles consisten en ser una *intuición*. Tengo una intuición de lo que es un color, de lo que es un sonido, de lo que es una mesa. Tengo una intuición en un sentido muy general. No hagamos cuestión de si la percepción está estructurada en una forma o en otra. Como quiera que sea, una vez terminada la percepción, el hombre tiene una intuición de lo que es una mesa, por ejemplo. Tenemos, por tanto, una intuición; y como el hombre carece de intuición intelectual, se concede de buen grado que los sentidos tienen una función esencial que desempeñar en la intelección humana, *pero* en tanto que intuición. Y ésta es la cuestión. Pues uno no puede dejar de interrogarse sobre lo que quiere decirse al hablar de intuición.

¿Qué se entiende por *intuición*? Se dice, desde los tiempos de Aristóteles, que este carácter intuitivo es un conocimiento, una *ignoticia*, una γνῶσις. Aristóteles y Platón lo llamaban también una αἴσθησις, que se caracteriza por ser una presencia in-mediata de la cosa sentida ante el hombre [6]. Pero, si se urge y se pregunta qué se entiende por esta inmediatez, se nos da un concepto negativo: que no haya conceptos interpuestos entre la mente y las cosas, que no haya interpuestos otros tipos de mediación, como las imágenes, los recuerdos, etc., los que se quiera, sino que sea una cosa absolutamente in-

---

[6] Cf. Platón, *Theait.*, 193d5-e4; y Aristóteles, *Met.* I, 1, 981b10-11.

mediata. Con lo cual aparece la intuición sensible como una especie de singular y minúsculo acto cognoscitivo respecto a lo que sería la inteligencia, la cual puede hacer otras cosas, como elaborar ideas, conceptos generales, afirmaciones, razonamientos complicados, pero nunca puede producir una intuición. Y la intuición, al revés, sería una especie de conocimiento κατ'ἐξοχήν, el conocimiento por excelencia, justo en lo que tiene de intuición. Con lo cual, a su vez, aparece la inteligencia como un *Ersatz*, como una especie de sucedáneo, *faut de mieux*, de lo que el hombre puede hacer cuando no tiene intuición de las cosas.

Esta subsunción de la sensibilidad en la intuición, a mi modo de ver, ha sido nefasta en la historia entera de la filosofía. Pues no veo por qué razón se va a eliminar de la intuición sensible ese momento que más la caracteriza formalmente, en tanto que sensible, y se le va a restar de todos los otros momentos, para no quedarse sino con la intuición, que *de facto* se afirma que es sensible, pero que podría ser exactamente igual, qué sé yo, introducida en el espíritu del hombre por un acto *de potentia Dei absoluta*.

Y, en efecto, alguna vez ha cruzado por la mente de los filósofos esta pregunta u objeción. Al menos las cosas que se dicen de esta intuición denuncian que la cuestión estaba allí latente. Así, nos encontramos con que Husserl nos dice qué quiere entender por intuición y afirma, por lo pronto, que en la intuición tenemos la presencia *originaria* de un objeto [7]. No se trata de que yo esté pensando, por ejemplo, en Toledo o de que, a través de un cuadro que tengo enfrente, esté fijándome en Toledo de una manera indirecta. No. Yo tendría Toledo en sí mismo, por ejemplo, si, cerrando los ojos, estuviese viendo

---

[7] Cf. *Ideen*, § 1 y § 3, pp. 7-8 y 11.

el Toledo que he visto muchas veces, al estar pensando en él. Tendríamos entonces una presencia originaria: la de Toledo mismo, y no la de Toledo visto *a través* de una imagen de dicha ciudad. Pero no basta con esto —dice Husserl—. Las cosas pueden estar originariamente presentes de muchas maneras; por ejemplo, la que, como acabo de indicar, se consigue cerrando los ojos y tratando de reavivar mi percepción de las distintas calles de Toledo. Y, sin embargo, esto no es una intuición sensible. ¿Por qué razón? Porque le falta —diría Husserl— el carácter decisivo de la intuición sensible, consistente —según él— en que su objeto esté no sólo presente originariamente, sino que además lo esté *corporalmente, Leibhaftig* —en expresión suya [8]—, en carne y hueso, Toledo en sí mismo, caso de nuestro ejemplo. No puede dejarse de reconocer que esto es un avance innegable en el problema. Pero uno tiene derecho a preguntar a Husserl qué entiende por estar presente *en carne y hueso*. Con lo que la cuestión queda, pues, sumergida de nuevo en la oscuridad.

Y es que, en efecto, a pesar de todos estos esfuerzos por acotar el fenómeno de la sensibilidad, se ha eliminado el momento característico de la intuición sensible a favor de lo que la misma tiene de acto cognoscitivo, elemental y definitivo, al olvidar justamente el modo preciso y formal de cómo transcurre la presencia del objeto en la intuición sensible, a saber, por impresión. Se atiende sólo a la intuición, olvidando en qué consiste lo *sensible* de esa intuición. Olvido lamentable y decisivo, pues lo sensible lo es por *impresión*. Esto es esencial en el problema. ¿Cómo se va a negar que los objetos de la sensibilidad, sea cualquiera el carácter de ser datos de la realidad, sea cualquiera la función intuitiva que dentro de un conocimiento

---

[8] Cf. *O. c.*, § 43, § 46 y § 67, pp. 79, 86 y 126.

pueden desempeñar, están presentes al hombre por impresión?

Kant, en las primeras líneas de la *Crítica de la razón pura*, nos dice: No hay duda ninguna de que todo nuestro conocimiento comienza por la experiencia, porque ¿cómo podría ponerse en movimiento el acto de nuestro entendimiento si no fuera por los objetos que impresionan (*berühren, eindrücken*) los sentidos?[9]. *Impressio sensibilis*, sí, de acuerdo; todo eso es verdad. Pero, una vez hecha esa concesión y dada esa denominación, la filosofía no ha operado sobre el carácter impresivo de esos objetos. Ahora bien, esto es una grave limitación que impedirá aprehender lo propio y específico del fenómeno sensible: el objeto, intuitivamente dado, está presente en carne y hueso precisamente por vía de impresión.

¿Qué es, pues, una impresión?

Una impresión es, por de pronto, un afección. Una afección en que —unas palabras no pueden esclarecerse más que con otras— el objeto, la cosa en este caso, está afectando al hombre en una cierta forma y, aunque no hablemos expresamente de él, al cuerpo. Hay, pues, una impresión cuando el hombre está afectado impresivamente por las cosas.

Cuando Aristóteles quiere establecer la diferencia entre el $νοῦς$ y la $αἴσθησις$, el primer carácter que señala en esa diferencia es que el objeto de la $αἴσθησις$, de la sensibilidad, afecta; dice, en cambio, que el entendimiento es $ἀπαθής$, impasible, que la intelección es impasible[10]. Sea o no así —ésta es otra historia—, aquí lo cierto es que se caracteriza el objeto de la sensibilidad por ser una impresión. Y, en efecto, por lo menos la filosofía antigua ha utilizado este concepto de impresión, quizá sin

---

[9] Cf. Kant, I., *Kritik der reinen Vernunft* [= *KrV*], B 1.
[10] Cf. *De An.* III, 4, 429a13-15.

haber sacado de él el partido que debe de sacársele, y habiendo dado lugar a que cada vez más se haya olvidado el momento de impresión a beneficio del momento de intuición.

Después, en el comienzo mismo de la filosofía moderna, se ha insistido en que la impresión es siempre algo subjetivo: Los objetos me afectan, sí, mas ¡allá yo con mis afecciones! Entonces, ¿qué tiene que ver eso con la realidad afectante en sí misma?

Todo el empirismo montaba su argumentación idealista frente al mundo sensible, o al mundo material, sobre esta doble consideración: que, efectivamente, ese mundo es impresión, de él tenemos impresión, y que toda impresión es subjetiva, es una mera afección del sujeto. No llegó, sin embargo, a hacerse cuestión más detallada de qué es eso de una impresión.

Ciertamente, en una impresión hay una afección. De esto no hay duda ninguna. También es cierto que como afección no incumbe más que a mí, que soy el afectado. Pero si nos atenemos a los hechos, esa afección está caracterizada por otro momento, a saber: que en ella nos es presente lo que nos afecta, nos es presente la alteridad en la afección. Y esto es propiamente hablando lo que constituye la impresión. La impresión no es tan sólo una afección que la realidad psicosomática humana posee, sino que es una afección en la que nos es presente la alteridad, algo otro, o el sí mismo en tanto que otro —poco importa para el caso—, y en virtud de la cual esa impresión es justamente una intuición, un dato; mas un dato que nos es presente en afección y en impresión. Ésta es la cuestión. Y justo ahí es donde está la unidad de esos dos momentos, que, a mi modo de ver, ha venido dislocada en la historia de la filosofía, por lo menos, moderna. De aquí que nos preguntemos por cuál es la estructura de esa impresión, ya tomada en este sentido.

Nos encontramos aquí con lo más problemático de ella, lo que ha dado lugar a todas las críticas empiristas; a saber, con lo que nos da en cada momento esa impresión, es decir, los colores, los sonidos, el calor, etc., etc. Por razones complicadas, de todos conocidas, se ha iniciado una severa crítica de los datos sensibles desde este punto de vista. Pero ¿es eso, agota eso, en el caso del hombre, lo que llamamos la impresión de las cosas?

Porque es evidente que el hombre no sólo siente impresivamente, pongo por caso, una carpeta, sino que siente *la realidad* de una carpeta. La alteridad y la afección, en el caso de las impresiones humanas, lo son de *realidad*. El hombre *siente* impresivamente, por vía de impresión, la realidad de lo real. Pero este momento de realidad no puede tenerse por una impresión más. Yo lo he llamado así, *impresión de realidad*, por contraponer esta concepción al empirismo. En el rigor de los términos se trata de un momento, el de la impresión de las cosas. Junto al momento de contenido específico, hay un momento por el que el hombre siente la realidad. Podrán las paredes no ser del color con que las vemos; podrá el color no ser nada en sí mismo, si prescindimos de la relación de las cosas con nosotros; pero que nos movemos en la realidad es algo inconmoviblemente dado por los sentidos: es un momento de realidad al que llamo *impresión de realidad*. Y como tal, desde el punto de vista de las cosas, no representa un contenido específicamente determinado, sino algo que he llamado la *formalidad*, la manera como de hecho se nos presentan impresivamente las cosas: una impresión de realidad. El término de esta impresión —repito— es la realidad misma.

Se podría pensar que esto es una sutileza para uso de una metafísica que divide y parte un pelo en cuatro. Es muy posible que sea así, pero permítaseme que vuelva a referirme a los tres textos que he citado antes.

El hombre, en virtud de la sensibilidad, se encuentra inmerso en la realidad. ¿Qué otra cosa es eso que los autores de tales textos han llamado el *residuo bruto* sino la realidad? El animal carece de residuos. El animal se mueve entre sus estimulaciones y las cosas que le impresionan, y carece de ese perturbador momento del residuo, porque su contenido está presente en la sensibilidad, pero se agota justamente en las cualidades que la sensibilidad y la sensación de la percepción ofrecen en cada caso. En el caso del hombre, la impresión no se agota en la afección. Hay un *residuo*: la realidad en impresión. De ahí que el animal carezca de este residuo y que en manera alguna se mueva en la realidad. El animal, todo lo más, precisamente porque en su percepción, en sus afecciones y en sus impresiones le es presente la alteridad en cuanto tal, se mueve en un orbe de objetividades. No hay duda ninguna. El animal puede ser objetivista, tanto más cuanto más perfecto sea. Puede reconocer la voz de su dueño, puede saber que determinada inflexión de voz le va a acarrear una paliza, le va a dar de comer o le está llamando. Sí, todo eso es verdad, son signos objetivos; pero jamás hay el momento de residuo en virtud del cual el animal fuera el más modesto de los realistas. Nunca. No tiene residuos. Por eso en esto que llaman el residuo se ha jugado ya la partida. Ahí está la impresión de realidad. El animal es objetivista, o puede serlo; no es nunca realista. Y ¿qué significa entonces esta realidad?

Volvamos al carácter del residuo, a esta realidad en el residuo. Ya nos lo ha dicho muy claramente, sobre todo, Sartre. Después de que la roca sea o no escalable, que con ella yo pueda ascender o no, queda un residuo de lo que es la roca en sí, algo que él llama *impensable*. ¿Y si *eso impensable* fuese justamente el carácter mismo de realidad, es decir, aquello que la roca es *de suyo*, por sus propios caracteres, en virtud de lo cual, y sólo en virtud de lo cual, resulta que es o no escalable para el hombre que pretende escalarla? Este residuo tiene el carácter formal y preciso de ser algo *de suyo*, lo que la roca es de suyo. Y esto es precisamente lo que llamamos *realidad*. Lo que la roca es *de suyo* no es algo que está oculto tras las impresiones sensibles, como sostenía el empirismo, es decir, no es algo que está allende lo que los sentidos nos dicen en sus impresiones. De ninguna manera. Podrá haber en la roca muchas cosas que están allende las impresiones, las percepciones sensibles. Evidentemente. Si no, no habría petrografía en el mundo. Pero no se trata de esto. Se trata de que la roca, sea lo que fuere, cuando decimos de ella que es real y que es algo *de suyo*, este *algo de suyo* no menciona, por lo pronto, algo que esté *oculto* detrás de las impresiones sensibles, sino precisamente el modo mismo como las impresiones sensibles de la roca son presentes al hombre. Sentimos como impresión algo que en mi sentir mismo se me presenta como siendo ya *algo de suyo* de la roca. Justamente en esta impresión en cuanto impresión, en este momento del *ya*, consiste eso que he llamado el *prius* en que la impresión misma remite a lo que en ella impresiona por lo que la cosa es *de suyo*. Y justo a esto es a lo que hemos llamado *la realidad primaria y radical*. En este sentido, realidad es mucho más que objetividad.

Para que haya realidad es menester esta remisión física a ese momento del *prius*, que como tal está ausente del mundo sensible o sensitivo del animal. La realidad no es algo oculto tras la afección. No es tampoco una especie de afirmación de una existencia. Ni es el mero contenido de la impresión. Que la roca sea dura o blanda, esto lo percibe el animal igual que yo. Pero no está dicho en manera alguna que lo que aquí llamo realidad sea precisamente existencia. De ninguna forma. Porque el concepto de *de suyo* se aplica no sólo a la existencia, sino que se aplica también a lo que tradicionalmente, por contraposición a la existencia, llamamos la esencia. ¡Qué duda cabe! No basta para que haya cosas, en el sentido de realidades, por lo menos de realidades que efectivamente estén dadas, con que haya unas cualidades que sean independientes del sujeto humano. Hace falta cuando menos que esas cualidades constituyan algo, que las posea la realidad, sea cualquiera su índole, por lo que ella es *de suyo* y no simplemente como momentos de mi afección.

Y lo mismo debe decirse de la existencia. En mi libro puse el ejemplo del Júpiter-auriga [11]. El dios se pudo aparecer como auriga a los griegos. ¿Significa esto que Júpiter produce una ilusión en la mente de los griegos? No. En Aristófanes se pasea Mercurio con un paraguas, aunque nadie lo esté viendo. ¿Se va a decir entonces que Mercurio es un criado o que Júpiter es auriga? Realmente, no. ¿Por qué? No porque aquella indumentaria suya no tenga existencia, sino porque esa existencia no pertenece *de suyo* a lo que es Júpiter o Mercurio. Y ese modo de no ser nada o, mejor, de no ser existencia propia o realidad es justamente lo que llamamos *espectro*. Esto, bien entendido, no es ningún imposible metafísico. De esto hablaremos en otro momento.

Cuando aquí decimos que la realidad es algo *de suyo*, cualquiera que sea el ámbito a que esto se aplique y se extienda, *de suyo* no significa una calificación ni esencial ni existencial; significa que, cualesquiera que sean la cosa con todos sus momentos y la articulación de los mismos, estos pertenecen a la cosa *de suyo* y no se agotan simplemente en el momento afeccionante de la impresión. El carácter de realidad es una mera formalidad.

---

[11] Cf. *Sobre la esencia*, p. 397.

Ahora hemos de preguntarnos si no nos hemos pasado de la raya. Porque, si esto es así, ¿qué tiene que hacer la inteligencia? Éste es el tercer punto que hay que acometer frente a los textos que venimos considerando.

C) La preterición de la sensibilidad

En los tres textos, no hay empleo de la palabra *inteligencia*. Eso es lo de menos, pues se nos describe, como podemos ver si leemos todas sus páginas, lo que el hombre hace con su inteligencia: por ejemplo, concibe las cosas, las entiende de una cierta manera, forma proyectos con y de ellas. Así, el hombre quiere escalar las rocas; y, ciertamente, para esto hace falta que haya una roca, que la hay, presente en los sentidos como un residuo (ya hemos visto el triste papel que este residuo tiene para estas filosofías), pero lo que hace lo que llamamos inteligencia es justo lo que los sentidos no pueden hacer: ideas abstractas. No hay duda ninguna, pues, que la inteligencia realiza actos que la sensibilidad no puede ejecutar, y que, por consiguiente, de alguna manera hay que hablar de inteligencia a diferencia de los sentidos. Dicho así, sin más, esto es inobjetable, aunque uno fuera un nominalista. Pero no es ésta la cuestión. Uno dice: concebir es un acto intelectual, razonar es un acto intelectual, proyectar es un acto, por lo menos parcialmente, intelectual, etc. No obstante, se puede preguntar: Todos estos actos no los pueden hacer los sentidos, por lo menos tomados en su plenitud humana, porque son intelectuales; pero ¿qué significa ahí el adjetivo *intelectual*? Ésta es la cuestión. Porque si se dice que intelectual es un acto que realiza sólo la inteligencia, nos movemos en un círculo vicioso: Decimos que la inteligencia es la facultad de ejecutar los actos que los sentidos no pueden realizar; y si preguntamos en qué consiste que esos actos sean intelectuales, se nos responde que son intelectuales porque los ejecuta sólo la inteligencia. Como se ve, esto es no salir de la cuestión.

Se pregunta uno en qué consiste el carácter intelectual de todos estos actos y no simplemente cuáles son estos actos cuya enumeración podrá servir para discernir dos grupos de actos y dos tipos de enfrentamiento del hombre con las cosas, pero que en sí mismos no califican intrínseca e internamente ni a la sensibilidad ni a la inteligencia. Para acercarnos, pues, a este problema de en qué consiste lo formalmente intelectual en cuanto tal, podemos y debemos ir gradualmente.

Primero. Todos estos actos que acabamos de describir o a los que hemos aludido —concebir, juzgar, razonar, hacer proyectos, etc.— es verdad que los hace la inteligencia y nada más que la inteligencia. De esto no hay la menor duda. Pero la verdad es que, si queremos hacer una descripción, no diré exhaustiva sino incluso inicial de los mismos, nos encontramos siempre con que hay que hacer una descripción poco más o menos en los siguientes términos: Al concebir, concibo cómo son las cosas en realidad; al afirmar, por lo menos intento afirmar cómo son en realidad; al proyectar, proyecto cómo me puedo yo comportar en realidad con una cosa, por ejemplo, cómo escalar una roca. Aparece siempre —olvidemos todo lo que hemos dicho de la sensibilidad— este momento de realidad. Este carácter de versión a la realidad es justamente el que subyace en todos estos que hemos llamado actos intelectuales. Subyace en todos ellos precisamente la versión a la realidad, y todos estos actos son intelectuales porque, en una u otra forma, a pesar de ser tan distintos como son el concebir, el razonar, el proyectar, el juzgar, etc., sin embargo, se mueven todos en eso que llamaríamos una aprehensión de las cosas como realidades. La aprehensión de realidad es, pues, un acto elemental de la inteligencia.

Segundo. No solamente es un acto elemental de la inteligencia, sino que es un acto exclusivo de ella. Y ésta es la cuestión. Ciertamente, hemos dicho que en la impresión de realidad aparece ese momento de realidad. Pero entonces la cuestión es ésta: eso que hemos llamado impresión de realidad en la percepción sensible que el hombre tiene de las cosas, ¿es algo puramente sensitivo? ¿Qué se entiende por *pura sensibilidad*? Porque, en definitiva, podrá el hombre tener en la percepción sensible un residuo que el animal no tiene; pero, hasta donde sabemos, es evidente que en ciertas zonas la percepción del hombre no es tan esencialmente distinta de la percepción del perro. La diferencia está en que la sensibilidad animal se constituye y se agota en lo que he llamado el fenómeno de la *estimulidad*. Por eso el animal se mueve simplemente entre signos objetivos, todo lo complicados que se quiera, pero signos objetivos. El más objetivo de los signos es para el animal algo que efectivamente estimula a una respuesta que el animal va a dar al estímulo que le es presente. Desde luego, en ese estímulo, que es por vía de impresión, hay presente una alteridad independiente del perro. El perro no confundiría nunca sus estados con el palo levantado de su dueño, ¿cómo los va a confundir? Sin embargo, esa independencia no autoriza a decir que los perros se mueven entre realidades, porque, si así fuera, el perro haría muchas cosas con esa realidad, cosas que evidentemente no hace. Köhler nos ofrece unas descripciones maravillosas de lo que hacen sus chimpancés para resolver diversas situaciones; sí, todas menos una, que es coger plátanos para, cuando dentro de veinticuatro horas tengan hambre, poder comer. Eso no. Resuelven situaciones presentes. Se mueven entre signos objetivos, pero no parece que se muevan entre realidades. Y es que, efectivamente, el carácter formal de la sensibilidad animal en cuanto tal, a mi modo de ver, es ser *estimulidad*. En cambio, es inteligencia la aprehensión de la *realidad* en tanto que realidad, de las cosas como reales. La estimulidad se agota en la afección; por eso no hay residuo. En cambio, el carácter de realidad es distinto porque es inespecífico. Estimulidad y realidad son dos formalidades completamente distintas y, a fuer de tales, la formalidad de realidad no sólo es lo más radical de la inteligencia sino que también es exclusiva de ella.

Tercero. No solamente la versión a la realidad subyace a todos los actos intelectuales y es algo exclusivo de la inteligencia, sino que, dentro de la inteligencia y de su exclusividad, es su acto más radical: aprehender las cosas en tanto que realidades. Y es así, no sólo porque todo acto intelectual envuelve esta versión a la realidad, sino porque además esa versión a la realidad es el punto preciso en que emerge el ejercicio de la función intelectiva dentro de la vida del hombre.

Toda sensibilidad, toda estimulación tiene tres momentos: un momento receptor; un momento tónico, según se encuentre el ser viviente en cuestión; y un momento efector. Y, según la complicación que media entre ellos, las posibles respuestas de un viviente, de un animal en este caso, a un mismo estímulo pueden ser varias y muy distintas. No vamos, evidentemente, a entrar aquí a describir lo que yo pienso acerca de este problema, porque sería inadecuado en este momento y además contribuiría a que se me dijera por milésima vez que yo me ocupo más de fisiología que de filosofía, y no se trata de esto. Sea de ello lo que se quiera, lo cierto es que entre esos tres momentos hay una complicación progresiva dentro de la vida del animal, en virtud de la cual a un mismo estímulo el animal presenta un elenco mayor o menor de respuestas, de respuestas adecuadas, se entiende. Pero lo que sucede es que estas respuestas adecuadas, en general, están aseguradas por las estructuras mismas del animal.

En cambio, si suponemos que la complicación sube de punto y que —es el caso del hombre— el elenco de posibilidades de respuestas adecuadas al estímulo que las suscita se aleja de tal manera que por la mera estimulación y por sus propias estructuras no puede tomar una de estas respuestas posibles, ¿qué hace entonces el hombre? Suspende por lo menos su actitud de aprehender impresivamente la estimulación y, sin negarla, hace una operación que los adultos llamamos *hacerse cargo de la realidad*. Se hace cargo el hombre, en efecto, de lo que son las cosas, no simplemente en tanto que estimulantes, sino en tanto que estimulaciones reales. Se hace cargo de la realidad. Precisamente ahí es donde está el orto de la inteligencia: ésta aparece en su función aprehensora de la realidad en el momento mismo de la suspensión del carácter decisivo del estímulo en cuanto tal.

No sólo es, pues, la aprehensión de la realidad lo que subyace como formalidad a todos los actos intelectuales. Tampoco es sólo la formalidad exclusiva del acto de la inteligencia, sino que es lo más radical que hay en la inteligencia.

Y aquí es donde se nos plantea el problema de la convergencia entre la sensibilidad y la inteligencia. Si la realidad es lo que acabamos de decir, ¿qué sucede entonces con la impresión de realidad, cuyo carácter impresivo he reclamado tan enérgicamente a beneficio de la sensibilidad? Pues bien, no tengo sino que decir que lo que llamamos la sensibilidad humana no es pura sensibilidad sino que es sensibilidad intelectiva, es un sentir intelectivo. En la medida en que la percepción sensible del hombre envuelve este momento de impresión de realidad, la misma sensibilidad está ya ahí inmersa en la inteligencia. Por esto ese sentir que es intelectivo remite a una inteligencia cuya estructura es constitutivamente sentiente.

Inteligencia sentiente. He insistido muchas veces en este concepto. Por de pronto quisiera decir lo que no es la inteligencia sentiente. No se trata de que en la intelección humana haya una prioridad, ni cronológica ni fundante, del objeto sensible sobre el resto de las operaciones intelectuales y de lo que con ellas puede conseguir el hombre. No es únicamente esto, porque, si así fuera, se trataría de la unidad de un objeto. Ahora bien, aquí se trata de algo más intrínseco y formal: no de que el objeto extrínsecamente dado a la inteligencia le venga proporcionado por los sentidos, sino de que, internamente y desde sí misma, la inteligencia humana se encuentra vertida a las condiciones de la sensibilidad en forma de unidad.

En segundo lugar, no se trata de una unidad meramente terminal. No es aquello de decir: No hay más que un objeto, una jarra de agua, por ejemplo, y de él los sentidos y la inteligencia a una me dicen un millón de cosas; pero lo que cuenta aquí es la unidad del objeto, aunque, ciertamente, tiene un aspecto sensible y tiene un aspecto intelectivo. En definitiva, es la idea de la intuición sensible que viene rodando desde los tiempos de Aristóteles; y por eso el propio Aristóteles, que no duda en calificar muchas veces a la αἴσθησις como νοῦς, atribuye momentos noéticos a la αἴσθησις [12]. Aunque no solamente Aristóteles sino que también Husserl ha hablado, por lo menos en cursos póstumos, de una especie de razón sensible, *sinnliche Vernunft*, entendiendo por razón sensible lo que acabo de decir: que a la unidad objetiva de un sistema noemático le es completamente accesoria —allá él con sus creencias— la diferencia entre sensibilidad y razón; tomada la

---

[12] Cf. *De An.* III, 3, 427a18-20; 4, 429a13-18; 8, 431b20-30.

sensibilidad como pura intuición, y habiéndose olvidado del momento de impresión, tenemos un solo noema con aspectos sensitivos e intelectivos. Y tampoco Husserl solamente. También lo encontramos en Heidegger cuando, en una falsa presentación de la filosofía kantiana —él ha reconocido que es falsa, mas parece no importar, ya que el libro sigue reeditándose—, nos dice que, a no dudarlo, lo que Kant pretende con la imaginación, con el esquema de la imaginación, es dar la concepción de una razón pura sensitiva, de *eine reine sinnliche Vernunft* [13]. Cosa que irritó profundamente a los neokantianos. Pero, dejando de lado esta cuestión, ahí lo que hacía Heidegger, con fortuna o sin ella, era exponer una idea kantiana, a saber: con las objetividades, cuyo momento procede de la inteligencia, y las impresiones, que proceden de los sentidos, se tiene la construcción de lo que él llama *Erfahrung*, fenómeno, es decir, el objeto único y la realidad objetiva única [14]. Ahora bien, eso no quiere decir que la inteligencia sea en sí misma sensitiva o sensible para Kant ni para Husserl, y menos para Aristóteles.

Pues bien, la inteligencia y la sensibilidad, tomadas en sí mismas, son esencialmente irreductibles. Tan irreductibles como son el estímulo y la realidad. Por eso, el animal, que se mueve entre estimulaciones, no tiene jamás aprehensión de la realidad. Sin embargo, la recíproca no es cierta. Porque, en efecto, no se trata únicamente de una unidad de objeto, ni de una unidad siquiera objetiva, sino de una unidad formalmente subjetiva, a saber: que la inteligencia, en cuanto inteligencia humana, y la sensibilidad, en cuanto sensibilidad humana, forman una estructura unitaria y única que es a lo que llamo *inteli-*

---

[13] Cf. Heidegger, M., *Kant und das Problem der Metaphysik*, Vittorio Klostermann, Frankfurt/Main, 1951, p. 172.

[14] Cf. *KrV*, A 19/B 33, A 50ss/B 74ss, B 146ss.

gencia sentiente. La inteligencia sentiente no es la constatación objetiva de que hay un solo orden, un solo mundo de objetos, sino que es una unidad estructural, que aquí no podemos desarrollar ni exponer, pero que es una unidad subjetiva. La inteligencia humana en sí misma, en tanto que inteligencia, está intrínseca y formalmente vertida a la sensibilidad, en tanto que sensibilidad, y, recíprocamente, en el caso del hombre, aparte de sensibilidades que el hombre pueda tener del mismo carácter que el animal, en las que ahora no vamos a entrar, en el nivel en que surgen en la conciencia, estas impresiones de la sensibilidad humana se encuentran intrínsecamente absorbidas en un acto intelectivo. En su virtud este acto, como tal, es un acto único de intelección sentiente o de sentir intelectivo y su término es asimismo un único objeto, a saber, el objeto real. Pero, en sí misma y formalmente, es una inteligencia sentiente que nos otorga lo que es la realidad por vía de impresión de realidad [15].

Esto es lo que provoca en concreto el problema con el que aquí vamos a enfrentarnos, el problema de la realidad planteado por las cosas. Lo abordamos en la segunda parte de este capítulo.

II.   Cuál es el problema que las cosas plantean

Lo que he llamado impresión de realidad es —decía— algo que nos ofrece justamente el carácter de realidad como algo que posee el objeto *de suyo*, que remite a eso que es *de suyo*. Ahora bien, no es una remisión producto de un razonamiento humano. Veamos por qué.

---

[15] Hasta aquí el contenido a partir del cual Zubiri redactó «Notas sobre la inteligencia humana».

Los viejos realistas críticos —a mí se me ha atribuido toda clase de peregrinas etiquetas— creían que, si se aplica el principio de causalidad al decurso de las impresiones, por él llegamos a concebir la existencia del mundo real. Lo que no entiende uno es cómo con impresiones, que no son reales, haya principio de causalidad ninguno que pueda llegar a una realidad. Dejando esto de lado, el hecho es que así se nos decía. Pero no, no se trata de un razonamiento sino de una presentación inmediata en impresión. Por consiguiente, hay una remisión del contenido meramente impresionante de una impresión sensible a lo que la cosa es *de suyo*; se trata de una remisión física, no meramente ilativa. Y, en consecuencia, por tratarse de una remisión física, el carácter de realidad, el momento de realidad, no es simplemente la formalidad con que la inteligencia humana, en tanto que humana, se enfrenta con las cosas, sino que es además el momento radical que pertenece a las cosas en sí mismas, solamente que de una manera harto problemática. El hombre, en efecto, se encuentra vertido a esa realidad y, desde quedarse en la realidad tal como se le presenta, hasta pensar que no es de ninguna manera en la forma en que se le presenta, hay un largo camino que andar. Este camino puede ser andado precisamente porque la inteligencia, en su versión a las cosas en tanto que realidades, no tiene —según acabamos de decir— como función primaria y radical el ejecutar actos de ideación o de concepción, ni de razonamiento o de afirmación, sino pura y simplemente el aprehender, mejor dicho, el enfrentarse con la realidad en tanto que ella es *de suyo*; es decir, es una mera actualización: una actualización de lo real en tanto que real. No nos basta tampoco con decir que la inteligencia, si este concepto tuviera algún lugar dentro de la filosofía de Heidegger, que no lo tiene, es una desvelación; haría falta decir que es una desvelación propia de un acto intelectual y, por tanto, que lo desvelado tiene que ser realidad, porque, si no, también el perro tendría desvelaciones y no se mueve en la realidad. Como quiera que sea, la inteligencia es una mera actualización.

Podrá y tendrá que plantearse el problema de averiguar hasta qué punto eso que las cosas son *de suyo* excede o no el ámbito de su actualización. Pero, en el momento aprehensor, la inteligencia es mera actualización del carácter de realidad; es una reactualización. Y, precisamente porque es una re-actualización, decimos que, en su primaria impresión de realidad, el hombre posee lo que he llamado una verdad real. *Verdad* aquí no significa una conformidad entre una afirmación y unas cosas. Esto es muy complicado. Tampoco significa una verdad ontológica, es decir, la conformidad de la realidad con un concepto, sea de la mente humana, sea de la mente divina. Porque, en cualquiera de los dos casos, se sale de las cosas para ir a algo que es mensura suya. En un caso, como término que mensura la inteligencia —es la llamada verdad lógica—; en el otro, como una inteligencia que mensura la realidad —es la llamada verdad ontológica—. Pero lo cierto es que, en la verdad primaria, en la re-actualización de las cosas en tanto que reales, no tenemos nada que nos fuerce a salir de ellas mismas sino que, al revés, nos hace quedarnos en ellas. En ese quedarnos hay una doble vertiente: aquello en que quedamos, que es la nuda realidad, y el quedarnos en su re-actualización, en virtud de la cual decimos que esa aprehensión es verdadera, tiene verdad. El acto unitario de la inteligencia en su enfrentamiento con la realidad bajo forma de impresión es justamente la verdad real.

Desde luego que la función de la inteligencia no es un mero quedarse. La realidad se nos da impresivamente en un *hacia*. Hay ciertamente una dualidad entre la verdad y la realidad nuda, pero es la misma dualidad que puede existir entre una actualización y una re-actualización. De ahí que el hombre, en su primaria impresión de realidad, quede vertido no sólo hacia las cosas por lo que las cosas tienen de contenido específico, sino que queda instalado en la realidad, cualquiera que ella sea. Por su impresión de la realidad el hombre se encuentra inespecíficamente instalado en la realidad en cuanto tal. Puesto que el vocablo *inespecífico*, en su sentido más preciso, significa *transcendental*, como veremos más detenidamente en otro lugar, cabe decir que el hombre queda transcendentalmente instalado en la realidad en cuanto tal.

Presente en la verdad, presente en la realidad por impresión, es decir, actualizadas las cosas como algo *de suyo* en una impresión, nos preguntamos: ¿Qué es lo que de suyo son? ¿Cuál es la estructura de la realidad? ¿En qué consiste el paso de la *realidad en verdad* a la *verdad de la realidad*?

Con estas preguntas nos hemos situado en el umbral mismo del grave problema de la realidad con que nos enfrentaremos en las páginas siguientes.

CAPÍTULO II

LA IDEA DE LO REAL EN SU REALIDAD

§ 1. LA IDEA DE LO REAL

En el capítulo anterior distribuía la materia de la que estamos tratando, *sobre la realidad*, en estos cuatro puntos: el primero, el enfoque del problema; el segundo, la idea de lo real; el tercero, la estructura de lo real; y, el cuarto, las modificaciones de lo real en su realidad.

Dedicábamos el capítulo precedente al primer punto de la cuestión, entendiendo por enfoque no una teoría del conocimiento metafísico sino la precisión del modo de acceso que el hombre tiene a eso que llamamos la realidad en cuanto realidad, o como realidad, lo cual pende del modo como la realidad total, la realidad misma, se presenta al hombre. Ya vimos que este modo de presentación es una función de lo que hemos llamado la *inteligencia sentiente*, en la cual, en su acto primario y más radical —a saber, sentir la realidad—, la realidad nos es presente en forma de impresión; y en ésta la realidad se nos presenta como algo que no se limita a estimular al sujeto, al hombre, sino que en esa afección suya se le hace presente algo que es otra cosa distinta del hombre, del organismo mismo afectado, en cuya virtud la impresión no es solamente un sistema de afecciones subjetivas sino la presentación de la alteridad, de algo que —como dijimos— en el animal es un estímulo, el estímulo objetivamente considerado, y en el hombre, tratándose de la impresión de realidad, es justamente la realidad, es decir, algo que es *de suyo*, sin prejuzgar si eso que es *de suyo* transciende, rebasa o no, el área del acto en que se me presenta, que ésa es una cuestión distinta. Había de no traspasar ese área y, sin embargo, en el momento y durante la presentación en la impresión de realidad, la realidad se representaría siempre como algo que es *de suyo*, bien que ese *de suyo* no tuviera más duración, en este caso hipotético, que la propia impresión.

Así pues, esta inteligencia sentiente nos presenta siempre la realidad como algo que es *de suyo*, a lo cual se encuentra físicamente remitido el hombre en la impresión. Esta presentación posee una verdad real: ya decíamos que la verdad real consiste precisamente en la re-actualización —ésa y no otra es la función de la inteligencia: simplemente actualizar— de lo que la cosa es *de suyo* en su presentación intelectual. Esa dualidad de actualidades, la actualidad de la cosa real y su re-actualidad en la inteligencia, es lo que da margen inexorablemente a distinguir entre verdad y realidad, si bien son nada más que dos aspectos de una cosa única, la realidad misma en su carácter real.

La realidad así presente es un problema. Es un problema porque, en primer lugar, no sabemos bien qué es eso en virtud de lo cual algo sea *de suyo* cuando se nos presenta en impresión. No extrañe, por tanto, que resulte un poco turbio, deliberadamente turbio lo que acabo de decir; al fin y al cabo, no es ninguna cosa clara. En segundo lugar, todavía resulta menos claro que, en esa presentación de las cosas como algo *de suyo*, ese algo *de suyo* esté dentro de lo que hemos llamado la realidad en cuanto tal. En fin de cuentas hay tantas cosas que pasan por delante de la mente humana que son tan irreductibles, y de todas las cuales se puede y se debe decir lo que acabamos de afirmar, que uno se queda preguntando qué se entiende entonces por *realidad*.

Hay, pues, por lo pronto, estos dos graves problemas en que la realidad presente en impresión nos deja sumergidos. De un lado, el averiguar en qué consiste el carácter de realidad que tienen las cosas que nos son presentes en una impresión de ella. De otro lado, una cuestión distinta, cual es que, en efecto, cada cosa —con sus peculiaridades propias, con sus limitaciones intrínsecas, con sus capacidades mayores o menores, con ellas, gracias a ellas y sólo en ellas— es eso que llamamos *algo real*. ¡Las cosas son tan diversas!. Entonces queda flotando el problema de la realidad en cuanto tal. He aquí, pues, dos cuestiones:

1.ª En qué consiste que algo sea real; es, si se quiere utilizar un vocablo que justificaré en la segunda parte de este capítulo, que lo real en su *talidad* es tal o cual realidad. Anticipando lo que voy a decir, es el problema de realidad y sustantividad.

2.ª En qué consiste la realidad en cuanto realidad; es la cuestión transcendental: la realidad en cuanto tal.

De las dos cuestiones, vamos a empezar por ocuparnos de la primera, preguntándonos temáticamente qué es eso de que algo sea real.

I. Realidad y sustantividad

La experiencia nos muestra innegablemente que las realidades que nos están presentes en impresión son plurales:

¡son tantísimas las realidades que van desfilando delante de la mente humana y con las que el hombre se encuentra en el momento de iniciar una reflexión intelectual sobre ellas! No me importa lo que los psicólogos pudieran decir acerca del origen de la situación en que me encuentro yo ante el mundo de las cosas —éste es otro asunto—. Lo cierto es que me encuentro con este mundo, tal y como se me da ahora en impresión y que está constituido por una pluralidad de algo que podemos llamar *cosas*, sin prejuzgar lo que la palabra signifique en rigor. Parece que hoy es tan vitanda que no se puede hablar de ella. Lo cierto es que hablamos de *cosas* a pesar de todo, por mucho cosismo y anti-cosismo que haya. Las palabras tienen un sentido vulgar que uno puede utilizar sin provocar grandes catástrofes. Pues bien, hay muchas cosas de las que vamos teniendo impresiones más o menos fugaces. Nuestro mundo —sin insistir tampoco en la palabra *mundo*— está constituido del elenco, si se quiere, de impresiones de la realidad. *La* realidad está constituida por una pluralidad de cosas, de cada una de las cuales se dice, y con razón, que es una cosa real.

Sin duda alguna estas cosas no están inconexas entre sí; están relacionadas unas con otras, y mantienen sobre todo una relación que ha desempeñado una función esencial en la filosofía, como es el cambio, en virtud del cual las cosas que son de alguna manera llegan a ser de otra. Ante esa pluralidad de cosas, de cada una de las cuales decimos que es real, y que en su realidad están presupuestas a esas conexiones que las unas guardan con las otras, en especial a esa conexión que es el cambio, nos preguntamos: ¿qué es lo que propiamente constituye la realidad de ellas?, y después, una vez resuelto eso, ¿cuál es, por lo menos a grandes rasgos, la estructura interna de la realidad de una cosa?

Ya advertía con anterioridad que, como cada uno es hijo de sus libros, no puede hacer otra cosa sino echar mano de ellos, de los pobres libros, en mi caso, que he cocido en mi cabeza y en mis cursos; y además, como también dije, más que desarrollar cada concepto, lo que pretendo es lo contrario, tomar unos conceptos fundamentales, esclarecerlos en cierto modo, pero sobre todo ver cómo se puede conceptuar orgánicamente con ellos la realidad.

Así pues, nos preguntamos, en primer lugar, qué es lo que propiamente debe llamarse cosa real y, en segundo lugar, cuál es la estructura interna de esta cosa real precisamente en tanto que real.

A) En qué consiste la realidad de cada cosa real

Uno puede, desde luego, remontar sus consideraciones a los comienzos mismos de la historia. Se descubre entonces que un vocablo ha desempeñado una función esencial en este orden, en la historia de la filosofía desde los tiempos de Platón y de Aristóteles; en verdad, mucho antes, pero no es cuestión de hacer una larga exposición erudita. Los griegos entendían que las cosas reales son aquellas que ellos llamaban οὐσίαι, es decir, algo que en griego corriente y vulgar quiere decir «el haber que posee una cosa». Todavía, en griego actual, la herencia en un testamento se dice περὶ οὐσία. La οὐσία es el haber que efectivamente poseen las cosas, en cuya virtud éstas tienen suficiencia y autonomía las unas respecto de las otras; si se quiere, un capital o un haber.

Ante este haber, ante esta οὐσία Aristóteles se pregunta varias cosas. Primero, quiere precisar el carácter de ese haber, y entonces contrapone la οὐσία a lo que no lo es, es decir, la realidad que posee presuntivamente este haber a lo que no lo posee. Ahora bien, ¿qué es lo que no posee esa realidad, ese haber? No lo posee una cosa si necesita de otra para ser lo que es. Fue la idea del *accidente* [1]. Los colores no son para Aristóteles οὐσίαι sino ουμβεβηκότα, accidentes, porque necesitan de algo de lo que ser colores, cosa que no le acontece a un león o a un perro, a un árbol o a un astro. El haber es, pues, una cierta autonomía y suficiencia de las cosas para poder tener una existencia separadas de las demás.

Uno puede seguir preguntándose: ¿en qué línea establece Aristóteles esta suficiencia? Al abordar esta cuestión, nos damos cuenta de que Aristóteles opera con dos líneas: Una, la que da a las relaciones que una cosa tiene con otras, y habla entonces, si tomamos la más importante a estos efectos de esas relaciones, del cambio, es decir, del dejar de ser para ser. Queda así bien en claro que la línea en que se establece la οὐσία es la del ser. Se entiende, por tanto, que la suficiencia de la οὐσία es y se inscribe en el orden de tener ser. Suficiencia que viene caracterizada por el hecho de que, si bien las cosas pueden sufrir alteraciones, sin embargo en su fondo permanente continúan siendo lo que son mientras son y, cuando ya no continúan siendo lo que son, dejan de ser. Es la idea del ὑπο-κείμενον, de la *sub-stantia*, del *sujeto* que late bajo todo movimiento [2].

A partir de aquí Aristóteles tiene que tomar otra línea, la que le lleva a preguntarse: ese sujeto ¿qué es?, ¿cómo se determina? Para responder a esto echa mano Aristóteles de una consideración heredada de su padre intelectual, Platón, quien con su νοῦς nos había habituado a pensar en las ideas; *ideas* en el sentido griego del vocablo, es decir, las configuraciones

---

[1] Cf. *Met.* VII, 6, 1031a15-28; V, 8, 1017b10-26 y 30, 1025a14-34.
[2] Cf. *Phys.* I, 7, 190a14-b16; V, 1, 225a1-19.

formales y fundamentales de las cosas, tomadas en y por sí, καθ'αὐτό, que diría Platón: tomo lo uno en tanto que uno, lo blanco en tanto que blanco, lo justo en tanto que justo, lo bueno en tanto que bueno, el hombre en tanto que hombre, etc. Estas ideas están sometidas a una cierta compenetración —*dialéctica* llamaba Platón a esto—, pues participan las ideas entre sí, por lo menos las últimas, formando una κοινωνία; a las ideas supremas asignaba Platón la κοινωνία τῶν γενῶν, la comunidad de los géneros [3]. Por eso la visión que Aristóteles tiene del mundo real, tomada literalmente de su maestro, es justamente, a pesar de todo su presunto empirismo, la que logra al volcar sobre las cosas del mundo sensible las ideas de Platón. De esto no hay la menor duda. Con todas las modificaciones que se quiera, desde luego. Habría que hacer un largo curso para explicar cuáles son estas modificaciones.

A última hora, pues, Aristóteles se mueve, de un lado, con el fenómeno del movimiento, para el que necesita un sujeto, y, de otro, con estas εἴδη, con estas ideas platónicas, que constituyen la determinación formal de lo que son las cosas y que, por consiguiente, se predican de ellas en la medida en que las cosas son lo que son y no otras. Por los dos lados ese *haber* que todo griego veía en la οὐσία y en la realidad le aparece a Aristóteles de una manera sumamente precisa: como ὑποκείμενον, como sujeto ya determinado de unas ideas —tomado en este sentido el sujeto como materia prima—, como algo λεγόμενον, algo que el λόγος dice pero que ha visto el νοῦς. En definitiva, es una visión *sub-stancial* y *sub-jetual* de la realidad. Son realidades, entre todas las cosas, aquellas que son sujetos independientes, que tienen οὐσία, *el haber* de las propiedades que poseen, y de las cuales la una no forma par-

---

[3] Cf. *Soph.*, 253d1-e7, 254b10-d5, 257a9-11.

te del haber de la otra; y todas las que no tienen este carácter de οὐσία son atributos, propiedades constitutivas de la οὐσία, del sujeto en cuestión.

Ahora bien, uno puede ser descontentadizo y hacerse un par de preguntas, no saliéndose del hilo de Aristóteles en este momento, sino manteniéndose en su línea, formulando así las objeciones peores, las que se hacen sin abandonar el planteamiento que hace el autor que se va a criticar:

a) En primer lugar, Aristóteles nos habla del movimiento, de algo que requiere un sujeto. Parece evidente que, si hay un movimiento, hay una cosa que se mueve. Sí, esto es verdad, pero ¿hasta qué punto? ¿Es evidente que el movimiento consiste en una cosa substante que cambia? ¿No sería posible que no se tratara de un sujeto *bajo* el cambio sino de una cosa que *está en cambio*, de una realidad cambiante y no de algo que subyace al movimiento y a lo que le adviene ese cambio que llamamos movimiento?

La pregunta no tiene por qué parecer una sutileza, pues, si resulta admisible en la filosofía moderna, no digamos en la actual. A Bergson, que murió hace unos veintitantos años, se le acusó de heraclitiano; él protestó enérgicamente, y con razón, porque ¿cuándo ha dicho Bergson que la realidad es formalmente nada más que movimiento? Esto no lo dijo ni tan siquiera Heráclito, a quien atribuyen la frase πάντα ρει, pero, por lo menos en los fragmentos que de él se han conservado, no se dice esto. ¿Cuándo ha dicho Bergson que la cosa sea movimiento? Lo que ha dicho es que el movimiento afecta a todo en una u otra medida, que todo se encuentra incurso *en* movimiento [4]. En manera alguna, por consiguiente, es evi-

---

[4] Cf. *L'évolution créatice* y *La pensée et le mouvant*, en Bergson, H., Œuvres, éd. du Centenaire, PUF, Paris, 1959, pp. 725, 1380-1382 y 1385.

dente que haya un sujeto por debajo del movimiento, un *subjectum*, un ὑπο-κείμενον, sino que el κείμενον mismo es κίνητον, se está moviendo, está cambiando. Y repito que con respecto a esto, que en la filosofía actual puede parecer más o menos admisible, por lo menos más o menos claro si se echa la vista hacia atrás, nos encontramos con cosas que uno debía de haber pensado antes de eliminarlas tan rápidamente. Estoy pensando, por ejemplo, nada menos que en el *Poema* de Parménides.

Parménides nos dice que el ser, la realidad —las tomamos como equivalentes, ya que él no hizo esta distinción— es ἀκίνητον, no puede moverse y cambiar, porque, si cambiara, tendría no-ser y no sería ser puro, etc. En cambio, y por consiguiente, —sigue diciendo— el mundo de la δόξα, el mundo de las apariencias en que viven los mortales, está sometido al cambio y al movimiento, pero éste no es el ser [5]. Jenofonte interpreta estas frases de Parménides diciendo que éste negaba la realidad del movimiento [6]. Pues... sí y no. Porque ¿cuál es la realidad o, mejor dicho, cuál es el movimiento cuya realidad negaba Parménides? Ésta es la cuestión. ¿Llamaría movimiento a cambiar de sitio [7]? De ninguna manera. Precisamente Parménides fue el primer representante de una concepción del movimiento en la que éste no es un cambio que afecta a la realidad de las cosas, sino que simplemente es el extremo opuesto al que indicaba antes —en el caso de Bergson—, es decir, un puro cambio externo que no atañe a la rea-

---

[5] Cf. Diels, H. y Kranz, W., *Die Fragmente der Vorsokratiker*, Weidmenn, Dublin/Zurich, 11.ª ed., 1964 [= DK], 28 B 8, 26-27, 37-41, 50-53 y 28 B 6, 1-6, vol. I, pp. 237-239 y 232-233.

[6] Cf. *Recuerdos de Sócrates*, I, 1.14.

[7] Hay al margen una anotación de Zubiri que dice: «Ojo, mirar el texto de Parménides». Cf. DK, 28 B 8, 42-49, vol. I, pp. 238-239.

lidad de las cosas. Para un griego no influye en la realidad de las cosas el que una cosa esté en un sitio y luego esté en otro. La prueba está en que la primera consideración física verdaderamente importante de los movimientos del Universo se debe a Demócrito, contemporáneo de Protágoras y discípulo de Parménides, cuyos átomos no son susceptibles de cambio, pues cada átomo de Demócrito es un poco la esfera de Parménides y el movimiento no les afecta en su realidad: todos los objetos que hay en el Universo son simple combinación de átomos[8]. Ahora bien, esto pareció encandaloso para un griego. Sin embargo, ¿cómo puede negarse que es la visión que del movimiento tiene la ciencia moderna desde Galileo? Un griego entendía por movimiento precisamente un cambio interno, que en determinado momento puede ser la génesis, la γένεσις. Esto es lo que Parménides no hubiera admitido nunca; lo otro es movimiento en cierto modo, pero no tiene la realidad que tiene el movimiento sustancial. En efecto, si uno toma las primeras leyes del movimiento en Newton, ¿dónde hay un sujeto que sea soporte de ese movimiento?

Tomemos la primera ley de Newton: la fuerza es igual a la masa por la aceleración. Uno piensa que la masa, el sujeto, está sometida a una fuerza, tiene una aceleración, que será el efecto. ¿Pero es esto verdad rigurosamente hablando? Porque la verdad es que ahí el término *masa*, como también los términos *fuerza* y *aceleración*, aparecen como tres números y tres medidas, que yo enuncio de esa forma, en la cual hay un sujeto, en efecto, pero que, tomadas en sí mismas, y escritas en forma de una ecuación, ninguna tiene un rango preferente sobre otra: el movimiento es para Newton pura y simplemente una estructura. Y tan verdad es esto que, en manos de Einstein, la

---

[8] Cf. DK, 68 A 47 y 57; 68 B 9, vol. II, pp. 96, 98-99 y 139.

masa es función del propio movimiento. ¿Hasta qué punto es evidente que el movimiento sea la vicisitud de un sujeto que permance bajo él? Esto es más que problemático.

b) Se nos dice, en segundo lugar, que el εἶδος es justamente el determinante de la realidad, de las cosas. Sí, pero ¿qué se entiende ahí por εἶδος? ¿Se entiende por εἶδος la idea platónica αὐτό καθ'αὐτό? También esto es más que problemático. ¿Por qué se va a decir que el color blanco de un papel es un blanco imperfecto? Querrá decirse más bien que el blanco perfecto, el concepto *blanco perfecto* es imperfecto para presentar ese papel. La imperfección no queda a cargo del color del papel sino de la idea, por más εἶδος que sea. ¿De dónde se va a sacar sin más esa concepción absolutista del término de un concepto, de una idea, prescindiendo de sus caracteres de universalidad? (Es igual que se tome *idea* en el sentido de *concepto*.) Esto no está dicho en ninguna parte. Y lo cierto es que Aristóteles se mueve tan en dualismo en este respecto, que esto le conduce a sus célebres dos sustancias, la primera y la segunda, sin que hayamos nunca sabido a qué quedarnos en claro respecto de la sustancia segunda. Tanto más, y probablemente, porque Aristóteles —el hombre que en la historia de la metafísica ha hecho la operación gigantesca de restablecer bien que mal la unidad de la realidad mediante su concepción hilemórfica del sujeto, a saber, una materia determinada por una forma sustancial, que es una idea platónica, más o menos [9]— ha dejado incólumes, sin embargo, en perfecta separación, χωρίς, el νοῦς y la αἴσθησις, la inteligencia y los sentidos. Ahora bien, ¿es esto posible?

Modestamente me he atrevido a opinar que no. Habría que realizar sobre las propias potencias cognoscitivas del hombre

---

[9] Cf. *Met.* VII, 3, 1028b33-1029a34.

—llamémoslas así en términos clásicos— la operación que él intentó hacer sobre la realidad. Es preciso evitar que perdure ese concepto del $\chi\omega\rho\iota\sigma\tau\acute{o}\nu$, de la separación entre la inteligencia y los sentidos, y afrontar el problema de la realidad de las cosas con la unidad intrínsecamente constitutiva del inteligir y el sentir en la inteligencia sentiente. Con lo cual queda puesto entonces en litigio el carácter subjetual o substratal de la realidad. ¿Es cierto que esas muchas cosas que vemos sean cada una sujetos sub-stantes por sí mismos? ¿O tendrán un carácter distinto?

Podría pensarse, sin embargo, otra cosa distinta de la anterior, que resulta más inmediata. Porque las muchas cosas que vemos, sean o no sujetos, por lo pronto son muchas, y cada una representa una cierta constelación autónoma respecto de las demás, dado que la una no es la otra: un vaso será o no sujeto, pero no es una lámpara, ni una pluma, ni un reloj. Es una serie de constelaciones o configuraciones —no insistamos sobre el vocablo de momento—, y la llamada $o\dot{v}\sigma\acute{\iota}\alpha$, la célebre $o\dot{v}\sigma\acute{\iota}\alpha$ griega, se refería más bien a esas constelaciones autónomas, dotadas de una cierta autonomía, tampoco absoluta, evidentemente, que tienen en la realidad. De esta constelación Aristóteles diría que está fundada en el sujeto que subyace a ella. Mas pudiera pensarse también que esa autonomía le viene de sí misma, que esta constelación no es aquella otra y asunto terminado; es decir, que no necesita de un sujeto de donde emerger. Podrá necesitarlo por otras consideraciones —eso es cuestión a examinar en su momento—, pero que, por lo pronto, la una no es la otra, y entonces lo procedente es hacer el análisis metafísico interno de lo que es esta constelación, independientemente de que sirva o no de sujeto y substrato a una vicisitud cinética o a un ser sujeto de atribución de un $\lambda\acute{o}\gamma o\varsigma$.

Tengamos en cuenta que la realidad no está compuesta de esos sujetos, como Aristóteles pretendía; pueden serlo y lo son efectivamente, pero hay que llegar a ellos. La realidad, en primera línea, no está integrada por esos sujetos o sustancias, como Aristóteles sostenía, sino que la realidad es pura y simplemente la formalidad con que se presenta todo lo que es *de suyo* en toda impresión de realidad, en todo acto de intelección sentiente. Precisamente porque se trata de una formalidad, la inmediatamente presente, el modo de acercarse a ella no es hacer un razonamiento de orden causal, tratando de averiguar cuál es la causa de que estas propiedades existan. Ésta fue la respuesta de Aristóteles con la suposición del $\dot{\upsilon}\pi o\kappa \varepsilon \acute{\iota}\mu\varepsilon\nu o\nu$ y el descubrimiento de las causas; al fin y al cabo, la causa material y la causa formal son causas que responden a esa pregunta. Pero no necesito esto; me basta con algo completamente distinto: trato de estudiar la constelación en sí misma, en las notas que la integran, y ver lo que efectivamente son las unas respecto de las otras. Es decir, no se trataría de un pensamiento directamente causal sino de un *pensar funcional*. La presentación de lo real en tanto que real, como mera formalidad, a lo primero que fuerza es a este tipo de pensar funcional.

Cada una de estas constelaciones está fundada, está compuesta de unas ciertas notas o caracteres. Tomemos la palabra *nota* o, si se prefiere, la palabra *carácter* en un sentido muy amplio. Es igual para el caso que se tome lo que propiamente serían partes, o caracteres puramente cualitativos y parciales. Cada realidad está constituida por una serie de notas, de las cuales unas las debe la constelación a sus conexiones con otras, mientras que algunas otras no dependen de estas conexiones sino que, al revés, son notas que hacen posibles estas conexiones. A estas últimas las llamaremos *notas constitu-*

cionales. Con lo cual lo que decía antes, a saber, que éstas son constelaciones o configuraciones, debe corregirse diciendo que en realidad se trata de unidades constitucionales: unidades compuestas de una serie de notas cuyo carácter interno y formal es constituir *sistema*. No se trata del emerger de un sujeto unas notas, sino de constituir sistema entre sí, que es una cosa distinta. Un sistema no es forzosamente, ni formalmente lo es nunca, la manifestación de un sujeto subyacente.

¿De qué se trata, pues, cuando se habla de un sistema?

Ciertamente que sean notas sistemáticas puede querer decir, y muchas veces se entiende así, que las unas, más o menos, dependen de las otras; es decir, que no se puede modificar una nota sin que se modifique otra o varias de esa constelación. Sí, esto es verdad. Lo que ya no es verdad es que por eso sean un sistema, sino que pasa al revés: sucede que son interdependientes *porque* forman un sistema pero no que formen un sistema porque sean interdependientes. El que haya una dependencia recíproca será a lo sumo una *ratio cognoscendi*, una razón de poder conocer que estamos ante un sistema, pero no es lo que formalmente constituye el sistema. El sistema está constituido por esa serie de notas constitucionales cuando las mismas forman una unidad primaria. Una unidad primaria —ahora veremos el sentido que tiene esa primariedad— es tanto como decir algo que en alguna manera es anterior a la interdependencia en que las notas se encuentran entre sí real y efectivamente. El sistema es la unidad primaria de unas notas constitucionales.

En segundo lugar, este sistema no sólo es una unidad primaria en notas constitucionales, sino que además es un sistema más o menos *clausurado*. Si así no fuera, si una constelación estuviese abierta al aporte constitucional —no me refiero al aporte adventicio— de notas que vienen de otras constelaciones, entonces no tendríamos una cosa; tendríamos, si se quiere, un proyecto de cosa o una cosa que está en formación. No tendríamos una constelación formada. Imaginémonos que colocamos las notas en una línea. Es claro que la nota A influye sobre la B, y ésta sobre la C; es decir, la B depende de la A y la C depende de la B, pero ¿de qué dependen la primera y la última? La última depende de todas las anteriores y, por consiguiente, de la primera; es decir, la representación gráfica no es una línea sino un círculo. Pues bien, aunque esto no pasa de ser una metáfora geométrica, lo que sí es cierto es que el carácter clausurado y cíclico que se da en un círculo es lo que de otra manera acontece innegablemente en un sistema: es una unidad primaria pero clausurada y cíclica.

Así pues, una constelación, como hemos empezado llamándola, o un sistema es una unidad primaria de notas cíclicamente clausurado; es justamente lo que hemos llamado y podemos seguir llamando una *sustantividad*. Como acabo de decir, en esta sustantividad hay muchas notas que se encuentran vinculadas entre sí físicamente en virtud de su unidad primaria. Un aristotélico podría replicar que también dijo Aristóteles que se vinculan entre sí como, por ejemplo, los géneros y las diferencias están vinculados dentro de la especie, etc. Sí, pero hay una diferencia fundamental, y es que el género y la diferencia para Aristóteles no son nunca notas físicas de la realidad. Son notas metafísicas, que es distinto. La totalidad de un ser viviente, en cuanto lo considero como viviente, de un lado, y en tanto en cuanto lo considero como sensitivo, de otro, son términos de una diferencia y da como resultado una especie animal. No se trata de que haya una nota que se llame la vida y otra que se llame la sensibilidad, como puede haber una nota que se llame el color y otra el peso, y ambas constituyen un sistema. Esto no. Por consiguiente, en esta concatenación en que, formando esa unidad primaria que es un sistema, están las notas —y entiendo por notas las notas físicas—, ninguna de ellas por sí, tomada por sí misma, existe fuera del sistema. Podrá, desde luego, arrancarse del sistema una nota determinada. Yo puedo, por ejemplo, arrancar un electrón de un átomo y ionizarlo. Pero esto es una segunda operación. En la primera, mientras ese electrón está en el átomo, éste es lo que es en tanto en cuanto posee ese electrón que todavía no ha perdido antes de estar ionizado. Se trata, por consiguiente, de unas notas físicas y que tienen una conexión física. Entonces su ordenación, que alguna hay, es lo que de una manera vaga se me ha ocurrido llamar *posición*, la que las notas tienen dentro del sistema. Cosa completamente distinta al origen causal de unas notas dentro de un sujeto.

Tomemos un ejemplo, teniendo en cuenta que los ejemplos hay que tomarlos siempre en el orden de las operaciones y de las acciones, para luego hacer el esfuerzo, siempre problemático y duro, de transplantarlas al orden constitutivo o al orden constitucional. Tomemos, por caso, el peso de un organismo. En un coloquio público, todavía no hace muchos años, preguntaba yo a un eminente biólogo si el peso de un elefante es una propiedad biológica, y me contestó rotundamente que no. Sin embargo, yo creo que sí; porque no es lo mismo caerse y romperse una pierna pesando cien kilos que pesando diez. A esto no le demos vueltas. Estamos hablando de la posición del peso; es decir, lo que el peso significa dentro de las funciones biológicas no es lo mismo que lo que significa la posesión de un enzima determinado, o la acetilcolina para la transmisión del impulso nervioso. Y justo eso son diferencias de posición. No se trata, por tanto, de una estructura causal, ni tan siquiera intercausal de notas entre sí, sino de una posición determinada; y además, de una posición relativa a las demás notas, en forma tal que cada nota pende de la totalidad restante de las notas de un sistema cíclico. Penderá en forma distinta; justo ahí es donde está la posición. No hay duda ninguna de que la más abstracta de las operaciones intelectuales pende en una u otra forma de la composición de los átomos que forman mi cuerpo. Ahora bien, no pende igual, desde luego, de esos átomos a como pende, por ejemplo, de la atención que tiene la mente humana. Evidentemente, no. Es decir, la posición, la relación positiva, es distinta en ambos casos. Y justamente esa diferencia posicional es la que diversifica en buena medida muchos sistemas entre sí.

Un sistema, pues, es una unidad primaria en que las distintas notas formales están en una clausura cíclica, determinadas unas por otras posicionalmente. En manera alguna quiere decir esto que el sistema sea el origen de esas notas. De ninguna manera. Al hablar de la posición que la glucosa tiene en el organismo, no quiere decirse que ese azúcar esté producido por el organismo; puede no estarlo, evidentemente, si lo puedo comer. Lo esencial es la posición que la glucosa ocupa *dentro*, entre las funciones orgánicas, en su ejercicio y, *dentro* de la estructura misma del organismo, en su realidad primaria. A esto es a lo que he llamado *sustantividad*. Algo cuya diferencia con la sustancialidad es menester precisar.

Por lo pronto, la sustantividad tiene unas propiedades que no se reducen a la suma de las propiedades de los componentes de la sustantividad en cuestión. Recurramos para verlo a un ejemplo. (Repito que hay que tomar ejemplos siempre en el orden operativo, ya que la única manera de hablar de las cosas es por las operaciones que ejecutan.) Si yo tomo el movimiento de un cuerpo —el caso más sencillo, un problema de nuda mecánica como es el traslado de un objeto, de una carpeta, pongo por caso, de un lugar a otro de la mesa—, ahí hay una energía cinética: la masa por el cuadrado de la velocidad, partido por dos. Ese cuerpo tiene diversos componentes. Yo podría, si me interesara, descomponer esta energía en la suma de las energías de las partículas del cuerpo que se mueve, atribuyendo a cada una de sus partes el trozo de energía cinética con el que colabora a la suma total de lo que llamamos energía cinética de esa carpeta en movimiento. Esto es verdad. Pero supongamos que esa carpeta está en el aire, que todavía no se ha caído. Si ahora se suelta la mano para que se caiga, mientras está cayendo, vale lo que acabo de decir porque, en efecto, la energía cinética de esa caída se descompone en la suma de las energías de cada parte que la compone. Pero, antes de la caída, la energía potencial no se puede descomponer en la suma de las energías potenciales de sus partes componentes, pues pertenece al sistema y no aditiva ni distributivamente a las partes que la componen. Esto partiendo de la realidad más elemental, que es una masa sometida al movimiento. Mucho más si pasamos a propiedades de otro orden. Yo puedo describir con el esfuerzo gigantesco y titánico con que la ciencia moderna lo hace, la estructura de los átomos y la formación de las moléculas. Todo lo que aporte esa descripción es verdad. Nada de eso obsta para que un sistema molecular determinado tenga propiedades sistemáticas, irreductibles a la suma de las propiedades elementales que tiene cada uno de los átomos y las partículas que lo componen. Esto es innegable; y más todavía si subimos en la escala.

¿Qué es un ser vivo? ¿Tiene un ser vivo, un organismo viviente cualquiera, nada más que las propiedades que resultan aditivamente de las notas o, más precisamente, de las propiedades de las notas sustanciales correspondientes a las sustancias que lo componen? Esto es absolutamente falso. Como sustancias, se van produciendo todas ellas progresivamente. Pero no son sólo sustancias producidas por el organismo; muchas lo están sintéticamente —me parece que incluso la clorofila, en los últimos años, se ha logrado sintetizar; no estoy seguro pero es igual, pues, si no lo está aún, lo estará un día—. Lo cierto es que algunas sustancias se van produciendo sintéticamente: se ha producido insulina, se producen muchas propiedades, etc. Ahora bien, ¿esto quita su originalidad al ser vivo?. En manera alguna. Porque la vida no está constituida en su carácter formal por las sustancias que la componen, ni un ser vivo es una sustancia forzosamente, sino que está constituida por lo que he llamado una *combinación funcional* en el orden operativo, que es una funcionalidad estructural en virtud de la cual estas sustancias operan en una cierta forma, en la que llamamos forma viva, es decir, en esa forma que llamamos vida: vivir, en definitiva. La vida no está constituida por un nuevo tipo de sustancias, ni el viviente es una sustancia más. Esto de ninguna manera. ¿Cómo va a decirse esto? El viviente como sustancia no es una, son muchísimas. La glucosa en un frasco de laboratorio es lo mismo que la de mi organismo. ¿Cómo se va a decir que la glucosa de mi organismo ha perdido su sustancialidad porque yo me la trague o me la inyecten? Esto es absurdo. Ha perdido algo, puesto que ahora ha pasado a ser un momento de esa sustantividad integral que llamamos el organismo animal.

Hay unas propiedades sistemáticas, que son las más características de toda sustantividad; y precisamente el sistema —o el conjunto, si se quiere— de todas las notas que son suficientes, que tienen suficiencia para determinar una constelación o una constitución autónoma, es lo que llamamos *sustantividad*. Así pues, la sustantividad es la suficiencia en el orden de la constitución. Algo que no tiene nada que ver con lo que la filosofía clásica, por lo menos en la Edad Media, entendió por sustancia, la llamada *perseidad*, la capacidad para tener existencia propia. Sí; ya sé que se pueden hacer muchas disquisiciones, y ante una cosa tan extraña y tan falsa para una mentalidad clásica como la que acabo de mencionar, decir que en algún cabo, y correctamente entendido, en Santo Tomás también estaba eso. Es muy posible. Pero como quiera que sea, entonces se hablaba de sustancias y no de sustantividades. La suficiencia constitucional es lo que constituye el carácter formal de la sustantividad en cuanto tal. Y digo que esta sustantividad se distingue radicalmente de la sustancialidad. Los ejemplos que he puesto me parece que son bien claros: se puede, en efecto, perder la sustantividad y no perder la sustancialidad. Recíprocamente, no está dicho en ninguna parte que lo insustantivo sea siempre accidental. Esto es falso. Lo accidental es insustantivo, sin duda alguna, pero la recíproca es falsa. El azúcar, la glucosa en mi organismo, continúa siendo sustancia y, sin embargo, es insustantiva; resulta evidente que hay sustancias insustantivas. El accidente es doblemente insustancial: por no ser sustancia y, además, por no tener sustantividad dentro de mi organismo. Pero es que las sustancias que componen mi organismo, que son innumerables, son perfectamente insustantivas. Sustantividad no hay más que una: la de mi ser vivo. Además, estas sustantividades que son los seres vivos no sólo tienen muchas sustancias sino que pueden tener carácter muy distinto. Es muy posible —éste es el caso de los cuerpos químicos— que una sustantividad posea unas propiedades sistemáticas irreductibles a los elementos componentes, pero, como quiera que sea, aquello en que consiste es un nuevo sujeto más, una sustancia más; por ejemplo, el ácido clorhídrico. Ahora bien, no es forzoso que siempre ocurra así, como confirma el caso del ser vivo. El ser vivo no es una sustancia más, ya que está caracterizado por algo constitutivamente funcional; por eso no es una sustancia más como puede ser el ácido clorhídrico respecto de los componentes que posee.

Mas no solamente eso, que puede parecer una distinción sutil, sino que, si vamos al caso del hombre, nos encontramos con algo distinto, pues hay momentos de la sustantividad humana, los más decisivos tal vez o, al menos, muy decisivos en la vida humana, que exceden enormemente el área de la sustancialidad. Sustancialmente —empleemos por lo menos el vocabulario clásico aristotélico— podrá ser que yo posea una voluntad capaz de ejecutar el bien y una inteligencia capaz de tener mucho talento. Es posible. Pero lo cierto es que ni el talento ni la virtud los tengo sino por una decisión mía; estoy yo por encima de mi naturaleza. No soy sub-stante sino supra-stante. No soy $\hat{\upsilon}\pi o\varkappa\varepsilon\acute{\iota}\mu\varepsilon\nu o\nu$ sino $\hat{\upsilon}\pi\varepsilon\varrho\varkappa\varepsilon\acute{\iota}\mu\varepsilon\nu o\nu$. Ahí la sustantividad está evidentemente sobre el área de la sustancialidad. En términos generales hay que decir de toda sustancia, de toda realidad, que su momento de sustantividad es anterior e intrínsecamente fundante respecto de su momento de subjetualidad o de sustancialidad.

Se me dirá, como alguna vez ha ocurrido, que eso no lo excluye Aristóteles, dado que ya dijo el filósofo griego que en la forma sustancial hay estas necesidades internas que constituyen la unidad de una cosa. Esto lo sé. Pero entonces uno se pregunta cuándo ha podido pensarse que eso es un descubrimiento de Aristóteles. Pues ¿pensaron de otra manera todos los físicos y matemáticos que le precedieron? ¿Acaso ha dejado de pensar nunca la humanidad que hay unas conexiones necesarias e intrínsecas en las cosas? El que lo expresaran con mayor o menor claridad, con mayor o menor rigor, ¿permite afirmar que eso es un descubrimiento aristotélico? La afirmación de Aristóteles es que no por eso sería una $\mu o\varrho\varphi\acute{\eta}$, una forma, pues lo sería si se dijera que *eso* es el acto entitativo de una materia prima. Esto es lo que Aristóteles dijo, y es lo que —por lo menos, a mi modo de ver— no es verdad. No se trata de que, porque yo haya dicho que las cosas son constelaciones vinculadas por una interna necesidad, esté replicando la forma aristotélica. No. Eso no es forma, es nada más que una inspección inmediata de la realidad. Es forma cuando se toma todo eso como determinante actual de una potencialidad determinada, que es su materia prima. Entonces, y sólo entonces, es cuando hay forma sustancial. Y de esto es de lo que digo que necesitaría prueba.

Supuesto, pues, que lo real es precisamente la sustantividad, nos preguntamos ahora por su estructura interna.

B) Cuál es la estructura interna de la sustantividad

No es difícil ver que hay muchas notas formando parte de un sistema sustantivo que dependen, posicionalmente por lo menos, de otras notas. Con lo cual lo constitucional mismo está sometido, si se me permite la expresión, a una especie de disección. El albinismo, por ejemplo, es una nota constitucional, pero pende de alguna particularidad génica, que es aquello sobre lo cual está fundado ese fenómeno externo, fenotípico, que llamamos el albinismo. Es decir, no todas las notas tienen el mismo carácter dentro de una sustantividad. Hay algunas que están pendientes, determinadas funcionalmente por otras, las cuales no están fundadas en otras sino que constituyen un sistema rigurosamente primario. Estas últimas notas son parte del sistema o, si se quiere, son el sistema fundamental. Éste ya no es constitucional sino que es algo más: es constitutivo, es el sistema de notas necesarias y suficientes para que haya una sustantividad; y a eso es a lo que modestamente se me ha ocurrido llamar *esencia*. Le he dado esta denominación porque tradicionalmente se ha llamado siempre así a aquello que una cosa es y no puede dejar de ser, so pena de dejar de ser lo que es. Lo que pasa es que, mientras se empeñe uno en concebir la esencia según una definición, tendríamos una concepción meramente por géneros y diferencias y por especies. He pensado que a la esencia había que ir de una manera distinta, había que ir *físicamente* a la realidad físicamente presente en un acto de física impresión sensible. La esencia es, pues, algo constitutivo. De ahí que la esencia no sea simplemente el término de una definición. Ni es *de suyo* —no podemos entrar ahora en el problema, lo diré tal vez más adelante— algo específico, sino algo rigurosamente individual que constituye el principio físico, la base física, sobre la que están montadas todas las demás notas constitucionales. La esencia es, como digo, lo constitutivo de la constitución, lo constitutivo de la sustantividad en cuanto tal. La unidad primaria en que la constitución consiste pende esencialmente de la unidad primaria de ese subsistema que llamamos *la esencia de la realidad*, *la esencia de la cosa*. Este subsistema tiene, sin duda, unas ciertas notas que son las que primariamente están conexas entre sí. Podrá decírseme: Sí, pero cuáles son en un caso concreto. Pues sólo puedo contestar que ni lo sé yo ni lo sabe nadie. ¿Dónde está dicho que la esencia de las cosas tenga que ser captable y aprehensible de una manera exhaustiva por la mente humana? Cosas que se han creído esenciales, luego se ha visto que son constitucionales, que son derivadas, como la que he citado, el albinismo. Depende de unas condiciones génicas. Sí, pero ¿qué son los genes? Se puede estimar que son unas ciertas moléculas de una cierta forma, las cuales luego se ha visto que son ácido ribonucleico y desoxirribonucleico, etc.

¿Dónde se encuentra la nota esencial? Se va desplazando. Hay que decir de eso, como decía no sé si Esquilo de lo justo: lo justo se desplaza, τό δίκαιον μεταβαίνει [10]. Se va desplazando el movimiento, y también la esencia se va desplazando en conocimiento, pues es un conocimiento progresivo de la mente humana que va tendiendo progresivamente *hacia* lo que cada vez puede ser más esencial. Incluso en el caso del hombre, en que se pensará: Se sabe que es esencial al hombre ser inteligente y ser racional. Sí, de acuerdo. Pero la esencia no está constituida por una o unas notas sino por todas. ¿Se sabe con precisión cuáles son todas las notas animales que constituyen un hombre? La idea de la evolución nos ha traído muchos animales a la mente. ¿Quién sabe dónde están esas notas? Se dice que, si al animal le agrego lo racional, tengo un hombre. Sí, pero ¿a qué animal? Porque, si se lo agrego a una ameba, no hay cuestión, ahí no tengo un hombre. Ni sé si podré agregar inteligencia a una ameba. ¿A qué animal se le agrega la inteligencia? ¿Al australopiteco? Sí. Pero, entonces, dígaseme en qué consiste la esencia de un australopiteco. Esto no es dialéctica, es el movimiento progresivo de la intelección humana en orden a la aprehensión de lo fundamental y de lo constitutivo de las cosas. Pero, como quiera que sea, esas notas existen so pena de que la realidad no fuera lo que es. Y digo que ellas son el subsistema constitutivo, son las que poseen la función fundante respecto de las demás notas constitucionales, por ejemplo, del albinismo. Fundante, en un doble sentido.

a) En un sentido primero, como en este caso que acabo de citar, se debe el albinismo a una serie de carácteres que están fundados en una determinación génica cualquiera. El pri-

---

[10] Cf. *Choeph.* v. 308, McMillan, London, 1893, p. 43.

mer caso, me parece, de investigación experimental de un defecto génico y transmisible fue el que le valió el Premio Nobel a Beadle por sus investigaciones sobre la Neurospora. De una manera un poco espectacular fue eso, una investigación acerca de los defectos génicos en este orden bioquímico.

b) Pero no sólo hay eso sino que, desde luego, la esencia confiere a la sustantividad de quien lo es una serie de notas que no están unívocamente determinadas, pues lo que la esencia determina unívocamente es el área dentro de la cual esas notas se van a dar. Por ejemplo, no es esencial a ninguno de nosotros el estar donde estamos ahora; de esto no hay duda ninguna. Podríamos estar, y quizá mucho más gratamente, en otro lado. Pero lo que tenemos necesariamente es que estar en algún lado. Esto es impepinable, como dice la gente. La esencia no determina dónde tengo que estar yo pero sí que he de estar en algún lado; es decir, determina, por ejemplo, entre las muchas áreas delimitadas, el área espacial dentro de la cual se mueven precisamente las posibles variaciones de mi sustantividad. La esencia es fundante de propiedades formal y actualmente poseídas, y fundante del área dentro de la cual se inscriben las propiedades que potencial o posiblemente puede tener.

Pero, además, estas notas —como digo— tienen una unidad primaria más radical que la que posee la unidad constitucional de la sustantividad. Y es que, ciertamente, la unidad de una sustantividad, la unidad constitucional de notas de un organismo (por ejemplo, una vez más, el albinismo con otros caracteres que puede tener esa persona en cuestión) es una unidad primaria, en el sentido de que no es adquirida por interacción con otras cosas, por lo menos desde un punto de vista formal. Pero, en el caso de una esencia, es mucho más radical, porque la conexión de las notas esenciales en ella es, como diría un griego, un *ἕν καθ'αὑτό*: es una unidad por sí misma. De tal suerte que, si la rompiéramos por algún lado, desaparecería la realidad en cuestión; tendríamos otra, pero desparecería la realidad en cuestión. Ahora bien, ahí se hizo fuerte Aristóteles. Dijo: el *ἕν καθ'αὑτό*, la unidad *per se*, que dirían los latinos, es justamente la unidad que hay en primera línea entre una potencia y un acto dentro de la estructura hilemórfica de la realidad. Lo cual ha gravitado de una manera penosa en la historia de la filosofía. No parece sino que todo el que no es hilemorfista se mueve en un accidentalismo metafísico realmente inadmisible. ¿Por qué razón se va a limitar el *ἕν καθ'αὑτό*, la unidad *per se*, a esos momentos hilemórficos y estructurales de la realidad, y no se va a concebir que hay una unidad *per se* directa entre las notas constitutivas de una realidad? No se trata de una unidad hilemórfica, sino de que cada nota en concreto, físicamente tomada, en este sistema es *nota de* las demás, y asimismo de que, recíprocamente, la unidad de este sistema es justo una unidad que no subyace a ella bajo forma de un sujeto, sino que está presente *en* cada una de las notas, precisamente en el carácter de su necesidad, que vincula las unas a las otras. Notas *de* una unidad. Unidad *de* unas notas. En esa unidad intrínseca del *de* es en la que consiste, a mi modo de ver, el *ἕν καθ'αὑτό*, la unidad *per se*, que es la *esencia* de cualquier realidad. Es una unidad estrictamente física; y precisamente porque es una unidad que confiere un *ἕν*, una unidad *καθ'αὑτό* primaria a las notas esenciales, es por lo que la he llamado *unidad coherencial primaria*. Es coherencial. No se trata de la in-herencia de unas notas a un sujeto sino de la co-herencia de las notas entre sí. Una unidad coherencial primaria: en esto consiste precisamente la unidad de la esencia. Unidad que es anterior a cada una de las notas pero no bajo forma de un sujeto, no en forma de un sujeto, porque, ante todo, esa unidad se manifiesta con carácter exigencial. En un sistema determinado, ni tan siquiera la carga eléctrica de un electrón es posible dentro del sistema si no es exigiendo, estando vertida a las demás propiedades del sistema. Yo puedo arrancar los electrones del sistema sin que éste sufra cambio ninguno. Pero no se trata de esto sino de que *hic et nunc*, tomado en una esencia, cada uno de esos momentos esenciales reclama esencialmente los demás. Es una unidad exigencial. Su presencia en las notas es anterior, razón por la cual la unidad de la esencia no es jamás sintética. No es el agregado, ni tan siquiera la organización de unas notas esenciales, sino justamente al revés: las notas esenciales son aquellos puntos en que se explaya y se manifiesta la unidad *primaria* en que la esencia consiste; y esa unidad primaria es de carácter exigencial. Algo que no está por bajo de las notas, ni fuera de ellas, sino que está *en* las notas mismas, y en virtud de lo cual las notas esenciales son el precipitado interno, el αὐτός, si se quiere, que hace posible la definición de la esencia en sus notas. Son lo *sido* de la unidad primaria. La unidad primaria *es*, las notas son lo *sido* en esa unidad primaria; y esta unidad, como coherencia exigencial primaria, es justamente el momento radical y básico de toda sustantividad.

La realidad, lo que buscábamos al preguntar en qué consisten las cosas reales, son esas constelaciones. Estimo que no se trata de unos sujetos separados sino de unas rigurosas constelaciones, constituidas en unidad sistemática y fundadas básica y fundamentalmente en esa unidad coherencial primaria que hemos llamado la *esencia*. No se trata de un sujeto separado. Se trata —repito— de un carácter intrínseco en virtud del cual cada nota pertenece a las demás, y todas ellas son notas *en* las que intrínsecamente está dominando la unidad exigencial primaria en que consiste la unidad esencial. En su virtud, digo que la esencia no es un conjunto de notas que emergen de un sujeto y que están soportadas por él; es algo distinto. Es un constructo metafísico. Ciertamente, la palabra *constructo* tiene una raigambre, un origen lingüístico, como saben los que han estudiado lenguas semíticas. Hay un estado constructo que es distinto del régimen sintáctico que tienen sobre todo las lenguas indo-europeas. En éstas y en sus derivadas, las románicas, hay dos tipos lingüísticos distintos de relación de las cosas. Una de ellas, que ha gravitado ferozmente sobre toda nuestra inteligencia europea, es la idea de que las cosas son sustancias —ahí el sustantivo no significa sustantividad sino sustancia— y lo demás son flexiones, $\pi\tau\hat{\omega}\sigma\epsilon\iota\varsigma$: la declinación expresa justamente ese carácter. Sería falso pensar que, por ejemplo, el nominativo *pater* significa *el padre*, sin más, y el genitivo *patris* es ser *del padre*. No, esto es falso, porque *pater* significa *este padre* determinado, no *padre* en abstracto sino una realidad muy concreta, exactamente igual como los demás casos de la declinación. Se trata de flexiones, $\pi\tau\hat{\omega}\sigma\epsilon\iota\varsigma$, de una realidad única que es justamente el sujeto *padre*. En otras lenguas, ya algo en las indoeuropeas pero sobre todo en las lenguas románicas —en algunas, como la nuestra o el francés— se ha perdido la flexión y las modificaciones se expresan por medio de preposiciones que establecen, enuncian una cosa en relación con las demás. Es una concepción relacionista de la realidad: hay unas cosas previas que entran en relación. Podrá haber alguno que llame a esto ser relativista. No lo es; es ser relacionista, que es cosa muy distinta. Se piensa que las llamadas cosas son los nudos de las distintas relaciones que circulan por el mundo. Como quiera que sea, esto encuentra su expresión lingüística en la preposición. Ahora bien, aunque algunas lenguas semíticas se rigen por esos dos primeros procedimientos, todas ellas tienen el estado constructo, en virtud del cual dos sustantivos están vinculados entre sí en forma de una unidad prosódica, semántica y hasta fonética —y sintáctica, ni que decir tiene—, por lo que constituyen una sola unidad y no una relación establecida entre dos unidades, ni una mera flexión de un sustantivo. Así, si dijésemos «los hijos de Israel», en latín diríamos *filii Israelis*, donde «hijos» es sustantivo y «de Israel» es lo que lleva la modificación. En las lenguas semíticas ocurre exactamente lo contrario. Se dice בני־ישראל (*bne-Israel*), y ahí el término *hijos*, en «hijos de Israel», no es un término absoluto sino justo al revés: es *hijos* el que está modificado, mientras que el que queda inmodificado es *Israel*. Ambos términos constituyen un solo complejo, un sistema, al que se llama estado constructo, *status constructus*, el cual expresa una unidad de la realidad que no es una $πτῶσις$ ni una relación preposicional; es justamente un estado constructo. Pues bien, dejándonos de consideraciones lingüísticas, lo que constituye, a mi modo de ver, el carácter esencial básico y fundamental de eso que llamamos las constelaciones en que las cosas consisten es justamente el ser constructos metafísicos. Constructos metafísicos de una unidad que es *sida* en sus notas, cada una de las cuales es nota de un sistema constituido por las demás notas en unidad coherencial primaria con ellas.

Si se quiere volver a hablar de $οὐσία$, habría que decir que la $οὐσία$ no es un sujeto sino una esencia sustantiva. Porque justamente la realidad —repito— no es el carácter de unas cosas sino la formalidad con que se me presenta todo en mi impresión de realidad, incluso el propio movimiento. Cuando decíamos, en el capítulo anterior, que la realidad es algo *de suyo*, el *de suyo* significa ahora que posee una unidad coherencial primaria presente en el acto de impresión de la realidad. La esencia es siempre y sólo esencia de la sustantividad y no esencia de la sustancialidad, como pretendía Aristóteles.

Tanto más —repito— cuanto que hay sustancias que son perfectamente insustantivas y hay sustantividades que no son sustancias, como es el caso del *yo* humano. Hasta el punto de que una transformación física que afectara nada más que a la unidad mantendría idénticas las sustancias y, sin embargo, el resultado de esa transformación sería una realidad distinta. Las sustancias, sin embargo, quedarían idénticas. Dejemos esta consideración, que exorbitaría el problema que estamos aquí tratando.

La realidad está constituida por sustantividades, básicamente fundadas en unidades coherenciales primarias, que llamamos *esencias*. En esas unidades es donde las cosas son lo que son y, sobre todo, son efectivamente reales. La realidad es la esencia. Ahora bien, ¡hay tantas esencias en el mundo! Por eso se pregunta uno: ¿en qué consiste entonces la realidad en cuanto tal? Es el asunto que pasamos a considerar.

II. *Realidad en cuanto tal*

Comenzábamos este capítulo con la segunda parte de las cuatro que componían lo que había proyectado desarrollar. La primera parte fue el enfoque del problema de la realidad. La segunda era obtener una idea, una cierta idea, de lo real. Dividía esta segunda parte en dos puntos, el primero de los cuales, bajo el rótulo de *Realidad y sustantividad*, lo he desarrollado en las páginas precedentes de este capítulo: la idea general de la realidad como sustantividad. Queda ahora, por consiguiente, un segundo problema, del que vamos a ocuparnos en lo que sigue.

Veíamos —lo repito para recordar y volver a tomar el hilo de las ideas— que las cosas se nos presentan en el mundo perceptivo, en el externo y en el fuero interno mismo de cada cual, como constelaciones de notas. Esas constelaciones en que se presentan, mejor dicho, que constituyen el término de nuestra aprehensión de lo real, no son precisamente lo que los fenomenólogos han dicho tantas veces. Lo primero que vemos —dicen Husserl o Heidegger— son paredes, mesas, butacas, techos, lámparas, etc., y la nuda realidad viene después. Esto es cosa más que problemática. Porque ¿hasta qué punto se puede decir que yo veo, lo que se llama ver, en un acto perceptivo sensible una mesa? Veo una cosa que es una mesa, lo que es bien distinto; a lo mejor yo sé que eso es una mesa porque así me lo han enseñado. Pero ver como ver la *meseidad* de la mesa —permítaseme la expresión—, ¿entra por la percepción? Pienso que no. Suele admitirse —aquí volvemos a la idea del residuo— que lo nudamente real es siempre un residuo, que uno se encargará de descubrir cuando falle lo otro. Esto no es así. La percepción como tal percepción me da una serie de cosas: mesas, pantallas o fenómenos geológicos. Pero como quiera que sea, esas constelaciones son las que $\kappa\alpha\tau\grave{\alpha}\ \varphi\acute{\upsilon}\sigma\iota\nu$ y $\kappa\alpha\tau'\alpha\check{\iota}\sigma\vartheta\eta\sigma\iota\nu$ primero se presentan por su propia naturaleza y, además, por su modo primario de presentación. No digo que uno perciba *antes* una cosa que una mesa; no. Lo que digo es que en la percepción de lo que tengo delante, lo que incumbe a la percepción en cuanto tal no es su carácter de mesa sino la cosa que es una mesa, que es algo distinto. A lo primero es a lo que he llamado *cosa-sentido* y a lo otro he llamado *cosa-realidad*. Estas cosas-realidad —decimos— se encuentran constituidas en su modo de presentación con una formalidad; y las que tienen la formalidad de realidad, por oposición a la de estimulidad, no se nos presentan primariamente como sustancias sino como sustantividades; sustantividades cuya base última es una unidad coherencial primaria, que es a lo que hemos llamado *esencia*. Si la realidad es la formalidad en virtud de la cual decimos que algo es *de suyo*, el *de suyo* en la estructura interna de la cosa que es *de suyo*, es justamente la *esencia*. Por esto la esencia es siempre y sólo esencia de la sustantividad y no de la sustancialidad. Lo que pasa es que esta formalidad de lo real transciende el contenido propio de cada cosa. Veámoslo en algunos ejemplos: Un cenicero [11] cumple con las condiciones que hemos dicho para ser lo que es; con unas gafas acontece lo mismo. Pero las gafas no se parecen en nada al cenicero. Y, sin embargo, estos dos objetos entran dentro de una impresión de realidad, que es distinta, si se quiere, numéricamente distinta —volveremos sobre el tema más adelante—, aunque no sería forzoso que lo fuera. Entonces hemos de decir que aquí ya no nos basta con concebir lo real, tener una idea de lo real como una sustantividad, sino justo al revés: el problema es concebir esta sustantividad como real, como siendo real efectivamente. Cada cosa no es, desde luego, otra, pero toda cosa es real precisamente en virtud de lo que *es de suyo*. De esta suerte, lo real en cuanto tal se nos presenta como un tema frente a la realidad propia de cada una de las cosas en tanto que sustantividad. Éste es el segundo punto.

Anticipando ideas llamaremos a esto *transcendentalidad*, el *orden transcendental*. Frente al tema *Realidad y sustantividad* es menester enfrentarse con el de *Realidad y transcendentalidad*. De inmediato vamos a justificar la palabra *transcendental*.

Para poder entrar en este segundo orden, en esta segunda dimensión del problema, es preciso no perder nunca de vista que esta dimensión está inscrita en las cosas reales. Esta di-

---

[11] Al margen hay la siguiente nota: «Otros ejemplos mejores».

mensión transcendental no deja de lado la otra dimensión, la dimensión de sustantividad, que, si se quiere, —de inmediato justificaré el porqué la llamo así— podríamos llamar *talidad*: es tal cosa. No solamente no la deja de lado, sino que justamente es al revés. Yo puedo llamar *tal* a una carpeta, a diferencia de una lámpara, que es otra realidad, *tal* realidad; pero lo que llamamos *talidad* no es formalmente *talidad* sino vista desde el orden transcendental, en tanto que realidad, porque si no, no sería *tal* y *cual*; sería *una* realidad y *otra* realidad, pero no podríamos hablar de *tal* o *cual* realidad, ya que esto supone *tal* y *cual*: una diferenciación o una modulación —no insisto ahora sobre el vocablo, pues volveré pronto sobre este aspecto de la cuestión— de eso que es real, y que en cierto modo abarca los dos términos. Sólo entonces se puede hablar de *talidad*. Lo real en tanto que talidad solamente es posible que sea concebido así, considerado desde el punto de vista de lo real como transcendentalidad. Lo cual quiere decir que a su modo la dimensión transcendental *incluye* formalmente la dimensión talitativa, que lo transcendental siempre envuelve en una u otra forma lo sustantivo, la sustantividad. Esto nos pone ya ante los ojos la idea de que, siendo cada cosa *tal cosa*, una talidad, existe la dimensión dentro de la cual las cosas se inscriben como tales o cuales, como talidades, que corre en cierto modo por encima de las talidades de las cosas que son, confiriéndoles un cierto carácter, no diré homogéneo, pero sí una dimensión común y homogénea. Precisamente porque transciende de cada una de las talidades, llamamos a esta dimensión transcendental. Ésta es la justificación del vocablo, justificación muy elemental, pero que es preciso tener constantemente ante los ojos so pena de convertir el problema de la transcendentalidad, como ha ocurrido tantas veces en la historia de la filosofía, en un juego de conceptos. Todo cuanto es real, y precisamente por serlo, pertenece al orden transcendental; y sólo en la medida en que fijo mi vista en lo real en tanto que real, puedo y debo calificar a lo que es real como una *talidad*.

Planteémonos, pues, ahora el problema de esta dimensión común. Hemos dicho que transciende de todo. Pero uno puede preguntarse: transciende de todo, pero ¿en qué dimensión?, ¿en qué forma? Ésta es la cuestión.

Para contestar a esta pregunta, dividamos nuestra consideración en cuatro partes:

En primer lugar: Qué se entiende por la transcendentalidad en sí misma.

En segundo lugar: Qué es el orden transcendental respecto de la talidad.

En tercer lugar: Cuál es el modo como el orden transcendental está presente al hombre, puesto que, si no estuviera presente, no podría conocerlo ni hablar de él.

En cuarto lugar, y finalmente: En qué consiste formalmente esta dimensión transcendental de las cosas reales.

A) La transcendentalidad en sí misma

Es cosa sabida que el tema de la transcendentalidad fue uno de los que más ocupó a la filosofía escolástica. Pero, además, es menester caer en la cuenta de que la idea de la transcendentalidad ha gravitado de una manera tenaz y pertinaz a lo largo de toda la historia de la filosofía moderna.

En efecto, basta abrir la *Crítica de la razón pura* para ver que, según Kant, este tema de la filosofía transcendental constituye en los antiguos un asunto de gran importancia, pues uno de sus capítulos contiene los conceptos puros del entendimiento. De la consideración de este trozo de filosofía antigua, de filosofía transcendental antigua dice que contiene una proposición, célebre entre los escolásticos, a saber —recuerda Kant literalmente—, todo ente es uno, verdadero y bueno, *quodlibet ens est unum, verum et bonum*; y estos presuntos predicados transcendentales de las cosas no son sino exigencias y criterios lógicos de todos los conocimientos de las cosas en general [12]. Aquí tenemos un pasaje central. Lo he elegido porque, por una parte, nos hace volver la vista hacia el pasado, que está aquí actual y formalmente rememorado y recogido, y, por otra parte, proyecta un poco la filosofía hacia el futuro, a lo que ha sido en el siglo XIX y comienzos del XX. Era conveniente, por consiguiente, empezar por Kant.

Yendo hacia atrás aparecen, naturalmente, los escolásticos; yendo hacia adelante se podía reparar en muchos otros autores. Vamos a tomar una vez más a Heidegger, quien dice al comienzo de su libro *Sein und Zeit* que el ser, como tema fundamental de la filosofía, no es ningún género de un ente y que, sin embargo, concierne a todo ente (aquí Heidegger alude textualmente a la frase de Aristóteles, quien, frente a Platón, afirma que el ὄν, el ente, no es γένος, no es género). Su universalidad hay que buscarla más arriba. El ser y la estructura del ser están sobre todo ente y sobre toda posible *determinidad* del ente en general. Dice: el ser es lo transcendente *simpliciter* [13]. Hasta el punto que no duda en afirmar que todo *Erschliessen*, toda apertura, todo abrir del ser como transcendente, es un conocimiento transcendental. Añade a continuación —esto ya no nos importa— que la verdad fenomenológica es *veritas, veritas transcendentalis* [14]. Es menester ahora actualizar un poco ante nuestros ojos qué es lo que Kant rememora del pasado y

---

[12] Cf. Kant, I., *KrV*, B 113-114.
[13] Cf. Heidegger, M., *SuZ*, § 1 y § 7, pp. 3 y 38.
[14] Cf. *O. c.*, § 7, p. 38.

qué es lo que Heidegger, y en definitiva un poco la corriente post-kantiana, nos dice acerca del orden y de la idea de lo transcendental.

En primer lugar, es obvio afirmar, como hace Heidegger, que el tema de la universalidad aparece justamente en Aristóteles, sin que esto signifique que Heidegger sea una continuación y una cocción de Aristóteles, que son cosas distintas. Dice Heidegger que la universalidad del ser hay que buscarla más arriba del género, con lo que plantea aparentemente el problema de lo transcendental en la línea de la universalidad: algo en que coinciden todos los seres, *universitas*, una universalidad mayor o menor, y en este caso algo en que coinciden todas las cosas. Sin embargo, es menester saber en qué coinciden. Ésta es la cuestión. Si nos comparamos todos nosotros, coincidimos todos en algo, a saber: en ser hombres. Si contemplamos todos los colores que nos rodean, todos entran en la idea del color, coinciden en ser colores. Naturalmente, esto no es una simple clasificación de las cosas que veo. (Aunque, dicho como lo acabo de decir, evidentemente que lo es.) Pero yo puedo apurar mucho más esta presunta clasificación —así lo dice Aristóteles— desde un punto de vista que profundiza lo que acabo de decir. Cuando afirmo que nosotros somos hombres o que las nubes de un cuadro son azules, digo una cosa muy concreta; tan concreta como cuando digo, por ejemplo, que este papel es blanco. Sí, tenemos el atributo blanco que se predica de este papel. Pero si yo dijera que un cuadro es grande, también digo una cosa que es referente al cuadro; y, si comparo el azul con el grande, veo en seguida la diferencia: no sólo es que sean predicados distintos, que evidentemente lo son, sino que además pertenecen a órdenes distintos. En cada cosa concreta que digo del cuadro se acusa en cierto modo el tipo de entidad o la manera como el predicado afecta al sujeto. No son lo mismo las maneras como afectan al lienzo el color azul y el tamaño grande. En el primer caso, el color cualifica al lienzo; en el segundo, lo cuantifica. Y estos modos, que se acusan en toda predicación, dado que *acusar* se dice en griego κατηγορέιν, Aristóteles los llamó *categorías*, las categorías del ente, κατηγορίας τοῦ ὄντος [15]. Las categorías son los modos según los cuales unas cosas son inherentes a otras para tener la entidad que tienen. No se trata ya de una clasificación empírica de cosas, sino de una clasificación de modos de ser que se acusan en el λόγος, en la enunciación, y por eso son categorías.

Uno puede preguntarse —es lo que le debió pasar a Platón— de qué se trata, de cuáles categorías se trata, cuando hablamos de algo en que coinciden las cosas últimamente. Lo de menos es contar la tabla de las categorías aristotélicas, cualesquiera que ellas sean, diez, más o menos. No importa para el caso. Lo grave está en otro punto. Suponiendo que en el mundo no hubiese más que sustancias, uno propendería a creer que todas las cosas coinciden en ser sustancias. Esto es verdad. Ahora bien, eso no tiene nada que ver con el orden transcendental. En absoluto. El orden transcendental es un orden de una realidad cuyo carácter peculiar no transparece más que cuando comparamos diversas categorías; por ejemplo, la cualidad, la cantidad, la relación, la acción, la pasión, la sustancia,...; en definitiva, las diez categorías aristotélicas. Todas expresan predicados o modos de ser de lo real. Sí, pero con la diferencia de que, mientras se trate de una categoría, por ejemplo, la de sustancia, la diferencia entre hombres, perros, astros, manzanos, etc., suponiendo que fueran sustancias, es una diferencia dentro de una misma categoría, la de sus-

---

[15] Cf. *Met.* V, 28, 1024b13.

tancia en este caso. La cual, salvo casos determinados, muy favorecidos además por los escolásticos, que todo lo resuelven siempre con analogías, se encuentra unívocamente realizada —para los efectos de lo que estamos diciendo aquí, admitamos que sea así— en cada uno de los entes. En efecto, la razón de sustancia de un perro es —diría Aristóteles— estar separado de las demás cosas, tener existencia propia, no predicarse de otra, etc.; y eso mismo le pasa al manzano, al hombre y al astro. Hasta ahí la cosa es clara. Pero, si comparo una categoría con otra, me encuentro con la circunstancia de que, dentro de la categoría de sustancia a la que he aludido, todos los hombres y todos los seres vivos *diferimos*. Esto quiere decir que coincidimos en unas notas de un carácter fundamental, ser sustancias, y diferimos por una serie de notas; y eso es diferir, $\delta\iota\alpha\text{-}\varphi\acute{\epsilon}\rho\epsilon\iota\nu$. La sustancia se *divide*, por consiguiente, en una dirección, a derecha o a izquierda; lo general se divide en cada una de las cosas particulares. Por eso lo que divide son diferencias. Una idea general, un carácter general, se distiende y realiza en distintos individuos. Hasta ahí eso es claro. Ahora bien, ¿se puede decir que eso es verdad tratándose de las diez categorías? ¿Se puede decir que la categoría de sustancia y la categoría de cualidad difieren entre sí en este sentido? No. ¿En qué es en lo que diferirían? ¿En la propia sustancia? No. La una es sustancia y la otra es cualidad. ¿Diferiría su carácter de ser entitativo? Entonces el ser sería un género, y ahí se levanta Aristóteles y nos dice que esto no puede ser. Porque para que el género difiera es preciso agregarle diferencias, las cuales tienen que *ser*, para ser diferencias, y, si tienen que ser, ya están en el ser; en fin, el ser no les añade nada. Por eso los escolásticos han encontrado una fórmula muy precisa. Estas diez categorías no son *diferencias*, no difieren, sino que son *primo diversa*, son diversidad primaria y radical. Y precisamente por lo mismo, el que todas coincidan plantea un problema a la filosofía. ¿En qué coinciden entonces últimamente estas categorías *primo diversa*? Simplemente en ser entes. Fue inicialmente, por lo menos germinal o virtualmente, la contestación de Aristóteles, que encontró su expresión temática en la Escolástica: Al entender que la realidad en su talidad tiene un carácter de ser y que por consiguiente es un ente, ha llevado a cabo lo que llamaba yo hace muchos años la entificación gigantesca de la realidad. Ha convertido las realidades en entes. Entonces las categorías representan los diversos modos primarios de ser ente. Pero la Escolástica no ha parado aquí sino que ha entrado en lo que Kant apuntaba, en determinar con cierta precisión qué son esos caracteres que incumben a toda cosa por el mero hecho de ser ente, por el mero hecho de ser. La Escolástica nos dice, por ejemplo, que el carácter transcendental supremo es ser *un* ente, que unos entes no son los otros; que cada uno es *algo* en sí mismo, un *quid*, distinto de otros; es un *aliquid*, un algo; que todo ente es *verdadero* y *bueno* en el sentido de que por su propia razón de entidad todo ente sería cognoscible y apetecible; etc. Son los transcendentales clásicos, que aparecen ahí: *ens, res, unum, verum, bonum, aliquid*, según Kant nos recuerda.

Ahora bien, al analizar esta concepción (dejemos de lado, por lo menos de una manera demasiado temática, la apelación al ser, pues de ella hablaremos más largamente en otro momento, y tomemos promiscuamente los términos *ser y realidad*) se advierte, en primer lugar, que en estas notas, llamadas notas transcendentales del ente en tanto que ente, hay una cierta falta de unidad de dirección. Es verdad que, mientras no se diga más que son entes, la cosa marcha. Pero ya es más problemático que todas esas notas representen lo que pertenece al concepto del ente en cuanto tal. Porque, para que sean verdaderas y buenas, tiene que haber inteligencias y voluntades. Ahora bien, ¿pertenece al concepto del ente en cuanto tal que haya entes cognoscentes y volentes? Evidentemente, no. Entonces ¿qué significa el carácter transcendental de estas notas de *verum* y de *bonum* aplicado al ente inteligente?

Los escolásticos han discutido este problema, y aunque no es el caso de hacer una larga exposición y discusión, sí es preciso subrayar que, *malgré tout*, hay una falta de unidad —esto es innegable— entre los caracteres de estas notas positivas, absolutas y relativas, dado que la Escolástica, al tratar de estas diversas notas o caracteres de lo transcendental —repito: piénsese que se trata de aquello en que coinciden todas las cosas por el mero hecho de ser—, ha sostenido que son justamente eso: notas o caracteres. Entonces se pregunta uno: ¿es posible que el ente como tal tenga una nota o un carácter fundado en algo que no pertenece al ente en cuanto tal; por ejemplo, que existan inteligencias y voluntades? Ésta es la dificultad. Una dificultad que puede tratarse de resolver por esta línea, pero que también puede hacer recaer la reflexión sobre una línea anterior. ¿Es verdad que esto que se llaman los momentos transcendentales del ente, o la entidad en general, sea un sistema de notas? La Escolástica parte de la idea de que estas notas son términos de conceptos: yo tengo, por ejemplo, el concepto del ente, el concepto de lo uno, el concepto de lo verdadero, el concepto de algo. La Escolástica cae en la cuenta de que no todas las cosas son igualmente unas; que todas ellas son unas, pero que en cada una la unidad se parece poco a la de otras, por lo menos en muchas de ellas. Y ahí echan mano del concepto de analogía. Todo eso es verdad. Pero la cuestión queda en pie, porque, como quiera que sea, entonces lo que sería transcendental es mi concepto. Lo cual es otra historia. Yo estoy hablando de las dimensiones transcendentales del ente, de lo real. Sea o no analógico el concepto de que yo tengo que echar mano para hacer una ciencia de lo transcendental, son cosas completamente distintas el orden transcendental y mis conceptos. No confundamos el orden transcendental con un sistema de conceptos transcendentales. Son cosas diferentes.

En segundo lugar, la Escolástica vive de la idea de que este orden transcendental es un orden —no emplea el vocablo pero la idea es exacta— estrictamente *a priori* que ni Dios puede evitar. Desde luego, Dios puede hacer muchas cualidades que no ha hecho, hacer muchas unidades que no ha hecho, disgregar muchas unidades, todo lo que se quiera. Lo que no puede hacer es que un ente no sea uno, porque entonces no sería un ente sino que serían dos. Y, claro, uno se pregunta: ¿de dónde sale esta concepción tan sumamente extraña del orden transcendental? No resulta extraña a fuerza de repetida, pero si uno bien la mira, resulta enormemente extraña. ¿Es que el orden transcendental representa un orden *a priori*, que reposa sobre sí mismo y al cual tienen que conformarse, como norma metafísica, todas las realidades concretas y sustantivas que en el mundo existen? La cuestión no es tan clara ni tan evidente. Basta con formularla para comprender que no es tan sencilla. Ambas cosas proceden de Platón, el gran teórico del λόγος del ὄν, quien pensó que el ὄν, eso que llamamos ente, es νούμενον, es objeto de un acto del νοῦς, que no está nunca dado por la αἴσθησις. Pues ésta, la sensibilidad, nos dice que las cosas son de una cierta manera, pero no nos dice ni tan siquiera qué son, porque eso es propio de la inteligencia, del νοῦς; y la inteligencia, ese λόγος, se refiere a un κείμενον, a algo que está situado o tiene puesto delante. En este caso es el carácter de ser o de no ser, y de ese carácter es del que el λόγος se ocupa cuando enuncia sus notas o propiedades, independientemente de cuáles sean las cosas que son. Aristóteles se vuelve contra Platón al separar éste el orden inteligible y el orden sensible. Pero lo que hace es sencillamente volcar, como decíamos páginas atrás, sobre la realidad concreta y existente las estructuras inteligibles de las que Platón pensó que cada una de ellas era νούμενον. De ahí ese carácter ambivalente y ambiguo que tiene siempre el orden transcendental en la filosofía que deriva de Aristóteles. Por lo que hemos de preguntarnos:

1.º ¿Es verdad que el orden transcendental sea un orden de conceptos?

2.º ¿Es verdad que sea un orden *a priori*?

Esto nos lleva directamente al pasaje de Kant que hemos citado. Si hay alguien, es él quien vive de esas dos ideas, plasmadas en la idea del concepto *a priori*. Pero Kant, con cierta ironía, dice que esos conceptos son vacíos [16]. Estos presuntos predicados transcendentales de las cosas no son sino condiciones del conocimiento de ellas. Kant tiene la idea de haber realizado lo que él llama el giro copernicano, es decir, de haber convertido los transcendentales, los caracteres del ente en cuanto tal, en caracteres de la inteligibilidad en cuanto tal. No obstante, continúa siendo lo transcendental un concepto, y además un concepto *a priori*. ¿Pero concepto *a priori* de qué? Ésta es la cuestión. A ella se responde con Kant: de todas las cosas que pueden ser conocidas. Con lo cual la realidad sustantiva aparece en una forma muy modesta debajo del vocablo *objeto*. Es *res objecta*. El mundo de la realidad, que en Aristóteles y la Escolástica aparecería entificado y convertido en ente, aparece convertido en manos de Kant en objeto, *objec-*

---

[16] Cf. Kant, I., *KrV*, B 113.

tum, algo que está delante: *Gegenstand*. Entonces la transcendentalidad significa para Kant lo mismo que para los escolásticos: aquello en que últimamente coinciden todas las cosas. Verdad es que Kant lo modifica al decir que en lo que últimamente coinciden, por lo menos las cosas que el hombre puede conocer, es en ser objetos; lo demás son las cosas en sí, que no funcionan positivamente para la inteligencia humana, porque, para que funcionaran así, necesitaría la inteligencia hacerlas objeto de su investigación, y entonces ya serían objetos, no serían cosas en sí. De ahí que, si se quiere emplear la fórmula latina, ya que muchas veces son más gráficas las expresiones en latín —y no pensemos que cada vez que se emplee alguna palabra latina está haciendo uno filosofía escolástica—, transcendentalidad no es *ordo entis* sino *ordo objecti*, el orden del objeto y no el orden del ente.

En primer lugar, es orden del objeto, diría Kant. ¿Qué se entiende ahí por *objeto*? Lo que dice la propia palabra: *ob-jectum*, algo que está contrapuesto delante de mí, hacia mí, frente a mí. Los predicados transcendentales serían predicados de la objetualidad en cuanto tal.

Pero, en segundo lugar, esto que está puesto ante mí, lo está por una acción mía. En efecto, si yo no me propusiera considerar al mundo como objeto, no habría objetualidad en el mundo. Esto es evidente. Pero, entonces, ¿se trata de algo subjetivo? Pues sí y no. Porque si por subjetivismo se entiende lo que vulgarmente uno propende a pensar —lo que se pensaba antes, en y después de Kant—, algo que depende de las modalidades y de las estructuras de cada cual —el tipo de subjetivismo del empirismo inglés— entonces Kant diría que no, que el orden transcendental y la acción que lo pone, en manera alguna son subjetivos; es decir, tienen un valor estrictamente objetivo. ¿Cómo se va a pensar que puede haber una variación sin que haya una causa, o que puede haber un cambio sin que haya un sujeto por bajo de ese cambio? Aparecen así en otro orden y más complicadas las categorías aristotélicas. Las categorías —dice Kant— no son subjetivas en este sentido. Lo que pasa es que yo no puedo pensarlas ni inteligirlas más que en esa condición a que acabo de referirme. Y ahí está el otro subjetivismo, un subjetivismo que no es empírico sino transcendental. Justo ahí aparece el orden transcendental. Transcendental porque se refiere a las condiciones de inteligibilidad. No se trata del fenómeno psicológico de que yo no pueda conocer de otra manera, sino de que la cosa no me sea inteligible más que en esa forma. Por tanto, esa inteligibilidad es una condición, es algo que pone el yo. Sí, pero entonces este yo no es el yo que come, que duerme, que anda, que se viste y que habla delante de las demás personas; es un yo completamente distinto. Es el yo que, primero, está allende todo objeto, ya que pone el objeto, pone la objetualidad en cuanto tal; y, segundo, es un yo que no tiene determinación empírica ninguna, porque el yo que come, que tiene frío, que se cansa, está en las mismas condiciones que una mesa, que es grande o pequeña, vieja o nueva. Y no se trata de eso sino de la objetualidad en cuanto tal. Este yo, en consecuencia, es un yo puro, que diría Kant, *reines Ich*, que es la fuente de toda transcendentalidad, y por eso en cierto sentido se puede llamar yo transcendental [17], pero en realidad es un yo más que transcendental: realiza bajo forma de yo lo que Platón pedía precisamente a la idea del bien, $ἰδέα\ τοῦ\ ἀγαθοῦ$, que está *allende el ente*: el yo puro está allende todo objeto, porque es el fundamento de todo posible objeto en general. Éste sería para Kant el orden transcendental.

---

[17] Cf. *O. c.*, A 107, B 132-135 y B 157.

Entonces uno se pregunta de nuevo si esto es suficientemente claro.

En primer lugar, Kant apela aquí al yo. Acabo de decir muy enfáticamente que ese yo puro no es el yo empírico, como si esto fuera algo muy claro, pero de claro no tiene nada. ¿Es que, entonces, hay en mí dos yo? El yo que se opone al no-yo, que diría Kant, y el yo que anda, que come, que duerme, que habla, que se cansa, que se divierte con los amigos, ¿son dos yo? Kant diría que numéricamente no. Pero entonces, ¿qué es ese segundo yo respecto del primero? Nos encontramos exactamente en la misma situación —y después explicaré la palabra *exactamente*— en que nos encontramos con las presuntas notas transcendentales del ente en cuanto tal. ¿Qué es, respecto de ese yo puro, ese conjunto de determinaciones que toda la filosofía, desde Kant, ha llamado el yo empírico? No está claro. Que no son dos yo, es evidente. Ahora bien, sí hay una cosa clara: que las estructuras de ese yo transcendental se imponen, reposando sobre sí mismas, al conjunto de todo lo que va a realizar, desde la percepción hasta la última de sus necesidades vitales, el yo empírico. Estamos, pues, en la misma situación que antes: el orden transcendental es una norma *a priori*, concebida *a priori*, respecto de todo empirismo en general y, en este caso, respecto del yo empírico.

En segundo lugar, nos dice Kant que los objetos que conocemos son los objetos de la experiencia o los objetos del entendimiento [18]. Surge entonces esta cuestión: ¿es verdad que conocemos primariamente objetos? Una cosa es que no conozcamos por el entendimiento —cuestión que habría que examinar por sí misma— las cosas más que haciéndonos objeto de ellas y otra cosa es que las conozcamos en cuanto ob-

---

[18] Cf. *O. c.*, B 146ss.

jetos. Pero esto último no sucede, ya que las conocemos en cuanto realidad, con todas las limitaciones que impone a nuestro conocimiento el hecho de tener que convertir a la realidad en objeto de mi consideración, pero a donde intenta llegar mi acto intelectivo es a la *res*; no al *objectum* sino a la *res objecta qua res*, en tanto que *res*. Lo otro sería una objetología. ¿Se puede decir, en este sentido, que la astronomía es un conjunto de leyes de esas objetualidades que se llaman astros? En manera alguna. La astronomía pretende decir algo de los astros mismos, con todas las limitaciones que lleve consigo el hecho de que yo tenga que convertir los astros en objetos míos. Lo cual, por cierto, no es una vaga ocurrencia de Kant, pues él no se planteó el problema sino que lo recibió dado de Descartes.

Con otra terminología y en otra forma, Descartes ha inscrito, como Kant lo ha hecho muy ampliamente, el problema de lo que un escolástico llamaría la entidad —de la realidad, diría yo más bien— dentro del problema de la verdad; como si lo primero de lo que la filosofía tuviera que ocuparse fuese de las verdades, y como si aquello en que todo coincide, en última y primera línea, fuese justamente en ser verdad. Lo que es más que problemático. Basta con leer a Descartes para verlo. Así, si tomamos sus *Meditationes de prima philosophia*, al final de la cuarta meditación, *De vero et falso* [19], nos dice Descartes que la cosa más importante es haber investigado la causa de la verdad y la falsedad (*quod erroris et falsitatis causam investigarim*). Y, ciertamente, no puede haber otra causa más que aquella que he explicado (*Et sane nulla alia esse potest ab ea quam explicui*), a saber: para que haya verdad es menester

---

[19] Cf. *Œuvres de Descartes*, publ. par C. Adam & P. Tannery, Léopold Cerf, Paris, 1987-1909 [= AT], vol. VII, p. 62.

que no se extiendan mis afirmaciones más allá de lo que clara y distintamente exhiben las cosas que están percibidas con claridad por el entendimiento (*nam quoties voluntatem in judiciis ferendis ita contineo, ut ad ea tantum se extendat quæ illi clare et distincte ab intellectu exhibentur*). Entonces, no podría ocurrir nunca que yo errara (*fieri plane non potest ut errem*), porque toda percepción clara y distinta, sin ningún género de dudas, es algo, es *aliquid* (*quia omnis clara et distincta perceptio proculdubio est aliquid*); por consiguiente, no puede estar producida por la nada (*ac proinde a nihilo esse non potest*), sino que necesariamente tiene como autor a Dios (*sed necessario Deum authorem habet*); a saber, ese Dios que es un ente sumamente perfecto (*Deum,..., illum summe perfectum*), a quien repugna ser falaz (*quem fallacem esse repugnat*). Así pues, aquella percepción es *vera* simplemente por ser *aliquid*.

Ahora bien, aquí aparecen tres o cuatro conceptos de verdad fabulosamente entreverados entre sí.

En primer lugar, la verdad como un no-yerro, es decir, como un acierto. Descartes ha inscrito el problema de la filosofía no tanto en el círculo de las realidades de las cosas sino de las seguridades intelectuales que de ellas pueda tener. De las demás cosas diría Descartes que *de potentia Dei absoluta* sería posible que fueran de otra manera, pero, como quiera que sea, yo no busco sino las cosas de que puedo estar seguro. Por eso empieza justamente por dudar, porque lo que busca es la seguridad. Esto en primer lugar. En consecuencia, la verdad primera está definida por seguridades. Habría otros conceptos de verdad, desde luego. Por ejemplo, el concepto de coincidencia con la realidad plenaria y absoluta. Habría, también, el concepto de fidelidad en el futuro. Dos o tres dimensiones de la verdad (si se lee mi libro, se encuentran por allí [20]) que, como dimensiones de la verdad, son distintas. Ahora bien, Descartes se fija en una: en la seguridad, y en la seguridad obtenida por un procedimiento muy especial: no por un procedimiento, por ejemplo, de fe, sino por una *clara ac distincta perceptio*, por el recorte claro y distinto de los conceptos con que la mente opera, con que opera la inteligencia. Y de esto dice que es verdad, una verdad en sentido objetivo del tipo de las matemáticas: yo trato de enunciar teoremas sobre un espacio no arquimediano (no digo euclidiano, aunque sé que los matemáticos dirían que también pasa eso en el euclidiano; ya lo sé, pero para los que no sabemos matemáticas es más claro que ponga un espacio no arquimediano), y estos teoremas tienen una verdad objetiva. *Clara ac distincta perceptio*. Sin embargo, no son verdades reales. Aquí Descartes pasa del concepto de verdad como seguridad al concepto de objetividad. Y añade: Es imposible entonces que yo yerre si no rebaso ese límite, porque la percepción clara y distinta es algo. Aquí aparece lo de los escolásticos: *ens et verum convertuntur*, la verdad y el ente se convierten. Todo lo que es, es *aliquid* —que es un transcendental—, es ente, sin duda, y, por consiguiente, es verdad.

La percepción clara y distinta posee esta consistencia, esta estructura interna, entitativa, en virtud de la cual tiene un carácter positivo, una entidad positiva y, a fuer de tal, se convierte con el ente, con la realidad. Aquí aparece un concepto distinto de verdad. No es simplemente la seguridad o la certeza, no es la objetividad sino algo distinto: es un *aliquid*, es una verdad. Sólo que si queremos que esa verdad nos diga algo, tendrá que decírsenos en qué consiste ese *aliquid*. Éste es

---

[20] Se refiere Zubiri al § 1, «Realidad y verdad», del cap. 8 de *Sobre la esencia*, pp. 112-134, sobre todo a partir de la p. 127.

una realidad —afirma Descartes— que necesita nada menos que el paso a la veracidad de Dios, a quien repugna ser falaz, para asegurarnos de que una verdad objetiva se encuentra siendo a la vez una verdad real, que es cosa distinta, completamente distinta. Descartes hace intervenir, por cierto, esta veracidad de Dios en el exordio de su filosofía, pero para dejarla de lado después, ya que una vez establecido que Dios no nos engaña en las ideas claras y distintas, Descartes lanza la filosofía por el camino de tales ideas, es decir, de las objetividades; y ahí es donde Kant ha inscrito toda su filosofía transcendental.

Ante esto, uno no puede dejar de caer en la cuenta de que, en efecto, lo mismo en Descartes que en Kant, aparece siempre algo que perturba. Un *aliquid* en Descartes, como acabamos de ver; una cosa en sí en Kant, que recuerda sobremanera, en otra dimensión, a lo que citábamos al comienzo del capítulo primero, a ese celebre residuo bruto de que nos hablan Husserl, Heidegger y Sartre; eso que, por lo visto, es imprescindible para que haya un conocimiento de la realidad y que, sin embargo, no parece que haya logrado nunca —por lo menos en estos siglos— formar parte formal de la verdad misma y de su logro intelectual. En efecto, Heidegger nos diría que lo último de todo es justamente ser. En esto, sin duda ninguna, coincide con los escolásticos: lo último es *Sein*. Pero el ser de que se trata aquí no es el ser del objeto, como diría Kant, ni como, en definitiva, pensó Husserl, su maestro, sino que el ser es algo distinto de las cosas que son. Distinción a la que llama Heidegger diferencia ontológica. No porque Heidegger piense en eso que la Escolástica llamaba *primo diversa*, pues las categorías no son realmente *primo diversa* dentro del ser, sino porque entiende que el ser mismo es una diferencia respecto de las cosas que son, *das Seiende*, del ente: la diferencia entre el ser y el ente. Y eso que Heidegger llama diferencia ontológica es justo lo que constituye el orden transcendental. No precisamente porque el ser sea algo que abarque todas las cosas por lo que ellas son independientemente del hombre, sino por algo distinto: es porque en el hombre, y sólo en él, acontece la diferencia ontológica en virtud de la cual eso que llamamos ser está siempre allende el ente. Ahí *transcendental* significa *allende*; y, recíprocamente, eso que está allende el ente, que es el ser, es lo único que nos permite acceder al ser en forma de comprensión. La comprensión del ser es el único camino —nos dice Heidegger— para acceder realmente al ente en cuanto tal, al ente mismo (*Ein Verständnis des Seins ist je schon mit inbegriffen in allem, was einer am Seinden erfaßt* [21]). Por ser una vía de acceso es *a priori*. Innegablemente. Desde luego, Heidegger no dirá sin más que el ser sea un concepto pero sí que es un *a priori*.

En todo caso el ser es un transcendental, no simplemente porque todas las cosas coinciden en ser, sino porque el ser es el transcender mismo de todo ente. Es el decurso de la diferencia ontológica, que transcurre precisamente en la *Zeitlichkeit*, en la temporalidad constitutiva del *Dasein* [22]. Gracias a que eso que llamábamos la existencia humana es estricta y formalmente tempórea, en el sentido de una temporeidad primitiva, *Zeitlichkeit*, acontece en ella la diferencia ontológica; es decir, llega a entenderse el ser y con él a entender las cosas que son. Pero, al preguntar uno a Heidegger si es esto todo, él nos dice que no, porque —como veíamos en el capítulo anterior— tengo la *Befindlichkeit*, yo me encuentro con las cosas [23]. Se advierte en seguida que ahí *las cosas* intervienen en

---
[21] Cf. *SuZ*, § 1, p. 3.
[22] Cf. *O. c.*, § 5, p. 17.
[23] Cf. *O. c.*, § 29, pp. 134ss.

dos momentos: uno, al final, en que son como entes y que yo no las puedo entender más que en tanto que son, sea por mi temporalidad, sea por lo que quiera; otro, en que desencadenan todo el proceso, puesto que sólo encontrándome yo con las cosas, *in der Befindlichkeit*, en mi encontrarme con ellas, es como se pone en marcha todo este proceso. Entonces uno se pregunta: ¿qué son las cosas en ese punto de partida? No se podrán llamar entes, pues, si todavía no tengo el ser, ¿cómo se las va a llamar entes? Y Heidegger, sin embargo, las llama así; y añade: la facticidad no es el *factum brutum* de un *Vorhanden* [24]. Aparece de nuevo el concepto de residuo bruto. Volvemos, pues, a lo mismo. No nos dice sino que son residuos. Pero entonces no son ni entes. Entre residuos brutos, cosas en sí, etc., ¿qué pasa con esa dimensión de lo real que es el orden transcendental?

Uno puede pensar que el orden transcendental, eso que llamo la dimensión transcendental, es no el orden del ente sino pura y simplemente el orden de la realidad en cuanto tal, de lo real en cuanto tal. Las cosas no empiezan por ser entes. Tanto menos cuanto que no está demostrado en ninguna parte que toda inteligencia humana tenga un concepto del ser. Y no me refiero a que se sea listo o tonto. No se trata de esto, sino de que no todas las lenguas tienen el verbo ser, y que, al carecer de él, expresan lo que nosotros expresamos con el verbo ser con verbos distintos; lo cual no quiere decir que expresen el mismo concepto por verbos distintos, sino simplemente que no tienen el concepto del ser, que no hablan más que de realidades. (Esto lo dicen los lingüistas, y supongo que es verdad.) El orden del ser reposa en una u otra forma sobre el orden de la realidad; y por consiguiente, la ultimidad a que apunta la trans-

---

[24] Cf. *L. c.*, p. 135.

cendentalidad, para ser dimensión transcendental, no es el ser sino simplemente la realidad, a saber, ser algo *de suyo*.

Por esto es falso, como veremos en el capítulo próximo, hablar de un *esse reale*, de un ser real; de lo que hay que hablar es de una *realitas in essendi*, de la realidad en ser. Lo cual quiere decir que no siempre la realidad está en ser —esto habrá que esclarecerlo en su momento—, por lo que es menester decir de esa realidad, de la realidad en cuanto tal, que es una formalidad. Ésta es la cuestión que nos lleva a tratar de una manera un poco más precisa el segundo punto: Qué es en sí mismo el orden transcendental.

B) Qué es el orden transcendental en sí mismo

Decía que el orden transcendental no reposa sobre sí mismo. Lo contrario es un gran prejuicio. No reposa sobre sí mismo porque no es un sistema de conceptos y porque no es *a priori*.

En primer lugar, empecemos por el *a priori*. Que el orden transcendental sea *a priori* respecto de las cosas que son, ¿dónde está dicho? Si las realidades de que se tratara fueran entes (aunque mal llamadas así, como he dicho, vamos a admitirlo para simplificar la exposición) fabricados, entonces sí, evidentemente. La fabricación de unos entes podría tener por lo menos un cierto apoyo en unas estructuras referentes al ente en cuanto tal, a las cuales tendría que acomodarse el artífice para fabricar las cosas. Podrá pensarse que eso es lo que le pasa a Dios cuando crea. Salvo que Dios tenga que regularse por leyes y no por su propia realidad física, que es distinto. Ahora bien, ¿hasta qué punto Dios es un ente subsistente y no simplemente una realidad esencial? Ni tan siquiera en este caso es claro que el orden transcendental funcione para Dios como un orden con el que tiene que ponerse de acuerdo.

En segundo lugar, el orden transcendental podría ser *a priori*, si se tratase de una posición en el sentido del idealismo. En tal caso sí sería un *a priori*. Pero ya hemos visto que esto no parece que sea sostenible, porque deja siempre por lo menos el residuo del yo empírico, por un lado, y de las cosas en sí, por otro. ¿Es tan *a priori* como parece el orden transcendental? Podría ser, desde luego, un *a priori*, si se tratase de un acontecer, que es lo que dice Heidegger: el acontecer de la diferencia ontológica. Pero nos encontramos con el punto de partida, *das factum brutum, eines Vorhandenen*, y la verdad es que el orden transcendental no reposa sobre sí mismo, sino que expresa pura y simplemente los caracteres que la formalidad de lo real tiene por sí misma tan sólo en las cosas que realmente son. Es a esta realidad a la que hay que apelar y no a una presunta norma. Ciertamente, Dios no contravendría al orden transcendental que concebimos nosotros sobre las cosas que ya existen. No es que Dios pueda hacer contradicciones, bien entendido. Pero no porque Dios tenga que ajustarse al principio de contradicción, sino porque lo hecho por Dios es esencial y constitutivamente incontradictorio, aunque Dios no se proponga que sea incontradictorio porque Él es realidad esencialmente real. Lo cual es asunto distinto. No convirtamos las acciones divinas en una especie de realizaciones de paradigmas que solamente Dios tiene en su mente. Si se tratase sin más de la fecundidad infinita y *ad extra* del ente divino, de la realidad divina, ¿con qué razón volcaríamos sobre Dios esta concepción de una inteligencia que concibe unos planes y de una voluntad que los pone en práctica? Volvemos a encontrar justamente la idea de Platón, el orden inteligible siendo la condición *a priori* del orden sensible. Ahora bien, esto no es verdad. No hay más que un orden, el orden real, y la realidad es una mera formalidad; y en esa formalidad en que son reales todas las cosas que realmente son, es donde se encuentra inscrito el orden transcendental. No es nada *a priori*.

Se dirá entonces que es *a posteriori*. Pues tampoco. No es *a priori*, pero tampoco es *a posteriori*. Porque se entiende por *a posteriori* algo que pende de unas cosas, o que se conduce en función de algo que es anterior a él y tiene carácter contingente. Ahora bien, esto no es el orden transcendental, porque la realidad, cuyo último y básico carácter es justamente la esencialidad, como unidad coherencial primaria, no es ni *a priori* ni *a posteriori*; simplemente es real, es factual, es el absoluto de un *factum*, es pura factualidad. Y, precisamente por serlo, sus dimensiones transcendentales no son ni *a priori* ni *a posteriori*. Son las dimensiones justamente de su realidad pura y simple, de su bruta realidad, que dirían los autores con quienes no estoy de acuerdo.

C) Cuál es el modo como el orden transcendental está presente al hombre

Si lo transcendental, por tanto, es esta formalidad, ¿cómo se puede hablar de esa formalidad si no es por un sistema de conceptos? Venimos así al tercer punto: El modo de presentación.

Si el orden transcendental fuera *a priori*, podría pensarse —y esto es lo que ha acontecido en muchos momentos graves de la filosofía— que está presente por un sistema de conceptos. Porque si no, si el orden transcendental pendiera de algo que no es un concepto sino una realidad, entonces el que sea anterior, *a priori*, implicaría una relación, por ejemplo, de causalidad; es lo que sucede, por ejemplo, con la creación. Pero eso no sería precisamente el orden transcendental, ni ésta la anterioridad de que aquí se trata. Por tanto, no sería sistema de conceptos más que si fuera *a priori* y no fuera causal. Ahora bien, no es un sistema de conceptos. ¿Cómo se presenta entonces como algo que no es un orden de conceptos?

Alguna vez se me ha objetado que mi idea pobre de la realidad es imposible, porque —un recensante digno de todo respeto lo dice— el concepto más universal es el de ser. Sí, pero, primero, no estamos seguros que lo tengan todos los hombres, como acabamos de decir, y, segundo, no está dicho en ninguna parte que el orden transcendental sea el sistema de los conceptos más universales de la realidad. El orden transcendental es un orden físico, es una dimensión real y efectiva que tienen las cosas. A lo mejor tengo yo conceptos más universales. Pero eso no tiene nada que ver con que expresen el orden transcendental. Hay un punto único en la Escolástica, donde alguna vez debió de cruzar una idea parecida por la mente de un gran metafísico, Escoto, que afirmaba la univocidad del ente como concepto y su analogía como realidad [25]. Debió percibir de alguna manera que el orden transcendental no es simplemente cuestión de meros conceptos sino que en alguna medida expresa, y afecta, por tanto, a los caracteres de la realidad en tanto que realidad, físicamente considerada. El carácter de realidad es una formalidad presente precisamente en la impresión de realidad y no en concepto. Esto es lo esencial. El orden transcendental está presente al hombre primariamente, de una manera oscura y sin darse cuenta de ello, en la impresión de realidad. En la impresión de realidad el orden transcendental es *sentido* por el hombre en esa formalidad en que consiste el

---

[25] Cf. *Ordinatio* I, dist. 3, nn. 26-27 y *Super prædicamenta*, quæst. 4, n. 7.

sentir intelectivo humano. Por eso —decía—, si examinamos las distintas percepciones en que el hombre va quedando a lo largo de su campo perceptivo, externo e interno —hablo ahora del externo porque es siempre más obvio—, vamos viendo que el hombre, por ejemplo, está en una cosa: yo estoy en una habitación, en la hora que es, etc. Sí, pero además estoy en una cosa distinta: estoy *en la realidad*, cosa que no le acontece nunca al animal. Estoy en la realidad precisamente estando en las cosas reales que son, en las pocas cosas reales que son accesibles a mi persona. Con ellas, sin embargo, en lo que estoy primaria y radicalmente es en la realidad. Y esa es justamente la presencia de la formalidad de realidad, que constituye y que es constitutivamente el orden transcendental. Éste, pues, no es el sistema de conceptos más universales que puedo tener acerca de las cosas reales, sino que es algo completamente distinto: la estructura misma de la formalidad de realidad tal como me está dada en la impresión de realidad.

Contra lo que Platón pretendía, no es el concepto, el νού-μενον, el νοῦς, la manera primaria de acercarse a la realidad para entenderla en su carácter transcendental y en los demás caracteres, sino algo que, a mi modo de ver, modestamente he pensado que es una inteligencia sentiente. Sólo por ella tiene el hombre acceso al orden transcendental, y a esa inteligencia sentiente el orden transcendental le está presente en forma de impresión de realidad.

D) En qué consiste formalmente esta dimensión transcendental de las cosas reales

Cuando se habla de la dimensión talitativa y de la dimensión transcendental, es menester ponerse absolutamente en claro en qué consiste la relación entre ellas. La filosofía escolástica, la kantiana e incluso la de Heidegger, que hacen reposar el orden transcendental sobre sí mismo, propenden vertiginosamente a hacer de los momentos transcendentales, en la línea del ser, en la línea del objeto o en la línea del ente, unas notas o propiedades del ente o del objeto en cuanto tales. Ahora bien, siempre me ha parecido que esto es bastante difícil de sostener. Sería sostenible si, en efecto, el orden transcendental reposara sobre sí mismo como una norma metafísica y ontológica a la que tiene que adecuarse todo lo real. Pero si se trata de una mera formalidad presente en impresión de realidad, entonces la función del concepto no es algo $νού\mu ενον$ con que pensar en el ente en cuanto tal y tratar de inquirir sus relaciones transcendentales, sino justamente al revés: su función es inquirir penosamente —tan penosamente en el orden transcendental como puede serlo en el orden de la física y en el de la biología— qué es eso que llamamos la realidad en cuanto tal. Imaginémonos lo que hubiera sido si no existieran más que sustancias. Alguna vez escribió Stuart Mill que, si todo lo frío fuera húmedo y todo lo húmedo fuera frío, no habríamos distinguido entre la sensación de humedad y la sensación de frialdad. Sí, esto es verdad, pero añádase: si en el mundo no hubiera más que sustancias, ¿quién hubiera pensado que el orden transcendental está allende la sustancialidad? Y, sin embargo, sería un error. Esto quiere decir que la aprehensión intelectiva del orden transcendental está sometida a penosos esfuerzos, a gigantescos esfuerzos. La irreductibilidad misma de la existencia humana en el sentido de Heidegger, del *Dasein*, a todo lo que sea sustancia en el sentido clásico de la palabra, hace pensar todavía más hondamente en qué es eso de la realidad en cuanto tal. No confundamos la realidad en cuanto tal con el carácter más universal de las realidades que son accesibles al hombre en cierto momento de su vida y de su historia.

La talidad y la transcendentalidad tienen, por consiguiente, una precisa articulación. La talidad es justamente talidad para ser real. Talitativamente una carpeta y una mesa tienen sólo tales dimensiones, tal color, tal peso, tal forma, tal materia de que están compuestos. Esto es verdad. Pero sólo teniendo esos caracteres es como son reales. Recíprocamente, con esos caracteres tenemos una realidad. No son dos órdenes. Entre la formalidad y aquello de que es formalidad no hay relación de dos órdenes, ni de nota y propiedad. Es algo distinto. Es lo que he llamado una *función transcendental*. Puedo considerar la realidad no solamente en función de su contenido concreto, en función talitativa, sino que puedo considerarla también en función transcendental; es decir, en tanto en cuanto cada uno de los aspectos que concretamente constituyen esto que llamamos una sustantividad es en el fondo un modo de ser realidad. Ahora bien, eso es enormemente difícil. Es una cosa que se dice pronto, mientras uno sólo se mantenga en el plano de los conceptos, pues se ve que la talidad no es sin más la transcendentalidad. Esto es relativamente fácil. Lo difícil es aprehender de una manera directa, por ejemplo, ante un fenómeno como la extensión, qué significa la extensión como modo de realidad. Lo cual no es lo mismo que hacer geometría o física. Esto tiene dificultades insuperables.

En primer lugar, la talidad tiene una función determinante: nada es real sin ser *tal*. Pero, en segundo lugar, la función transcendental tiene un aspecto distinto, una función o una dimensión distinta, ya que no siempre se limita a lo que acabo de decir. Tomemos el caso de un hombre con su inteligencia y su voluntad. Ciertamente, como notas que son momentos de su sustantividad, la inteligencia y la voluntad desempeñan su función transcendental. Sin duda ninguna, siendo inteligente y volente (y las demás notas, pero limitémonos a inteligencia y voluntad), es como efectivamente yo tengo realidad y soy realidad. Esto es verdad. Pero, si soy inteligente y volente, todas las demás realidades pueden ser, en principio, inteligidas y queridas. La verdad y el bien no son dimensiones transcendentales de lo real en cuanto tal —decía— más que supuesto que haya una inteligencia y una voluntad. Pero, admitiendo que las haya, la función transcendental de esa inteligencia y de esa voluntad no sólo es conferirme realidad a mí, sino ser precisamente el lugar donde transcurre de una manera explícita y formal la realidad en cuanto tal. Esta especie de implicación que hay entre mi realidad concreta en función transcendental, y lo que la función transcendental de mi inteligencia y mi voluntad tienen de determinante de la realidad en cuanto tal, como un *verum* y como un *bonum*, ha sido el origen último de todos los idealismos que ha registrado la historia. Es menester, por tanto, tener en cuenta que la función transcendental puede ser excedente de la realidad que es inteligente y volente. En tercer lugar, y precisamente por lo mismo, la función transcendental es constitutivamente abierta. Abierta no sólo a las cosas de este mundo —acabo de decirlo— sino a la realidad en cuanto tal. Acaso se pueden iluminar nuevos aspectos de la realidad que nos harían tener ideas tal vez distintas de lo que es así, *simpliciter*, la realidad en cuanto tal. A poco que pretendamos tener un concepto un poco preciso necesitamos inquirir en este campo abierto. Pero además, porque en su función transcendental la realidad nos es presente *a partir* de la inteligencia sentiente, es decir, en tanto en cuanto a la inteligencia sentiente se le presenta la realidad en un *hacia*, el hombre está dirigido no solamente *hacia* los demás objetos sino *allende* el mundo, y puede preguntarse por lo que puede ser Dios como realidad esencial. La función transcendental, que tiene que empezar por ser intramundana, y que tan sólo será adecuadamente conocida en su función intramundana, sin embargo, abre, en principio por lo menos, el área de esta pregunta, a la cual teólogos y religiones tendrán que dar su respuesta. Como quiera que sea, la dimensión transcendental de la realidad es pura y simplemente una función. La función que las talidades, precisamente en tanto que talidades, tienen en las cosas sustantivas, a saber: hacer de ellas no *tales* realidades sino realidades sin más.

Ahora, después de esta somera idea de lo real, nos preguntamos de una manera más precisa cuál es la estructura misma de la realidad en cuanto tal. De esto comenzamos a ocuparnos en el capítulo siguiente.

CAPÍTULO III

LA ESTRUCTURA DE LA REALIDAD EN CUANTO TAL

En los dos capítulos anteriores hemos tratado rápidamente de la idea de lo real. Lo real —comenzaba diciendo ya desde el primer capítulo— es siempre sólo algo *de suyo*, y este *de suyo* envuelve dos aspectos. Por un lado, es una sustantividad, esto es, un sistema que tiene plena suficiencia constitucional, un sistema estructurado en una esencia, que es, a su vez, el subsistema de notas necesarias y suficientes para que la sustantividad tenga las notas constitucionales que tiene. En este sentido la esencia es un conjunto, un sistema de notas no constitucionales sino constitutivas. Esta esencia, precisamente por serlo en esta forma, hace que todas las notas se impliquen mutuamente entre sí, en una forma concreta y sistemática que llamaba la unidad coherencial primaria. Así pues, toda realidad es, en primer término, una sustantividad montada y estructurada sobre una unidad coherencial primaria, que es su propia esencia física. Por otro lado, esta sustantividad así esenciada es una realidad —es el tema del capítulo precedente— y, en su virtud, a) cada esencia es una *tal* realidad, es decir, toda esencia, desde este punto de vista de la realidad, es constitutivamente talitativa; b) pero, además, cada uno de estos tales, cada una de las realidades tales es, a su vez, una realidad.

Ambos órdenes constituyen la unidad de lo que hemos llamado el orden transcendental.

Estos dos órdenes —añadía— no son dos órdenes yuxtapuestos; es decir, no existe el mundo sensible y, además, el mundo inteligible, dentro del cual se inscribiera un orden transcendental. Tampoco, y con menos razón, las dimensiones transcendentales de este mundo inteligible son una especie de norma metafísica para las realidades concretas que talitativamente son las cosas, sino que en realidad son momentos de una realidad única, primariamente presente en mi impresión de realidad. En ella lo talitativo tiene una función transcendental en virtud de la cual nada es real sino siendo tal; y, además, esta talidad es lo que constituye *su* realidad, la realidad de cada cosa. Lo real, pues, es de suyo; es una esencia constitutiva según la cual, y sólo según la cual, la cosa es realidad.

Ahora nos preguntamos cuál es la estructura de esta realidad en cuanto tal. Es el tema que vamos a empezar a tratar.

Puede pensarse que con lo expuesto anteriormente se ha dicho ya algo acerca de la estructura de la realidad. Lo que es verdad en cierto modo. Toda la concepción de la sustantividad y de la esencia en una u otra forma responde a la idea de una estructura. Pero, sin embargo, no he afrontado en las páginas pasadas la idea de la estructura de la realidad de lo real en tanto que realidad. Porque hasta ahora hemos advertido que la estructura lo es de la cosa real en la medida en que es real, pero no hemos hablado de la estructura misma de su realidad en tanto que realidad. Éste es el problema con el que tenemos que empezar a debatirnos ahora, dividiéndolo en tres partes:

En primer lugar, si tomamos una cosa real cualquiera, indagar cuál es su estructura en tanto que real, por el mero hecho de ser real.

En segundo lugar, la operación que hemos realizado de tomar cada cosa por sí misma es exclusivamente mental, razón por la que hemos de preguntarnos si está o no físicamente justificada y, por tanto, cuál es la estructura de cada cosa respecto de las demás.

Y, en tercer lugar, nos preguntamos por la estructura de cada cosa y de su respecto con las demás en ese versión que ordinariamente se llama *dinamismo*, el cual envuelve las ideas de causalidad y de poder.

Tenemos, pues, tres temas:

El primero: Realidad y estructura real.

El segundo: Realidad y mundanidad respecto de las demás cosas.

El tercero: Realidad, causalidad y poder.

§ 1. REALIDAD Y ESTRUCTURA DE CADA UNA DE LAS COSAS REALES EN TANTO QUE REALES

La esencia —decía— es justamente lo real *simpliciter*, aquello que sin más merece ser llamado real. Tan *simpliciter* es real, que la estructura de la esencia —según veíamos—, incluso en el orden transcendental, no es algo *a priori*, pero tampoco es algo *a posteriori*, sino que reposa sobre sí misma. Es un *absolutum*, una cosa factualmente absoluta, es lo que es y en esa su realidad se agota todo lo que la esencia es. Ahora bien, una cosa tiene algo más que su esencia. Tiene, en primer lugar, todo el conjunto de notas constitucionales, fundadas en la esencia. Ciertamente, el albinismo no es una nota esencial; la nota esencial será la modificación peculiar de los cromosomas o de los genes que produzcan el albinismo. Pero, como quiera que sea, esa realidad sustantiva es albina y tiene una nota de albinismo, que no es formalmente la nota esencial, pero que inexorablemente deriva de la que constitutivamente es la esencia de este organismo vivo, por ejemplo. No sólo eso sino que este organismo tiene muchas relaciones con su medio ambiente, con otros organismos, etc., de las que recibe varias notas en esa serie de vicisitudes. Es decir, que la realidad no sólo tiene esencia, sino que tiene otras muchas notas: constitucionales unas, como la del albinismo, que acabo de citar; no constitucionales otras, como, por ejemplo, el lugar que ocupa en el espacio. Todo este conjunto de notas no constitutivas, ¿qué tiene que ver con la realidad? Al fin y al cabo se las hemos ido quitando como a una alcachofa para llegar a la esencia. Pero, tomadas en su integridad, ¿qué son estas otras notas?

De ellas hay que decir, a mi modo de ver, que no están sustentadas por las primeras. La función transcendental de la esencia no es sustentar, porque la esencia no es esencia de la sustancialidad sino de la sustantividad. La función de la esencia respecto de las demás notas no es sustentarlas, como una percha sustenta los abrigos que en ella se cuelgan, sino que es algo por completo distinto. Así como la esencia no tiene carácter de sujeto sino que es un sistema, este sistema, considerado en función transcendental, esto es, desde el punto de vista de la realidad en cuanto tal, determina pura y simplemente ese carácter en virtud del cual *todo* lo que adviene a una esencia, sea en forma constitucional, sea en forma meramente adventicia, es un añadido en cierto modo a la esencia, es real *en* y *por* la esencia. Es decir, la función transcendental de la esencia es reificante. Ella es realidad *simpliciter* y cuanto hay montado sobre la esencia es formalmente reificado. La función de la esencia no es sustentar sino reificar; y reifica, por consiguiente, todo lo inesencial. Reificar no consiste en dar existencia a las notas. Esto podrá ocurrir con muchas notas pero con otras no. No se trata de esto. Si yo me como un terrón de azúcar, algo de lo que tengo en mi organismo viene de que lo haya comido, es decir, lo comido no tiene existencia por mi esencia, pues eso que he comido, un terrón de azúcar, la tenía independientemente de mi organismo, anteriormente a él, y continúa teniéndola. Pensemos que *realidad* es simplemente *ser de suyo*. Lo que le pasa a esa glucosa, pongo por caso, no es que empiece a existir por mi organismo. No consiste en eso, sino simplemente en que la glucosa deje de ser algo absoluta y formalmente de suyo, porque de suyo no es sino el organismo en el que está integrada; aunque sea una sustancia, es una sustancia insustantiva. Lo que se quiere decir es que eso que hasta ahora era una realidad *de suyo*, el azúcar fuera de mi organismo, y mi organismo, que es otra realidad *de suyo*, cuando esta segunda realidad se come a la primera, ésta pierde su sustantividad, y en su virtud deja de ser una *res* para convertirse en momento o nota de esta otra *res* que soy yo. Si así no fuera, yo no sería una cosa, sería muchas, innumerables. Sería pura y simplemente un agregado. Y no soy un agregado. Soy una cosa y no varias.

La reificación consiste, por consiguiente, en absorber en el momento del *de suyo* aquello que, en efecto, no soy en virtud de mi esencia, la cual no necesita reabsorción sino que formalmente consiste en el *de suyo* en cuanto tal. En virtud de esa reificación todas las demás notas, en el sentido tanto de propiedades como de partes materiales o no materiales, quedan reificadas. Reificación que les confiere el carácter de ser todo ello, la sustantividad con todas sus notas, *una sola* cosa. Por eso el problema primero de la estructura de lo real es: ¿qué es esa unidad?

Esta cuestión acerca de la unidad de lo real en tanto que real es uno de los célebres transcendentales de la Escolástica

—lo veíamos en el capítulo anterior—, el *unum*, y presenta más problemas de los que a primera vista puede parecer. Porque decir que una realidad es una realidad, resulta evidente; si no fuera una, serían muchas y, como no son muchas, es una. Hasta ahí la cosa es suficientemente clara y no necesita mayor disquisición. Sin embargo, tomado el problema de una manera un poco apretada, la cuestión se complica, porque lo primero que necesitamos averiguar es en qué consiste esa unidad: qué es eso de ser uno; y, en segundo lugar, cómo cada cosa real es una. Uno se pregunta: ¿qué relación hay entre esa unidad y las muchas notas en virtud de las cuales decimos que hay muchas notas en una cosa real? Parece que esto no es sino el reverso de la cuestión primera, pero no es así. Lo vamos a ver inmediatamente. Por consiguiente, se nos plantea un par de problemas: uno, la unidad de cada cosa y, dos, en qué consiste la realidad de cada cosa en tanto que una con la totalidad de las notas que posee.

I. *La unidad de cada cosa*

Antes que nada es menester acotar el problema, ceñirlo bien. Porque de la unidad hemos hablado, por ejemplo, al tratar de la esencia. De ella dije que es un sistema con muchas notas; además de las notas, hay el sistema mismo, es decir, su unidad interna; una unidad que es en alguna manera antecedente a las notas mismas, exigitivamente presente en ellas y que en esa su presencia estatuye, por así decirlo, el sistematismo intrínseco en que la esencia consiste. Ahora bien, no es ésta la unidad por la que aquí preguntamos. Porque a esa unidad esencial —como acabo de decir— vienen a adherirse una serie de notas constitucionales que no forman parte de la esencia y una serie de notas adventicias que pueden venir de la relación de esta sustantividad con otras cosas. Entonces por lo que nos preguntamos es por la unidad entera de esa *res* que ciertamente tiene una esencia, pero no por la unidad de la esencia sino por la unidad en tanto que real como carácter de la realidad en cuanto tal, es decir, por el uno, por el uno transcendental. Ésta es la cuestión. Dado que esta unidad no es la meramente esencial sino la unidad de la totalidad de la esencia, de las notas constitucionales y de las notas adventicias en el carácter mismo de realidad en cuanto tal, al plantearnos esta cuestión queremos saber en qué consiste formalmente esta unidad.

A) ¿En qué consiste formalmente esta unidad?

I

Como es sabido, de Platón y de Aristóteles viene el haberse enfrentado con el problema del uno.

Platón puso de muy mal humor a toda su gente, y en especial a todos sus discípulos, al propio Aristóteles, a Teón de Esmirna, a una serie de gentes, en su última lección pública, *Acerca del bien*, Περί τοῦ ἀγαθοῦ. Nos cuenta —me parece que es Teón de Esmirna, no estoy seguro, pero es un doxógrafo— lo que fue aquella lección. Una lección genial en la historia. Nunca ha habido un público semejante: estaban Eudoxio, Teeteto, Aristóteles, Aristoxeno, etc.; y también había políticos. Fueron todos a escuchar con gran avidez a este hombre que en su senectud iba a hablar acerca del bien, por donde había empezado en definitiva su vida. Platón —nos cuenta el doxógrafo— enfocó la cuestión del bien desde el punto de vista de lo uno. Decía que el bien es lo uno y se puso a hacer disquisiciones sobre lo uno. La gente se fue aburriendo y comenzó a largarse. Es una lección genial pero un poco dramática en la historia, porque le dejaron casi solo. No sabemos lo que dijo Platón en aquella lección y no es cuestión de averiguarlo; más o menos se puede barruntar algo de lo que pudo decir por los testimonios que nos han llegado. De los filósofos que han conservado una temática intelectual acerca del problema del uno, el primero, o por lo menos el más fundamental, es Aristóteles, pues, aunque Parménides mismo habló ya del ἕν, del uno, no hizo casi más que enunciarlo.

Aristóteles dice que el uno, τό ἕν, tiene muchos sentidos [1]. El Estagirita, que es el rey de la distinción de los sentidos, dice que tiene cuatro; a saber:

a) Primero, el uno en el sentido de τὸ συνεχές, lo continuo. Lo continuo, la unidad especial que es el continuo, ha constituido siempre un problema. Todavía Leibniz escribió sobre «el laberinto del continuo» [2]. Un laberinto del que la única claridad ha comenzado a percibirse al final del siglo XIX por obra de Cantor, haciendo ver la relación que hay entre esa continuidad y lo que no es continuo sino un infinito numerable. Es su célebre teorema de que el conjunto de todos los subconjuntos es un conjunto numerable que tiene la potencia del continuo. Lo cual, sin embargo, no es decir lo que es el continuo. En cierto modo la unidad de la continuidad tiene ahí un carácter de compacción, pues Aristóteles dice que en un movimiento el continuo se mueve todo a la vez y no una parte sí y otra no.

---

[1] Cf. Aristóteles, *Met.* X, 1, 1052a15-b1.
[2] Cf. *Philosophische Ubhandlungen* (*Discours de métaphysique*, § X, y *Remarques sur les objections de M. Foucher*), en *Die Philosophischen Schriften von G. W. Leibniz*, hrsg. von C. I. Gerhardt, Georg Olms, Hildesheim, vol. 4, 1965, pp. 435 y 491.

b) En segundo lugar, —dice Aristóteles— ἕν, uno, puede significar el ὅλον, el *totum*. Así se dice, por ejemplo, que el mundo es uno, tiene una unidad, que es el *totum*.

c) Hay otro tipo de unidad, que es con la que él se enfrenta a Platón: la unidad de lo universal, de lo que no es ὅλον pero es καθόλου, de lo que no es un todo pero es *secundum totum*, que es lo universal. Así, por ejemplo, todos los individuos están dentro de la universalidad de la especie, las especies todas dentro de la universalidad del género, etc.; son unos en la especie o unos en el género.

d) Luego —prosigue Aristóteles— está el uno en el sentido de καθ'ἕκαστον, cada cual. Se comprenderá por qué no nos interesan los tres primeros sentidos; el que nos interesa es este último, el cada cual. ¿Qué es el καθ'ἕκαστον para Aristóteles?

Aristóteles no lo aclara nunca. Si bien es quien más enérgicamente afirma frente a Platón que la realidad última es siempre τόδε τί, esto que tengo delante, nunca hace la teoría de esto que tengo delante. Cada vez que se le pregunta lo que es eso, se va por las ideas, por las μοσρφαί, por las formas sustanciales. Aquí ocurre lo mismo: dice que es ἕκαστον, cada cual, pero ¿qué se entiende por *cada cual*? No lo dice. Tampoco yo puedo entrar aquí a hacer un gran *excursus* histórico de lo que estoy diciendo, porque, además de que sería muy largo, nos saldríamos del tema. En cualquier caso, la concepción aristotélica del cada cual es insuficiente por varias razones. En primer lugar, — repito— ¿qué se entiende por *cada cual*?

Ciertamente, Aristóteles no ha distinguido nunca —ni él, ni la filosofía medieval, ni la filosofía moderna— entre el *singulum* y el individuo, entre el cada cual singular, *singulum*, y el cada cual estrictamente individual. Cada cual son las unidades del número, pero ninguna de ellas tiene individualidad. Da lo mismo una unidad que otra, son perfectamente homogéneas. Si se me dice que reste dos unidades de doce y se me pregunta cuáles he restado, la pregunta no tiene sentido. Cualesquiera, con tal que sean dos, puesto que todas son iguales. Son *singuli*. Otras muchas realidades del mundo, a mi modo de ver, comparten esta condición. Dado que lo he expuesto más o menos largamente en mi libro [3], no tiene interés repetirlo aquí.

Pero hay otro sentido del cada cual, aquél en que cada cual es cada cual, como somos los que estamos aquí, que somos individuos perfecta e internamente cualificados, de modo que nuestras diferencias no son meramente numerales, pues no da lo mismo uno que otro. Aristóteles no se plantea este problema y la Escolástica siempre ha dicho *individuum sive singulum*. Sin embargo, ese *sive* es una cuestión que habría que examinar. ¿Es lo mismo cada cual, en el sentido de un *singulum*, que cada cual, en el sentido de un individuo? Podrá decirse que ésta es otra cuestión. Pero no es tan otra cuestión, como vamos a ver inmediatamente.

En segundo lugar, cuando se habla de cada cual, uno piensa siempre en el cada. Pero ¿qué función desempeña en el cada cual el cual que es cada? Aristóteles no nos lo dice.

En tercer lugar, tampoco nos dice qué sucede con las muchas notas que tiene cada cual. Nos dice que son unas; y de algunas nos dirá que son ἕν καθ'αὐτό, *unum per se*: así lo afirma de las notas que componen la forma sustancial. Pero ¿y todas las demás? Aristóteles dirá que las demás son accidentes de esa sustancia. Sí, pero ¿en qué consiste la unidad del accidente con la sustancia? ¿Es justamante el *unum transcendentale*, la unidad transcendental?

---

[3] Cf. *Sobre la esencia*, pp. 138-141, 164-170, 211-218.

II

Aristóteles no se explica sobre ese punto, que sí ha querido explicar la Escolástica. Ésta, tomando la idea de la διαίρεσις, de la división, repite la fórmula del Estagirita, según el cual la unidad, aquello en que cada cual consiste, es indivisión. Indivisión interna, *indivisum in se*, porque, si no, en lugar de una cosa habría muchas, y división de todo lo demás, *divisum a quolibet alio*.

Pero, en primer lugar, este concepto es meramente negativo, ya que toda indivisión radical hace referencia al *individuum*. Esto es evidente, mas el problema es éste: ¿es individuo porque es indiviso o es indiviso porque es individuo? Pues, en este segundo caso, la indivisión es la expresión formal de una interna e intrínseca individualidad. Con decir que es indiviso no se ha tocado al problema fundamental del *unum*. El problema del *unum* estaría en el individuo que es y no en su indivisión.

En segundo lugar, la Escolástica no fue ajena a otra dimensión de este problema. Por ejemplo, Suárez dice muy temáticamente que el uno es algo negativo, pero que connota la entidad propia de aquel que es indiviso[4]. De acuerdo, pero ¿qué es *connotar*? Haría falta haberlo dicho, y no se nos dice.

En tercer lugar, no sólo la indivisión es algo negativo, y además no sólo no se dice qué es la connotación, sino que la individualidad misma, así sin más, es enormemente problemática. ¿Cómo se va a negar que el individuo, un individuo humano sobre todo, a lo largo de su vida, en una u otra forma, va cambiando de individualidad? ¿Qué significa esto en el orden transcendental? ¿Va constituyéndose otra realidad? Tomemos la fórmula de Leibniz que se repite muy monótona-

---

[4] Cf. *Disput. met.*, disp. 4, sec. 2, n. 7.

mente en los libros de Historia, de que, si César no hubiera pasado el Rubicón, no hubiera sido César. Si así fuera, ¿se podría hablar de individuo en el sentido de Aristóteles y de la Escolástica?

En cuarto lugar, y finalmente, se nos dice que la idea del cada cual es, como dice Cervantes, que el otro no puede hacer por uno lo que uno hace [5] y, justamente por ello, que es incomunicable. Lo cual es una verdad absolutamente radical y fundamental, pero ¿es incomunicable por ser individuo o es individuo por ser incomunicable? Porque, si fuera que es incomunicable por ser individuo, la incomunicabilidad nos deja todavía al margen de haber resuelto el problema de qué sea la individualidad.

III

Si no todas, algunas de estas consideraciones debieron cruzar en una u otra forma por la mente de Leibniz, el cual, inspirado en buena parte en esa que él llama la *Philosophie espagnole et hivernoise* (además hay un padre Pérez que le preocupó mucho a Leibniz), decía que, si se quitan las sustancias compuestas, queda la sustancia simple e irreductible y a esa la llama *monás*, mónada. Se ha sostenido —incluso Heidegger lo ha dicho muchas veces— que la idea de la mónada es la idea del ἕν. Sí, pero lo cierto es que Leibniz no llama a la mónada o a la sustancia un uno, sino que la llama *monás*, unidad; y ahí *monás* tiene el sentido griego: es la unidad de nú-

---

[5] Refiriéndose a Sancho, escribe Cervantes que «á él le vino en voluntad y deseo de hacer lo que otro no pudiera hacer por él» (*El ingenioso hidalgo Don Quijote de la Mancha*, edición, prólogo y notas de Francisco Rodríguez Marín, Espasa-Calpe, Madrid, 1911-13, vol. II, p. 145).

mero. No confundamos, por tanto, el monadismo de Leibniz con la mera unidad transcendental entendida al modo escolástico. Y ello por varios motivos:

Primero, porque una mónada —nos dice Leibniz— tiene una multitud de notas, que él llama «el mero detalle», sin el cual sería imposible que tuviese cambios y vicisitudes internas [6].

Segundo, porque hay un detalle —nos dice asimismo Leibniz— que emerge de la estructura interna de la mónada y que hace de ella *vis*, *nisus*, conato, fuerza, dinamismo. Él cree que es lo que Aristóteles llamaría ἐντελέχεια o ἐνέργεια, la actividad que tiene su fin en sí misma (no son sinónimos, pero él toma ἐνέργεια como sinónimo de ἐντελέχεια), algo que está acabado y perfecto [7]. Esta ἐντελέχεια es algo dinámico, es un dinamismo en virtud del cual todos los detalles aparecen como aspectos cualitativos de ese dinamismo único interno en que consiste la mónada como *vis*, como conato, como *nisus*.

Tercero, porque esta mónada —nos sigue diciendo— es individual. Sí, pero no se limita a decir que es incomunicable, sino que dice algo más terrible, pues afirma que es *hermética*. Aunque no emplee esta palabra, la idea es esa: Nos dice que la mónada no tiene ventanas por donde entren y salgan las cosas [8], como pretendía la Escolástica (la decadente, que creía que los accidentes emigraban de unas sustancias a otras, pues la Escolástica auténtica no lo admitió nunca así). Lo cierto es que esta mónada, que es algo más que incomunicable porque es hermética, es lo que constituía el *unum* de Leibniz, el ἕν hermético de Leibniz. Una fuerza que se despliega sobre sí misma en una multitud de aspectos que constituyen su detalle, que

---

[6] Cf. *Monadologie*, § 12, § 13, § 37, § 38 y § 39, en *Die Philosophischen Schriften*, vol. 6, 1965, pp. 608 y 613.
[7] Cf. *O. c.*, § 18, pp. 609-610.
[8] Cf. *O. c.*, § 7, pp. 607-608.

es hermética, sin ventanas; en esto consistiría —según Leibniz— la unidad. Naturalmente, aquí no se trata de una mera indivisión sino de algo más, se trata de algo positivo. Lo que pasa es que, para nuestro problema, esta consideración de Leibniz es un poco marginal.

Una cosa es qué sea la sustancia —que sea *vis* o no lo sea, como tampoco tienen por qué ser todas las sustancias de la misma estructura— y otra cosa completamente distinta es preguntarnos por la unidad de una sustancia en tanto que realidad. Porque aquí no nos planteamos un problema de unidad sustancial sino de unidad transcendental. La sustancia con todos sus accidentes ¿qué es como un uno?, ¿qué es en tanto que uno como forma de realidad? No se trata, por consiguiente, de una pregunta de orden sustancial, ni tan siquiera meramente talitativo; con que se nos hablara, por ejemplo, de la unidad de la esencia en el mismo sentido que yo he expuesto aquí no se habría rozado, por lo menos de una manera directa, —como he dicho al comienzo de este capítulo— el problema de la unidad transcendental. Además, Leibniz nos habla de hermetismo, concepción muy discutible. ¿Hasta qué punto lo incomunicable es hermético? ¿Hasta qué punto el hermetismo no representa física y metafísicamente una pobre forma de incomunicabilidad? ¿No será verdad que el máximo incomunicable es el menos hermético de todos, por ejemplo, Dios? No está dicho en ninguna parte que exista esta especie de ecuación entre ser incomunicable y ser hermético. Tanto más cuanto que uno piensa que para dar a los demás es menester empezar por tener algo en sí mismo, ser en sí mismo algo tan radicalmente incomunicable, que, precisamente por eso, puede comunicarse con los demás y darles algo que no sea en forma hermética. De este concepto, expuesto un poco rápido, como puede verse, se deducen unas cuantas ideas acerca de la unidad del uno transcendental. En primer lugar, la unidad en el sentido de unidad numeral de los singulares. En segundo lugar, la unidad en el sentido de riqueza de notas que tiene una realidad (Leibniz la llamaba *el detalle*), las muchas notas que tiene una realidad. En tercer lugar, la incomunicabilidad, sea o no hermética. Y, en cuarto lugar, el individuo *in fieri*, la individualidad *in fieri*, propia de casi todas las sustancias que hay en el universo.

De la primera cuestión, de la unidad numeral, de la diferencia entre singularidad e individualidad, diremos que no afecta mucho a nuestro problema, el de la unidad transcendental, porque, aunque los singulares sean todos idénticos y sustituibles, sin embargo, cada uno es lo que es, un *unum transcendentale*. En eso coinciden el individuo más cualificado que pueda haber en la Tierra y el menos cualificado. Por consiguiente, como este problema de la singularidad no entra de una manera muy directa en nuestro tema, dejémoslo de lado. Lo cuarto, que es la individualidad *in fieri*, veremos inmediatamente en dos palabras qué es lo que representa. Por consiguiente, el problema queda centrado en la riqueza de notas y en la presunta incomunicabilidad. Pues bien, *estos dos caracteres son un solo problema, el problema del **unum transcendentale***. ¿Qué es, pues, este *unum* así tomado?

Volvamos al punto de partida. Se trata de tomar la esencia, la sustantividad y todas sus notas adventicias y formales en su función transcendental, es decir, según aquello en virtud de lo cual determinan y constituyen una realidad; función transcendental que tiene tres aspectos:

a) Primero, la multitud de notas queda absorbida en la unidad misma. Cuando hablamos de que una realidad sustantiva cualquiera, un organismo, por ejemplo, va adquiriendo, perdiendo o en todo caso modificando muchas de sus notas en cada instante, todas esas notas con la sustantividad radical y constitucional de ese organismo constituyen una sola realidad. Realidad una que no es, como Leibniz diría, una unidad de detalle, porque que las diferentes notas sean nada más que momentos cualitativos de una especie de conato único, es —repito— un problema que habría que examinar en sí mismo. Eso puede ocurrir muchas veces y también puede no ocurrir otras. No es éste nuestro problema actual. A mi modo de ver, Leibniz ha rozado ahí un tema sobre el cual, no obstante, ha pasado de largo. En efecto, recuérdese que yo decía hace un momento que para Suárez la unidad no simplemente es la indivisión, sino la indivisión en cuanto que connota la entidad positiva del ente indiviso. Sin embargo, no nos dice qué es connotar, y ahí es donde está la cuestión. No parece sino que el ser uno es una especie de molde —aquí viene la idea del orden transcendental— en el que de antemano, por el mero hecho de que el uno y el ente se convierten entre sí, tiene que vaciarse la realidad so pena de no ser una realidad y desperdigarse en muchas. Pero yo creo que esto es, en este caso como en cualquier otro, absolutamente falso.

Hay que partir de una unidad real y físicamente constituida, y ver en su función transcendental qué es lo que esa unidad determina en esa cosa que es una en tanto que realidad. Es una función transcendental y no una propiedad que de antemano se pueda imponer a la realidad. En ese caso nos encontramos con que las muchas notas no simplemente las posee una realidad que es una, sino que su multitud de notas esenciales constitutivas, sustantivas, constitucionales y adventicias, no tienen más que una función transcendental: en cada instante hacen de la realidad un uno *pero a su modo*. No es un problema de detalle sino de *modo*. Cada realidad es una pero a su modo, en función de las notas que posee. Y precisamente el modo como la unidad es una en cada ente es lo que he querido llamar yo *cons-*

titución. La unidad es constitutivamente constitucional. Eso es, a mi modo de ver, lo que debiera haberse advertido y explicado suficientemente para que hubiera quedado clara la connotación de que nos habla Suárez y para que no hubiéramos caído en el mero detalle hermético de que nos habla Leibniz. El modo de ser cada realidad una es su constitución.

Se me dirá que esto puede parecer un poco traído por los pelos. Al fin y al cabo, ¿tienen distinto modo de ser uno una mesa, una jarra y un vaso, provisionalmente considerados como realidades? Responderé que sí y no. La metafísica juega muy malas pasadas. Se ha repetido hasta la saciedad en el curso de los siglos —por ejemplo, en la filosofía medieval— que la presunta distancia del ente que es algo, por modesto que sea, y la nada es infinita, y que hace falta que haya Dios para salvar esa distancia. Ahora bien, ¿es esto verdad a poco que se piense? ¿Es verdad que la distancia de una hormiga a la nada es infinita? No. La distancia de una hormiga a la nada es de una hormiga. La nada, por ser nada, no es ni término distanciable: ¿cómo va a serlo si es nada? Si hace falta un creador mediato o inmediato para que haya hormigas, no es porque sea infinita la distancia de una hormiga a la nada, sino por otras razones: porque una hormiga no es una cosa que se baste a sí misma, etc., pero no porque esa distancia sea infinita. Hay que volver, en consecuencia, al punto de vista físico. Una hormiga es una hormiga, todo lo minúscula que se quiera, y en eso y sólo en eso es en lo que consiste su distancia. La idea viene de Duns Escoto, por lo menos de una manera temática, y la recogió Suárez[9].

Por otra parte, atendamos a que decía en el capítulo anterior —y recordaba al comienzo de éste— que las cosas tienen

---

[9] Cf. Escoto, *In librum III Sententiarum*, dist. 18, n. 17; y Suárez, *Disputationes metaphysicæ*, disp. 31, sec. 6, n. 14 y sec. 14, n. 4.

una talidad y que su función transcendental está determinada por la talidad. Esto se dice muy rápidamente, pero pensemos en que eso quiere decir dos cosas que son equivalentes, y justo ahí es donde está el nudo de la cuestión. De un lado, que ninguna realidad es realidad sino siendo *tal* y, de otro, que toda talidad determina justamente un modo de realidad. Ahora bien, ésta es la situación en que nos encontramos con el uno. La unidad física de cada sustantividad es distinta —dejemos de lado el problema de las singularidades—, sea con distinción numeral o no numeral —éste es un problema que, repito, no nos interesa—. Y esa talidad distinta en cada una es su intrínseca y formal individualidad en virtud de la cual determina su realidad como una cada vez, a su modo y manera. Podrá haber dos modos que sean parecidos o iguales, pero eso es otra historia. Porque, para los efectos de la pobre sustantividad que es *una* y no dos, su unidad está determinada por lo que ella es, hormiga, figura geométrica o el más elevado de los espíritus angélicos, pues cada una determina su unidad transcendental a su modo; justo por el modo en que talitativamente consiste: de la misma manera que una hormiga determina su distancia de la nada por su carácter fórmico, la talidad determina trascendentalmente todos los transcendentales por su carácter talitativo. Al modo como cada cosa tiene de ser una en función transcendental es —repito— a lo que he llamado formalmente *constitución*. La idea de la constitución no es, por consiguiente, —a mi modo de ver— una idea puramente biológica. Pueden las gallinas venir del huevo —los biólogos lo saben mejor que yo—, pero, vengan las gallinas de donde vinieren, la cosa es que los huevos transcienden el ámbito de la gallina en muchos casos. Éste es el caso presente. La idea de constitución transciende esencialmente del orden de lo que se ha llamado la constitución en biología.

Constitución es el modo como toda realidad tiene de ser uno en su multitud de notas, en su unidad esencial y sustantiva. No es lo mismo la manera en que lo es un vaso que la mía. Por eso esta unidad, que es completamente ajena al problema de la singularidad, no puede confundirse nunca con la unicidad. Éstas son dos cosas distintas. De lo que es uno no puede ni quiere decirse que sea único. Podrá además ser único, pero será por otras razones. Los *singuli*, por ejemplo, no son únicos; las unidades de un número no son únicas, sino que son muchas. Pero cada una es una a su modo, aunque los modos de todas las unidades sean iguales; esa es otra cuestión. Esta unidad de constitución, que no es una unidad de unicidad, es lo que hay de positivo y de formalmente determinante en lo que llamábamos la unidad transcendental. El cada *cual* de que habla Aristóteles es justamente el modo de ser uno. Hacía falta que eso lo hubiera dicho. No se trata de la riqueza de detalles o de la concepción dinámica de la sustancia que nos presenta Leibniz, ni mucho menos de una vaga connotación. A propósito de la connotación recordaré que es una de las tres ideas que se utilizan como una especie de llave, un *passe-partout*, en la metafísica escolástica, las otras dos son la analogía y la participación; en fin, hay unos cuantos conceptos y con ellos se resuelven en seguida los problemas. Pero no puede ser así en absoluto. Hay que pensar en cada caso concreto lo que eso significa. En éste es el de una unidad transcendental que llamamos constitución.

b) Ahora bien, como segundo aspecto apuntaba que la función transcendental es la ejercida por una esencia y, por tanto, por una sustantividad montada sobre ella que es de suyo. El ser de suyo es lo que *primo et per se* compete a la esencia en cuanto tal. Que algo sea ser de suyo quiere decir que tiene un sistema de notas en unidad coherencial primaria, esto es, suficientes y necesarias para ser lo que es y no ser otra cosa. Pues bien, precisamente porque es de suyo, la función transcendental del ser de suyo es hacer de la cosa un suyo, es decir, algo incomunicable. La incomunicabilidad emerge transcendentalmente de la función transcendental del de suyo. La cosa es suya, y porque es suya es incomunicable físicamente, lo cual permite, precisamente por ser suya, tener la máxima largueza en comunicar a los demás.

c) Tercero, la esencia —decía— es constitutivamente individual en el sentido que acabo de explicar. Cada esencia es cada cual, tiene su constitución a su modo, y en ese su modo es suya y, por consiguiente, incomunicable. Pero ahí está el hecho —decía antes— de individuos que vamos cambiando de vicisitudes a lo largo del tiempo, de la vida y de la historia. Entonces nos preguntamos: ¿se puede afirmar, sin más, este carácter transcendental, que uno podría pensar que es excesivamente estático?

Responderé inicialmente que sí y no. Porque es verdad que, si César no hubiera pasado el Rubicón, no sería César. Pero el César que es sujeto del pasar el Rubicón, ¿es el mismo César que no lo hubiera sido si no lo hubiera pasado? Lo cierto es que, si no hubiera pasado el Rubicón, no sería *lo* mismo, pero sería *el* mismo individuo. Una cosa es ser siempre el mismo y otra cosa es ser siempre lo mismo. Con lo cual el problema de la individualidad va entreverado en una dimensión enormemente problemática. Una cosa es la individualidad como modulación concreta y concreción a lo largo del tiempo; otra cosa es la individualidad como constitución primaria, radical e inapelable en el orden transcendental, en el sentido de que es uno, un *unum*. Desde luego que si César no hubiera pasado el Rubicón, si Bruto no le hubiera matado, etc., todo esto no cambiaría para que fuera siempre el mismo. Éste es el *unum transcendentale*; lo otro, una cosa enormemente rica, es justo la individualidad. Por eso he propendido siempre a distinguir terminológicamente estos dos aspectos del problema: la *individuidad* y la *individualidad*.

Transcendentalmente, desde el primer momento de su existencia la realidad sustantiva es un *unum* individual en el sentido de tener individuidad; siempre será ya el mismo, y, si ya no es el mismo, es que deja de ser, y entonces es ya otra cosa. Ahora bien, hay en mayor o menor medida individuos dotados de esta individualidad que, sin embargo, no sólo es variable, sino que es indefinida. ¿Cuándo se va a decir que un individuo está individualmente terminado en el sentido de la individualidad? El día en que se muere. Es lo único seguro que puede decirse. No confundamos la individuidad con la individualidad. De la misma manera que la esencia, por ser realidad *simpliciter*, reifica, así también la esencia, por ser *individua* en el sentido de individual, individualiza todo cuanto a ella adviene. Imaginémonos que esas cosas que advienen a un individuo que tiene individuidad le advinieran a una sustantividad que de suyo no fuera individuidad. No llegaría a ser individuidad jamás. Por muchas notas que uno le agregue, será todo lo concretamente rica y cualificada que se quiera; pero ser individuo, si antes no lo era, no lo logrará nunca. Toda biografía es individual, pero supuesto que sea un individuo el que la viva. Porque como queramos constituir al biografiado en función de su biografía, no tendremos nunca un individuo. Tengamos en cuenta que una biografía podría ser siempre vivida por otro (tomada la cosa en abstracto, bien entendido). La individualidad de la constitución y de la incomunicabilidad, así como del de suyo, individualiza de suyo todo cuanto adviene al individuo, y en su virtud, por su individuidad, la realidad es siempre la misma y, sin embargo, nunca es lo mismo. Ni tan siquiera en las cosas más ajenas a las vicisitudes.

¿Cómo va a decirse que es lo mismo un cuerpo material en distintos puntos del espacio? Lo será o no según lo que se entienda por mismidad; pero no entremos ahora en el problema. La unidad como constitución, como una constitución que es la que le constituye en el ser suyo y que, además, le confiere una primaria y radical individuidad, es el primer momento estructural de la realidad en cuanto tal. Unidad que no consiste en mera indivisión. La realidad consiste formal y positivamente en ese modo de ser cada realidad una, a saber, en ser una constitución que envuelve estos distintos momentos: primero, el de una unidad interna (ajena completamente a la unicidad), el de ser suya, esto es, incomunicable; segundo, el de individualizar cuanto adviene a su radical y primigenia individuidad. No necesitan las realidades sustantivas principios de individuación, porque no sólo son individuos las realidades individuales en sí mismas, sino que es menester afirmar que lo son por sí mismas. De esto tuvo una clara intuición Suárez, aunque no haya desarrollado de una manera excesiva el tema de la individualidad transcendental de una unidad por sí misma, porque no admitió jamás la individualidad de la esencia.

Ahora bien, a uno le asalta la duda de si es esto suficiente. En efecto, uno se pregunta: ¿es esto bastante para el problema de la estructura interna del orden transcendental de la realidad? A lo que es preciso responder que no.

II. En qué consiste la realidad de cada cosa en tanto que una con la totalidad de las notas que posee

La unidad de la realidad sustantiva forma parte de algo que tiene o puede tener muchas notas. Por lo que cabe seguir preguntándose cuál es la estructura de la unidad, no sólo en el sentido de que estas notas están individualizadas por el individuo, sino en el de cuál es la función de esa multitud de notas, absorbida en la unidad y que modula la unidad de cada una a su modo; cuál es la función positiva que, dentro de ese modo, ejercen las notas en la realidad en cuanto tal. Contestar a esto es el propósito de este segundo punto.

La respuesta de Aristóteles sería clara. Hay la relación de la sustancia y el accidente. El uno es la sustancia y todas las demás notas son accidentales. Ninguna tiene realidad en sí misma; todas ellas se encuentran soportadas por algo que es la realidad primaria, que es justamente la sustancia. Pero ya hemos visto que no se puede interpretar la realidad que nos está dada y que constituye el mundo en que estamos como una serie de sustancias que están soportando unos accidentes; es decir, el mundo no es un sistema de sujetos, de realidades subjetuales. Bajo lo múltiple que constituye cada una de las cosas, las muchas notas de una cosa, no late una sustancia a la cual afectan y que sólo fuera cognoscible, como Aristóteles diría, κατὰ συμβεβηκός, *per accidens*, sino que la unidad, incluso en el orden transcendental, no es nada distinto del sistematismo mismo interno en que están concatenadas y conexas, y son interdependientes, las notas entre sí. No se trata de una sustancialidad sino de una sustantividad. Por eso es en rigor falso decir que una esencia *tiene* notas. No es que tiene notas sino que *es* sus notas. Es algo más que tener. Es ser: dicho con toda precisión, una esencia es sus notas. Entonces, ¿no hay ninguna diferencia, ninguna disyunción entre lo que llamamos una cosa en su unidad y las muchas notas que, por lo visto, esta cosa una es? ¿Cómo es que no se pierde ésta en una multiplicidad? Éste es justamente el problema positivo.

Aristóteles resolvió este problema con la idea de la sustancia, entendiendo por sustancia la primera de las categorías. Es decir —recuerdo algo ya dicho—, si yo considero las cosas que hay en una habitación, me encuentro con colores, sonidos, tamaños, parecidos de unas personas con otras; me encuentro con acciones, pasiones, etc. Cada vez que predico de una de las cosas uno cualquiera de estos caracteres, por ejemplo, si digo que un papel es blanco, digo que es blanco pero el decirlo acusa o denuncia el modo de entidad que tiene la presencia del blanco en el papel; y si el modo de entidad del papel es bastarse a sí mismo, es ser sustantivo, ser sustancial, ser sujeto, el modo en este caso del blanco consiste en tener la entidad de ser un calificativo de la sustancia, cosa que no sería si dijera, por ejemplo, que un papel es grande o pequeño, porque entonces sería una cuantificación y no una cualificación. Estos modos distintos de ser son lo que Aristóteles llama *categorías*, precisamente por ser modos que se acusan en una predicación, ya que *acusar* se dice en griego $\varkappa\alpha\tau\eta\gamma o\rho\acute{\epsilon}\iota\nu$. Aristóteles enumeraba diez [10]. Kant tiene razón al decir que no se sabe de dónde las sacó, pero en lo que no la tiene es en creer que hay que sacarlas de algún principio director: esto es el máximo racionalismo kantiano. Con decir que se las sacó de la contemplación de la realidad, asunto terminado. Es un sistema de categorías, donde cada categoría expresa, acusa y constituye la especial forma entitativa con que un accidente es inherente a una sustancia. Todo lo demás sería salirnos de la cuestión; será otro tipo de consideraciones, pero no es la consideración categorial.

La palabra *categorial*, el concepto de *categoría*, tiene en la filosofía, en la propia de Aristóteles y en la medieval sobre todo, un grave equívoco. Por un lado, tenemos las categorías

---

[10] Cf. *Categ.* IV, 1b25-2a4; *Anal. post.* I, 22, 83b12-17; *Top.* I, 9, 103b20-23.

como aquello que se predica de la realidad; en este sentido las categorías son géneros supremos, predicamentos. Otra cosa muy distinta es el considerar las categorías como modos radicales de ser, cosa que no tiene nada que ver con la predicación. Esto hubiera llevado a una teoría de la función transcendental, a la que desgraciadamente no llegó.

Tomemos, pues, el sistema de esta tabla de las categorías, una visión —repito una vez más— en virtud de la cual la realidad se concibe en función de su aptitud o no para ser inherente o no a otra realidad, para estar, como Aristóteles diría, χωριστόν, separado, dividido de todo lo demás e indiviso en sí mismo. Justo aquí aparece otra vez la idea del uno. Ante esto uno se pregunta: ¿es ésta realmente la dualidad primaria y radical que metafísicamente hay que ver entre las notas y su unidad? Porque no olvidemos que esta interpretación es siempre la obtenida desde la visión de unas notas que se predican de un sujeto. Por consiguiente, y en definitiva, es una visión de fuera a dentro: se toman las muchas notas que van cayendo sobre la sustancia; se dice de ellas que caen sobre la sustancia en formas distintas y que, por consiguiente, son inherentes a la sustancia en formas distintas. Ahora bien, ¿es ésta la manera única, y sobre todo radical, de ver la multiplicidad de notas de una sustantividad?

Porque uno puede pensar que esas notas no son cosas que advienen a la sustancia, sino, al revés, unas notas en las que en cierto modo se plasma lo que es la primera unidad coherencial en que la realidad consiste. En ese caso las notas no son meros accidentes, como el propio Leibniz propendería a pensar de una sustancia primera, sino que, al contrario, son justo aquello en que la sustantividad se expresa en cierto modo analíticamente. Ésta es una visión de las notas no de fuera a dentro sino de dentro a fuera. Es la realidad una y en sí misma proliferando en un sistema enorme de notas, que, visto desde dentro, lo de menos es que sean o no inherentes a un sujeto, lo de más y lo que nos importa es la dualidad que esta multitud de notas envuelve desde el punto de vista de la unidad. Porque, en efecto, esa unidad que nunca está ausente de las notas no hace sino actualizarse en cada una de ellas. Por consiguiente, no es verdad que la esencia de un papel —suponiendo que el blanco le perteneciera— es que *tiene* blancura, sino que *es* blanco, es decir, se actualiza su unidad primaria en cada una de las notas; *no es una dualidad de poseedor y poseído sino una actualidad, una dualidad de acto y actualización.* La cosa entera se actualiza en cada una de sus notas. Por eso es archiproblemático lo que Aristóteles decía: que eso se conoce *κατὰ συμβεβηκός, per accidens*; esto habría que examinarlo. Algo de ello diremos en algún momento ulterior.

Se trata, por consiguiente, de una actualidad: de considerar que, en una mesa que es dura, la dureza no es una propiedad *tenida* por esa mesa, sino que es la mesa entera *actualizada*, en este caso, en la nota de dureza. Es una dualidad *sui generis*. No es una dualidad numérica entre una sustancia y un accidente. En su virtud el *de suyo*, que es aquello en que la realidad consiste, tiene la función transcendental —de la que se debía haber partido para precisar lo que es esta estructura— de que, por el de suyo que el sistema sustantivo posee en todas las notas, el sistema sustantivo es actual en cada una, en muchas, en todas las notas. En este sentido, vista desde dentro, yo diría que cada cosa tiene su *intus*, su interioridad. Interioridad no es intimidad, ya que ésta es otra función. La interioridad no es algo oculto, como si uno quisiera asistir al secreto de todo lo que ocurre dentro de un electrón o de una encina. No se trata de esto. Toda realidad, por modesta y simple que sea, tiene una intrínseca, una metafísica interioridad: es un *intus*, es la unidad de un *en*, *in*, que se plasma precisamente en la multiplicidad de notas, que son su expresión, su *ex*, su exterioridad.

Lo que Bergson pretendía, interpretando a su modo a Leibniz, y que repite inconsideradamente Teilhard de Chardin, que las cosas tienen una especie de psiquismo larvado, es completamente quimérico y, sobre todo, no tiene ninguna necesidad metafísica. Uno podrá ser pampsiquista, no lo discuto, pero ese presunto psiquismo en las cosas tiene una necesidad metafísica nula. Creo además que no es eso lo que quería decir Teilhard de Chardin, quien sabía mucha geología y paleontología pero en filosofía no andaba tan fuerte. Creo que él quería afirmar —lo digo con toda honradez y sinceridad— que todo tiene su interioridad, aunque él mismo le haya dado la interpretación de que hay una especie de cosa interior que, a fuerza de repliegues sobre sí misma, se va desplegando en la historia hasta que aparece luego el predominio de lo exterior sobre lo interior. Todo esto puede ocurrir, no lo niego, pero nada de esto es metafísicamente necesario. Lo metafísicamente necesario es que haya una unidad interna que se actualiza en una multitud de notas, las cuales son el *ex* de esa unidad que es el *in*; la multiplicidad de notas es, por consiguiente, la expresión en la exterioridad de la interioridad metafísica de una sustantividad.

Ahora bien, esto no es una mera elucubración teórica. Porque piénsese a lo que esto forzaría si se hiciera el análisis de una realidad cualquiera de un modo medianamente preciso, por lo menos en intención; repárese en lo que obligaría a hacer y a decir respecto de las cosas con que uno tiene que habérselas para describir lo que son como realidades sustantivas. Podrá eso tener poca importancia para describir lo que es un electrón de un átomo de plata, pero ¿y si se aplica a la historia y a los individuos humanos?

La interioridad no aparece como un predicado, como una especie de sistema de cosas ocultas, puesto que de ninguna manera *oculto* es igual que *interior*. Es el individuo en su individualidad (en el sentido concreto que he dado a ese vocablo, a saber, lo que se va haciendo en virtud de lo cual nunca es lo mismo) el que posee una interioridad que va plasmándose en una serie de vicisitudes, biográficas o no, esto es lo de menos; el individuo tiene en sí mismo su interna, su metafísica interioridad, respecto de la cual el conjunto de notas no es sino una exterioridad; y ese *ex* no es sino la proyección, en cierto modo *ad extra*, en la multitud de notas del *in* de aquello en que interiormente consiste. Pues bien, el modo como se actualiza el *in* en el *ex*, el modo como la interioridad se acusa en la multitud de notas que la componen, es justo lo que yo temáticamente he llamado en mi libro *dimensión* [11]. La realidad sustantiva no sólo es constitucionalmente *individua*, sino que además es dimensionada, dimensiva.

Es preciso, antes que nada, ponerse de acuerdo sobre lo que significa esta palabra. *Dimensión* envuelve el verbo *medir*, *di-mensión*, y hace referencia a la mensura. De ahí que la propia palabra, incluso en el caso en que aparentemente tiene la aplicación más exacta, que es en la geometría, envuelve siempre un equívoco, puesto que primariamente se refiere a los tres aspectos en que puede ser mensurada una realidad físicamente, geométricamente; son las tres dimensiones de la realidad física y geométrica. De donde ha pasado a significar algo distinto: las tres distancias o medidas que son por necesidad atribuibles a una realidad para que pueda ser localizada entre otras. Ahora bien, dado que estas dos cosas no son equivalentes, hubiera sido preciso haberse hecho cuestión de esta te-

---

[11] Cf. *Sobre la esencia*, pp. 126-134, 482, 491-498.

oría de la dimensión. Digamos, por tanto, que en el primer sentido, que es el único que aquí nos ocupa, las dimensiones son mensuras. Esa proyección *ad extra*, en su exterioridad, de lo que es la unidad interna en que cada cosa primaria y transcendentalmente consiste, tiene la estructura de una dimensión en la que se mide la realidad sustantiva. Si pudiésemos poner todas las realidades en grado, lo que la dimensión mide sería el grado de realidad que las cosas tienen. Aunque esta idea de grado de la realidad me parece inexacta, entre otras razones que no vamos a discutir ahora, porque cada cosa tiene su realidad propia y no se trata de grados de una cosa única que fuera la realidad —lo que sería una quimera muy platónica—, empleando la palabra *grado* en una acepción más alta, lo que mide esa dimensión es el grado de realidad. Estas dimensiones son tres. Primera: el conjunto o sistema de notas que una realidad sustantiva posee es lo que constituye su *perfección*. Segunda: el que esas notas responden en cierto modo a una estructura interna, positiva y estable es la *estabilidad* de la realidad, cosa que no tiene nada que ver con su carácter estático; puede haber estabilidades de carácter dinámico, como la estabilidad, si la tuviera, del sistema planetario (recordemos que Poincaré nunca logró demostrarlo y, además, estuvo bien que no lo hiciera, porque no la tiene). Tercera: la efectividad de su realidad, que es lo que llamamos *duración*. Perfección, estabilidad y duración constituyen a una, intrínsecamente tomados, los tres aspectos de la mensura de la realidad, de una realidad sustantiva en cuanto tal.

Así pues, toda realidad es constitucional, tiene un *unum* constitucional. Es por eso un *unum* transcendental. En ese *unum* la multitud de notas tiene la función concreta de medir el tipo y el grado de realidad que posee esa realidad en cuanto tal. Asimismo cada cosa real es un individuo constitutivamente dimensionado. Pero este individuo, este cada cual, ¿lo es independientemente de los demás individuos y cosas que hay en el mundo? Esta pregunta nos aboca al tema de la realidad y la mundanidad, del que pasamos a ocuparnos.

§ 2. REALIDAD Y MUNDANIDAD RESPECTO DE LAS DEMÁS COSAS

Comenzaba este capítulo exponiendo unas cuantas ideas en torno a la estructura interna —digámoslo así— de las cosas reales en tanto que reales. Cuestión que dividía en tres puntos: En primer lugar, lo que es la realidad en tanto que tal, tomada cada cosa en y por sí misma: es una sustantividad esenciada, dotada de una constitución cuyo modo de ser es la unidad, calificada por el modo de ser una en cada caso; se trata, por consiguiente, de una unidad constitucional en que el ἕν, el uno, es en cada realidad uno a su modo (dejando de lado que pueda haber o no muchos entes que tengan el mismo modo de unidad; esto es distinto). Esta constitución, en segundo lugar, tiene un carácter intrínsecamente individual debido a su esencia, de modo que no sólo no hay principio de individuación, como ya viera con claridad Suárez, sino que las cosas son individuales por sí mismas; pero, además, —añadiría a lo que Suárez pensó— la esencia es individual en tanto que esencia, cosa que no se le ocurrió a Suárez, quien no pensó jamás que la esencia fuera individual: Suárez tendría seguramente más razón que yo al pensar lo que pensó, pero a mí me sigue pareciendo que la esencia es individual en tanto que esencia. Finalmente, esta sustantividad esenciada, dotada de constitución individual en tanto que esencia, está dimensionada, esto es, posee una interioridad; pues la unidad misma del sistema constructo en que la sustantividad metafísicamente consiste es la interioridad que está plasmada en una multitud de notas, las cuales son, justamente en su multitud, la exterioridad misma, y la manera como la interioridad se va plasmando o proyectando en las muchas notas que constituyen su exterioridad es lo que yo llamaba la *dimensión*.

Ahora bien —decía—, las cosas no están sueltas, solas por el mundo, sino que hay muchas cosas, de las cuales las unas tienen que ver más o menos con todas las demás. Lo que nos plantea la segunda gran cuestión acerca de la estructura de la realidad: la cuestión de *la realidad y la mundanidad*. Así pues, éste es el tema al que tenemos que dedicar nuestra atención en lo que sigue.

Las cosas —repito— no están solas por el mundo. Podrían tal vez estarlo, pero no es cuestión de jugar con conceptos. De hecho y en la experiencia, tal como lo vemos, las cosas sobre las cuales especulamos no están aisladas en el mundo. Hay muchas cosas, ciertamente, pero no sólo hay muchas cosas frente a la unidad posible en que pudieran consistir, sino que hay asimismo unas vinculaciones de unas cosas a otras. Las cosas no solamente son muchas, sino que además están vinculadas entre sí. Las muchas cosas constituyen en este sentido, sin mengua de la unidad que cada una de ellas posee, una unidad en cierto modo distinta de la que posee cada una de por sí, cual es la unidad de estar todas vinculadas unas con otras. Esto es lo que, sin compromiso ulterior, se ha llamado *el mundo*. Todo el problema estriba en que se nos diga de qué unidad se trata. Ésta es la cuestión. Cuestión acerca de la realidad y la mundanidad que vamos a dividir en dos partes:

En primer lugar, la estructura misma de esta unidad que existe entre todas las cosas reales, una unidad, por consiguiente, real a su modo.

En segundo lugar, lo que es y significa la inclusión de cada una de estas realidades en esa unidad estructural que llamamos *mundo*.

I. La estructura misma del mundo

Dilucidemos esta primera parte en cuatro pasos.

A) En una primera aproximación se puede pensar que esa unidad es una cosa evidente y obvia: hay una cierta conexión entre las cosas en virtud de la cual las unas están junto a las otras, se distancian más o menos unas de otras, las unas actúan sobre las otras, modifican unas a otras, etc. En definitiva, se trataría de una conexión que unas cosas tienen con otras. Conexión que puede tener dimensiones y caracteres muy distintos, como acabo de indicar. Por ejemplo, puede haber una conexión de orden espacial. Dejemos aquí el espacio de lado, porque nos plantearía un problema *sui generis*. Independientemente de eso, tenemos la conexión que procede de la relación causal de unas cosas con otras —tomando la palabra *causalidad* en un sentido muy amplio y no sólo en sentido metafísico estricto—, raíz de la unidad de acciones y pasiones de unas cosas sobre las otras. Hay además otro tipo de unidad posible, que es la del orden, ya que existe una cierta ordenación entre las cosas. Naturalmente, se podría pensar que hay también un cierto desorden, pero éste es un problema distinto. En todo caso, desde el punto de vista del problema que aquí nos preocupa, siempre sería verdad lo que dice Bergson: los desórdenes son dos órdenes [12]. De modo que, en definitiva, hay

---

[12] Cf. *L'évolution créatice* y *La pensée et le mouvant*, ed. cit., pp. 727 y 1338.

una cierta ordenación en todas las cosas del mundo. A esta conexión de ordenación los griegos, sobre todo Aristóteles, la llamaban τάξις [13]; y el conjunto, es decir, la unidad de todo el mundo en ese caso era el cosmos: el mundo tiene esa unidad de conexión, un cierto ἕν, que es lo que los griegos, los estoicos en concreto, llamaron σύστημα, una *consistencia o sistema*, que es lo que quiere decir la palabra, y que en términos más generales los griegos denominaron κόσμος [14]. Ésta no es una unidad cósmica tomada como tal, simplemente en sí misma, sino que consiste en una conexión de las cosas entre sí.

Todo esto es verdad; de ello no hay duda ninguna. Ahora bien, es por lo menos una verdad insuficiente si no se le añade nada. Porque la unidad que aquí nos preocupa, y que indiscutiblemente existe, no es sin más una unidad que procede *de* las acciones de unas cosas sobre otras, porque estas acciones están siempre añadidas en cierto modo a las cosas que están en conexión. Y, desde luego, no es que estas conexiones y acciones no sean verdaderas, que lo son; lo que ocurre es que no son un añadido meramente externo y extrínseco, sino que las cosas actúan como actúan porque son como son. Aquí es donde está el problema. ¿Qué es lo que hay en la realidad que desde ella, en cada una de las realidades, es movida —si se quiere emplear este vocablo un poco antropomórfico y anodino— a estar en conexión causal con el resto de las realidades que hay en el Universo?

Reconozco que esto no lo negaría el defensor de la unidad de conexión. Diría que, por supuesto, la causalidad procede del modo de ser de las cosas. Pero no es sólo esto lo que quiero afirmar.

---

[13] Cf. *Met.* V, 19, 1022b1-3.

[14] Cf. Dióg. Laer. VII, 137ss.; y *Stoicorum veterum fragmenta*, coll. Io. ab Arnim, Teubneri, Stutgardiæ, reprod., 1964, vol. II, pp. 167ss.

Ciertamente, las cosas —repito— actúan como actúan porque son como son, pero hay que añadir que su modo de ser —si se me permite emplear esta expresión— las lleva a estar vertidas a las otras y a *tener que ejercer* acciones causales. Con lo cual la idea de conexión resulta doblemente insuficiente: primero, porque reposa sobre un sistema meramente accional y, segundo, porque no nos dice nada acerca de lo que lleva a cada una de las realidades a estar en conexión causal con otras. Esta idea del cosmos como una mera conexión presupone otra distinta. Antes del orden y de la causalidad, el cosmos está fundado en la realidad sustantiva de las cosas cósmicas, de las cosas que existen en sí mismas. ¿Qué es lo que hay en las cosas que las lleva a formar un cosmos, a tener esta unidad de conexión que acabamos de indicar?

B) Se podría pensar como solución —la cito porque desempeña una cierta función en la historia de la filosofía— que aquello que lleva a las realidades sustantivas a estar vertidas las unas hacia las otras en el orden cósmico es una estructura o tendencia en virtud de la cual no salen de sí mismas, pero la actividad en que estas realidades sustantivas consisten es lo que hay de real en la percepción y en la apetición, sin que sea percepción consciente y apetición consciente. Es la tesis de Leibniz: la mónada carece de ventanas, es una $\mu o\nu\acute{\alpha}\varsigma$, un $\breve{\epsilon}\nu$, pero toda su actividad interna, independientemente del detalle que se despliega dentro, puertas adentro de la mónada, consiste en percepción y en apetición [15]. Ciertamente, Leibniz se da cuenta de que las realidades materiales, las mónadas materiales, no tienen conciencia, pero lo que diría es que no tienen apercepción, pues, tomando la apercepción pura y simplemente en sí misma, es una especie de tendencia que no está abierta en el

---

[15] Cf. *Monadologie*, § 7, § 11, § 14 y § 15, ed. cit., pp. 607-609.

sentido de recibir acciones causales desde fuera, pero que en una cierta forma vierte a la mónada hacia otras cosas. En este sentido la unidad estaría a la base de toda conexión causal, sea cual fuera la idea que Leibniz tuviera de esta conexión causal; es decir, lo que estaría a la base de toda posible conexión causal es esa estructura en virtud de la cual cada mónada representa y apetece la totalidad de las demás mónadas *desde su punto de vista*. Es justamente el punto de vista, que es la modalidad interna de cada una de las mónadas, lo que en la filosofía de Leibniz podría responder más o menos a lo que aquí estamos buscando.

Ahora bien, esto es más fácil de enunciar que de aprehender conceptualmente. Porque, en primer lugar, no es nada claro qué es eso de la percepción y de la apetición, ya que, si de ellas se quita lo que tienen de representativo, ¿por qué se continúa llamándolas percepción y apetición? Habría que hacer de la percepción y la apetición modalidades o modos psíquicos, representativos y volentes, de algo que sería un *nisus* primario en que la realidad puede consistir. En ese caso no nos serviría de nada sino de una vaga metáfora lo que Leibniz nos dice acerca del *nisus* como punto de vista. Pero, en segundo lugar, aun suponiendo que Leibniz tuviera razón al afirmar que cada mónada representa la totalidad del Universo, desde su explicación habría que preguntarse en qué consiste eso que llama *punto de vista*. Ahí está la cuestión. Leibniz enmudece acerca de este asunto y deja sin decir nada acerca de en qué consiste ese *punto de vista*.

C) Habría entonces una respuesta, que de algún modo se colocaría en prolongación con la pregunta que acabo de formular, y que consistiría en decir que eso que llamamos *punto de vista*, por ser propio de cada una de las mónadas (dejemos ya que lo sean o no) e interno a las realidades sustantivas, por lo menos a algunas, es justo lo que forzosamente tienen que hacer algunas de las realidades sustantivas para existir como existen y poder encontrarse con las cosas. Es la tesis de Heidegger: el mundo es el *Woraufhin* [16], el hacia qué del esbozo de las posibilidades de mi existencia en cuanto tal. Ésta es una respuesta mucho más concreta.

Para Heidegger el hombre no encuentra las cosas sino en el mundo, el cual es el horizonte del esbozo de posibilidades, es *mi* mundo, un mundo del cual no están excluidos los demás —éste es otro aspecto del problema—. Pero como quiera que sea, se trata siempre de *mi* mundo; y mi mundo es aquello hacia lo que yo miro cuando tengo que establecer mi sistema de posibilidades, gracias al cual existo, desde el cual existo y en el que se despliega mi propia realidad. La característica metafísica primaria —dice Heidegger— del *Dasein*, del existir, de la existencia humana, es ser-en-el-mundo, *in-der-Welt-sein*, como él diría [17]. E insisto aquí en la traducción de *in-der-Welt-sein* como *ser-en-el-mundo*, porque de lo que se trata para Heidegger no es de una idea del ser, sino de que el ser mismo en cuanto ser es mundano. Pero dejemos de momento esta cuestión; de ella hablaré inmediatamente. El mundo, pues, es el *Woraufhin des Entwurfs* [18], de un *Entwurf*, de un bosquejo; y, desde luego, en ese bosquejo de posibilidades es donde yo me encuentro con las demás cosas. Me encuentro, por ejemplo, con el martillo y el cuero en cuanto tales, cuando quiero hacer unos zapatos; si no, yo no me encontraría nunca con el martillo y el cuero. Eso hasta cierto punto es verdad. No hay duda ninguna. Pero uno puede decir: ¿aunque yo no me propusiera hacer zapatos, no vería el cuero y el martillo? Cierta-

---

[16] Cf. *SuZ*, § 32, p. 151.
[17] Cf. *O. c.*, § 4 y § 12, pp. 13 y 52ss.
[18] Cf. *O. c.*, § 32, p. 151.

mente, no los vería en tanto que cuero y que martillo; esto es otra cosa. Pero ¿estaría ciego por eso? ¿Es verdad a última hora que lo radical en el mundo sea el hacia qué del bosquejo y no aquello en lo que apoyo los pies para bosquejar?

Recordemos que en *El ser y el tiempo* Heidegger reconoce que ese *in-der-Welt-sein* tiene un momento de *Befindlichkeit*[19], es decir, de encuentro mío con las cosas. Sí, pero aunque a eso él lo llama el *factum brutum*, no lo toma por lo que tiene de *factum brutum*, sino que, al revés, hace un gran esfuerzo para decir que el encontrarme es algo que pertenece a mi modo de *Dasein*: yo *me* encuentro. Ahí está el *me*; y a aquello con que me encuentro lo llamaríamos, si prescindimos del encontrarme, el *factum brutum*, *eines Vorhandenen* —dice Heidegger—, el hecho bruto de algo que existe, pero que ni tan siquiera sería *Befindlich*. Es claro que aquí nos movemos en el mismo círculo que antes denunciábamos. Desde luego que yo no me encuentro con el martillo y el cuero más que queriendo hacer zapatos, pero es que, si no me apoyara en nada, no pretendería hacer zapatos. Entonces, ¿qué relación hay entre esto que previamente tengo, sobre lo cual monto el esbozo de mi mundo, y ese encuentro dentro del mundo de las cosas que se llaman zapatos (suponiendo que sean cosas, pero dejemos la cuestión de lado)? Nos seguimos moviendo en un círculo. No nos sirve de nada apelar al *factum brutum*. Porque, en efecto, hay un sistema de cosas, llámeselo como se quiera, sobre el cual yo hago un *Entwurf*, pero este *Entwurf* consiste entonces en apropiármelas; con lo cual eso que Heidegger llama *mundo* es algo que no es posible más que por una unidad especial de todas las cosas con el hombre. En consecuencia, el problema del mundo queda en pie. Cier-

---

[19] Cf. *O. c.*, § 29, pp. 134ss.

tamente, entre las muchas cosas que hay en el mundo, están los hombres, y entre los muchos modos de conexión que hay en el mundo, hay algunos que consisten en lo que las cosas permiten o instan hacer al hombre. De esto no hay duda ninguna. Pero entonces el conjunto de posibilidades que constituyen ese sistema que llamo *mi* mundo es posible gracias a y se inscribe en lo que llamamos la conexión o el mundo tomado en su totalidad de respectividad. Heidegger siempre insiste de una manera muy temática en que el mundo no es *ein* **Ganzsein** *des Seienden* [20], no es el todo de las cosas reales. Esto se afirma muy deprisa, pero ¿y si fuera al revés, como acabo de decir?, ¿y si sucediese que el poder yo bosquejar un mundo consistiera en una apropiación para los efectos de mi existencia personal de esa conexión dada por mí y las cosas en esa estructura que llamamos *mundo*?

En todo caso esta idea del punto de vista, sea en el sentido de Leibniz, sea en el sentido del *Entwurf* heideggeriano, plantea de una manera temática el problema del mundo en su dimensión más radical, que no es la conexión sino esta condición interna de las realidades sustantivas en virtud de las cuales no sólo hay, sino que tiene que haber conexión.

D) Nos preguntamos entonces: ¿qué es lo que hay que decir del mundo?

Por lo pronto, lo que habría que decir —a mi modo de ver— es que esa condición interna de las realidades sustantivas en virtud de la cual ninguna es lo que es sino referida, desde su propia estructura interna, en tanto que real, a las demás, es lo que llamamos *respectus* o *respectividad*. Las realidades son sustantivamente respectivas. La respectividad no es una conexión externa añadida a las cosas, ni tampoco es una mera

---

[20] Cf. *O. c.*, § 48, p. 242.

relación externa entre ellas, sino que es algo por lo que en cada cosa, intrínsecamente, en y desde el punto de vista de la *res*, de la realidad, no hay diferencia ni distinción real ninguna entre el respecto a las demás cosas y cada una de las que existen, cada una de las que son reales. Ninguna es inicialmente real en y por sí misma, y luego se le añaden acciones de las demás, sino que a su modo de realidad pertenece intrínsecamente el tener que estar vertida a las demás, porque formalmente la sustantividad envuelve esta versión hacia las demás que llamamos *respectividad*. *Identicum in re*, idéntico con la realidad, sin embargo, es un momento metafísico distinto de la propia sustantividad, por lo menos en tanto que momento. No es lo mismo el tener realidad que el que esa realidad esté vertida respectivamente a otras realidades.

Ahora bien, es entonces claro, en primer lugar, que no es esta respectividad algo que pueda compararse con una conexión póstuma de la realidad de las cosas. Ni tampoco es una especie de finalidad. La finalidad será en el origen del mundo. Ésta es otra historia. Pero esa respectividad, en segundo lugar, es un momento intrínseco que constituye la realidad de las cosas, en virtud del cual éstas constitucionalmente son, en sí y por sí mismas, vertidas a las demás. Como las piezas de un reloj, que a cada una le tiene sin cuidado la otra y, sin embargo, ninguna es lo que es sino vertida hacia las demás. La realidad es constitutivamente respectiva y es por ello por lo que puede haber conexión, tiene que haber conexiones causales entre las cosas y puede haber acciones y pasiones. La respectividad es intrínseca a la realidad sustantiva. Esta respectividad intrínseca y formal en la constitución formal de la cosa es el segundo momento estructural fundamental. (Se recordará que el primero era la constitución dimensionada de cada sustantividad.)

Sin embargo, esto no hace sino acercarnos al problema del mundo. Porque si es verdad que esto que llamamos la unidad de las cosas entre sí está inscrita formalmente en el modo de su realidad, salta de inmediato a la vista el recuerdo de que esta realidad sustantiva tiene dos dimensiones o dos momentos: uno, el talitativo y, otro, el transcendental; es decir, primero, el momento por el cual esta realidad es tal realidad y, segundo, el momento en virtud del cual, siendo tal, es como es real; el momento, si se quiere, transcendental de que hablaba en páginas anteriores.

Entonces se pregunta uno: ¿a qué afecta la respectividad? Por lo pronto —en el orden de la exposición—, la respectividad afecta a lo que las cosas son tal como son, talitativamente. Ninguna cosa es lo que es —tal cosa, con los colores, la temperatura, la distancia, el volumen, la mayor o menor consistencia sólida, etc.—, ni posee las propiedades que posee sino respectivamente a las demás. Ahora bien, esa unidad puede afectar no sólo a lo que cada cosa es, tal como es, a lo que las cosas son, tales como son en cada caso, en cada instante, sino que puede afectar también a su propio carácter de realidad. Esto fuerza a considerar la unidad en que están todas las cosas respectivamente desde dos puntos de vista bien distintos: El primer punto de vista es el talitativo, y es para lo que yo reservaría temáticamente el nombre de *cosmos*: el cosmos es la unidad respectiva de las cosas por razón de su talidad. En cambio, a la unidad respectiva en la dimensión transcendental, es decir, por ser las cosas reales en tanto que reales, es a lo que temáticamente yo llamaré *mundo*. El mundo así entendido no es una conexión cualquiera de cosas; eso sería más bien talitativo. Además, tampoco es *das Ganze des Seinde*, como muy ufanamente dicen los fenomenólogos; no se trata de esto sino de la realidad en tanto que realidad y, además, respectivamente constituida. No es simplemente un *Ganzheit* cualquiera, una totalidad cualquiera.

Estos dos aspectos son distintos, aunque sean inseparables. Piénsese en lo que dijimos acerca de la talidad: La talidad no es tal sino ejerciendo una función que llamamos transcendental. Por ser tal como es, la cosa tiene realidad; y no puede tener realidad más que siendo tal como es. Podría también ser de otra manera, pero entonces sería otra cosa. Esa función transcendental, que —insisto— no es sino función, es la dimensión de realidad en tanto que tal y está determinada por la talidad. La función transcendental del cosmos es justamente ser mundo. La unidad respectiva de las cosas por razón de su talidad, que constituye el cosmos es, en función transcendental, lo que llamamos *mundo*.

Entre cosmos y mundo hay una cierta diferencia en algún modo numérica. Si hubiera muchos κόσμος que no tuvieran nada que ver entre sí, que no guardaran ninguna relación, se podría uno preguntar si habría también muchos mundos. Desde el punto de vista de la realidad en cuanto tal, ese momento de distinción y independencia radical que un cosmos tuviera respecto de otro tendría una precisa función transcendental: el ser dos cosmos en un solo mundo. La respectividad interna es el no tener que ver una cosa con otra; pero es inconcebible que una realidad fuese tan absoluta, no teniendo nada que ver con otra, que ni tan siquiera admitiera como realidad esa estructura en virtud de la cual decimos que la una no tiene nada que ver con la otra.

Resulta evidente que, planteado el problema teológico, la cosa es más clara: Dios, sin duda, puede crear muchos cosmos independientes, pero su voluntad de independencia se manifiesta en la estructura de la realidad en cuanto tal, a saber, en la unidad respectiva del mundo. Se trataría de un mundo creado en el que sus elementos —los diferentes cosmos— no tendrían nada que ver unos con otros, aunque no por eso dejarían de estar en respectividad. Todo esto puede parecer una disquisición en el vacío. Lo cierto es que, tal y como conocemos las cosas en nuestro cosmos, éste tiene una función transcendental, que es lo que constituye el mundo. El mundo es, por consiguiente, una dimensión transcendental. Pertenece a la estructura de la realidad en cuanto tal.

Esa diferencia entre lo transcendental del mundo y lo talitativo del cosmos aparece muchas veces en el lenguaje. Así, cuando de alguien decimos que nace, hacemos una descripción cósmica: hay un padre y una madre y de ellos ha nacido un niño. Pero puedo decir que ese niño ha venido al mundo o ha visto la luz: en este caso la descripción es en términos de mundo y no en términos de cosmos. Hay una cierta diferencia entre describir la aparición de una realidad, el que entre la realidad en tanto que realidad, diciendo que vino al mundo o vio la luz, y decir que nació de un padre y de una madre, es decir, en el cosmos. Naturalmente, lo primero no se daría sin lo segundo. Ahora bien, ¿coinciden idénticamente? Pienso que no. En seguida voy a volver sobre ello.

De ahí el error y la verdad que hay, a mi modo de ver, en la tesis de Heidegger: hay verdad en que mi mundo es, más o menos y sin precisiones excesivas, lo que Heidegger pretende que sea; ahora bien, pretender que eso sea la base sobre la cual se estatuye el encuentro con la realidad y la estructura misma del ser, ya es más problemático. Mi mundo sólo es posible como mundo en tanto que yo como realidad y las cosas como realidades estamos en una intrínseca respectividad la una respecto de las otras, o, por lo menos, yo respecto de las cosas, y las cosas, no todas quizá, respecto de mi mente. Porque existe esa respectividad y yo formo parte del mundo, porque estoy inmerso en esa dimensión transcendental que es el mundo, es por lo que puede darse, dentro de esa respectividad, el esbozo de posibilidades que constituye *mi* mundo. Mi mundo es *el* mundo en tanto que fuente o, por lo menos, la base sobre la cual apoyo el esbozo de mis posibilidades. El mundo es, pues, un transcendental, aunque no es, desde luego, un transcendental como los otros.

Ahora volvamos la vista hacia atrás. He dicho antes que la realidad en cuanto tal es el orden transcendental en sí mismo; y aquí aparece un segundo transcendental llamado *mundo*. Es preciso dar cuenta de la diferencia que hay entre uno y otro: la realidad sustantiva, tomada en y por sí misma en su nuda realidad interna, como cada una de las piezas del reloj tomada en sí misma, es un transcendental que llamaríamos *simple*, en el sentido de que se refiere a una sola cosa o a cada una tomada independientemente de las demás. En cambio, aquí tenemos un transcendental que se refiere a la complexión de las cosas entre sí en una dimensión que yo he llamado compleja; es un transcendental *complejo* y no simple. Ese transcendental complejo fundamental es justamente el mundo. Éste es un transcendental complejo que tiene un carácter sumamente especial, como vamos a ver. Seguro que los teólogos me dirán que Dios es una realidad y, sin embargo, no está en un mundo. Les contestaré que no solamente no está, sino que no puede estar. Entonces *mundo* es una propiedad transcendental que se convierte con la realidad en un sentido especial: toda realidad o es respectiva o es irrespectiva, es decir, o es Dios o es lo que no es Dios. En este sentido es un transcendental que Escoto —para otros menesteres, no para éste— llamó *disyunto* [21]. Una disyunción radical que afecta a la realidad en cuanto tal

---

[21] Cf. *Ordinatio* I, dist. 8, quæst. 3, nn. 113-115.

—de la que no habló Escoto, quien hablaba del ente, que es cuestión distinta— es *eo ipso* algo que se convierte con la realidad; por consiguiente, es transcendental, un *transcendental disyunto*. Si lo llamamos mundo es justamente porque es el término más claro, es la denominación de uno de los términos de la disyunción: nuestro mundo. Pero, limitándonos a lo que ahora nos ocupa, que es una metafísica puramente intramundana, el mundo es un transcendental complejo primero y primario sobre el cual están fundados otros transcendentales, otras dimensiones o aspectos transcendentales de las cosas, en tanto en cuanto están conjuntas las unas con las otras, es decir, en tanto en cuanto están inscritas en el mundo.

Esto es lo que pasó completamente inadvertido a la metafísica escolástica. Enumeró el *aliquid*, el *verum* y el *bonum*, pero quedaba una cuestión siempre pendiente: ¿es que dentro de la idea del transcendental que la Escolástica tiene —a saber, lo incluido en el concepto objetivo del ente en cuanto tal— entra el que haya muchos entes? Porque, si no es verdad esto, entonces los demás no son transcendentales. ¿Por qué y cómo va a ser una cosa un algo distinto de las otras cosas, si no sabemos si hay otras? El que las haya no pertenece al concepto del ente. ¿Cómo van a ser verdaderas, si no hay necesidad ninguna en el concepto del ente de que la realidad contenga inteligencias? Santo Tomás lo dice bien expresamente: Si la causa primera, el Creador no fuese inteligente, el mundo tendría razón de ente, no razón de verdad. Lo mismo debe decirse de la bondad. Ahora bien, el que estas dimensiones sean realmente transcendentales procede, en efecto, no del concepto del ente, ni tan siquiera del concepto de la realidad, sino, como decía antes, de la estructura misma concreta de la realidad que está delante de nosotros, en su dimensión y en su forma transcendental. Conjuntas respectivamente unas cosas con otras, las dimensiones que expresan el modo como las unas están conectadas con otras o, si se quiere, respectivamente vertidas a las demás en el mundo, es justamente lo que llamamos el *algo*, la *verdad* y el *bien*, *aliquid, verum et bonum*: una cosa real que es un algo distinto de otras, *aliud quid*, y que en cuanto tal es un *verum* y un *bonum* si coincide con una inteligencia que la puede aprehender y con una voluntad que la puede apetecer.

Sin embargo, se dice muy deprisa que las cosas están conectadas con respectividad dentro del mundo y que por eso hay esas tres dimensiones transcendentales. Pero uno se pregunta más en concreto: ¿qué es lo que en esa estructura que llamamos mundo apoya la posibilidad y la necesidad de que una cosa esté referida transcendentalmente a las demás? El hecho de que esté en el mundo, desde luego. Pero ¿en qué momento o aspecto de la realidad mundanal en cuanto tal está apoyada esta complejidad en virtud de la cual unas cosas se refieren a otras transcendentalmente?

II. *La inclusión de cada realidad en el mundo*

En la primera parte tratábamos de dilucidar —si se puede llamar dilucidación a esta rápida enumeración de cosas que vengo haciendo— lo que es la unidad del mundo en cuanto tal. La segunda parte se refiere a lo que acabo de preguntar: ¿cómo existen las cosas transcendentalmente?, ¿cómo son reales en ese mundo para que en él estén vertidas las unas a las otras en forma de una complexión transcendental?

A la primera cuestión ha respondido la idea del mundo. La segunda es equivalente a la cuestión de cómo las cosas están realmente en el mundo. Es lo que hay que ver ahora.

Cuando decimos que la realidad es en una u otra forma actual —lo cual no quiere decir, como sostienen los tomistas, a quienes en esto no sigo, que sea actualizada, que es otra historia—, la actualidad en que lo real consiste es doble. Por un lado, tenemos la actualidad de que efectivamente hay sustantividades reales: ahí están las cosas sustantivas. Y, por otro lado, yo puedo considerar estas realidades sustantivas actuales, en tanto en cuanto su actualidad lo es en el mundo y respectivamente a las demás cosas.

Ahora bien, el que las cosas sean actualmente en tanto que realidades respectivas a otras es un problema que examinaremos en otro momento. En efecto, es un problema que puede tener muchas dimensiones de tratamiento, por ejemplo, el de la causalidad. Pero éste es asunto distinto del que ahora nos ocupa. Incluso aunque no hubiera conexiones de causalidad sino simplemente una συμπλοκή, una complexión del orden transcendental, nada de esto afectaría a la actualidad de las cosas en el mundo. Porque yo puedo tomar esa actualidad en el segundo punto de vista, es decir, en tanto que es *actual* en esa respectividad. La respectividad en sí misma es mundo, pero la actualidad en esa respectividad es justamente lo que llamo *ser, el ser*. El ser es justamente aquello según lo cual las cosas complexas, las cosas que constituyen una συμπλοκή una conexión en el mundo en tanto que cosas reales, son actuales en él; aquello que funda, por consiguiente, los transcendentales es el ser [22]. El *verum*, el *bonum* y el *aliquid* son dimensiones del ser y no simplemente de la nuda realidad [23].

¿Qué significa ahí *ser*?

---

[22] Al margen de las últimas cinco líneas hay escrito: «Ojo. Esto no es verdad sin mas.»

[23] Al margen de esta última frase aparece un NO rodeado por un círculo.

La palabra *ser* es a la vez afortunada y desdichada: Afortunada, porque puso en conmoción y movimiento a toda la especulación filosófica griega, y algo, muy poco, a la especulación india. Pero desafortunada, porque uno llega a creer que las formas conceptuales objetivas de la mente por lo menos se traslucen todas ellas en el lenguaje. Entonces hay alguna observación que hacer. La primera: ¿es verdad que todas las lenguas poseen el verbo ser? A lo que se ha de contestar, como saben los lingüistas, que no.

Hay lenguas, muy elementales por cierto, que expresan distintos aspectos de lo que nosotros llamamos ser con verbos completamente distintos, a los que yo llamaría *verbos de realidad*. Los lingüistas observan que no se trata de que tengan un concepto del ser que lo expresan con muchos verbos, sino sencillamente que no tienen el concepto del ser. Será un defecto del orden que se quiera, pero no es un defecto para entenderse con las realidades, que es lo que esas lenguas pretenden. Es más que problemática esa forma de pensar de las lenguas indoeuropeas. Ya las lenguas semíticas son un problema en este respecto, al menos el hebreo y el arameo. Las lenguas indoeuropeas se han incrustado en nuestra mente, pero no hasta el extremo de que no haya formas sintácticas que expresen la nuda realidad sin alusión al ser. Así sucede con la frase nominal. Por ejemplo, cuando se dice «para verdades, el tiempo», ¿dónde está ahí el verbo ser? En ninguna parte. La frase nominal no es una frase donde hay una elipsis del ser. Puede haber frases con verbo ser que luego constituyen una elipsis, sobre todo cuando la lengua está muy desarrollada, por ejemplo, en cierta época del griego clásico, en el griego ya formado o en el sánscrito clásico. Pero primariamente hay muchísimas frases nominales en que no hay un verbo ser sobreentendido. No se sobreentiende, por ejemplo, cuando se dice «esto, blanco». Ahí se expresa la realidad, la nuda realidad, sin verbo ser. Y un ejemplo tenaz y grave de esa forma no elíptica es precisamente la forma de la institución de la Eucaristía por parte de Cristo. Decimos: esto es mi cuerpo, τοῦτο μου ἐστίν τὸ σῶμα [24]. Naturalmente, Cristo no lo dijo con el verbo ser sino con frase nominal en arameo: דא גופי (da gufí), «esto, mi carne». Expresó la realidad de su presencia con más fuerza que con cualquier forma del verbo ser del planeta, aunque Suárez diga en algún sitio, comentando a los protestantes de su tiempo, que si hubiera querido decirlo con toda claridad, cómo lo hubiera dicho mejor que empleando el verbo ser [25]. Evidentemente, lo pudo haber dicho y lo dijo con más claridad que empleando el verbo ser. Evidentemente. Hay, pues, la frase nominal, que expresa la realidad, la nuda realidad, con una fuerza directa, sin pasar por el rodeo del ser. La Escolástica, heredera en este punto y sistematizadora de Aristóteles, llevó el problema del ser por tres dimensiones distintas. Por un lado, el ser que aparece en las frases predicativas es el que llamaríamos *copulativo*. Decimos que A es B. Pero asimismo pensó siempre la Escolástica que decir que A es B supone de una u otra manera el ser de la A y el de la B. Lo cual retrotrae el problema del ser copulativo a un ser anterior que, sin compromiso mayor, puede llamarse y se ha llamado el ser *sustantivo*: aquello que es la A y aquello que es la B. En «este papel es blanco», afirmamos que este papel y su blancura son seres. La afirmación consistiría en decir que esto, que es papel, tiene, además de su ser, el ser de lo blanco.

Ahora bien, esta explicación es lo bastante compleja para que uno se pregunte si es eso realmente lo que tengo en la ca-

---

[24] 1 Cor. 11, 24. Cf. Mt. 26, 27; Mc. 14, 22; Lc. 22, 19.
[25] Cf. *De Eucharistia*, disp. 46, sec. 3, n. 10.

beza cuando digo que este papel es blanco. Ahí el ser copulativo es un útil gramatical que, sin duda ninguna, tiene un sentido —esto es lo que hay que decir a los lingüistas, que se saltan generalmente esta consideración— que habrá que averiguar, pero que, ciertamente, es un sentido derivado de aquello que entendemos por el ser, si de ser se quiere hablar, de la A y de la B.

Del ser de la A —dejemos por el momento la B—, diría la Escolástica que se entiende de dos maneras. Una, que efectivamente es A; y entonces el ser sustantivo es el ser de la esencia, tomada en un sentido banal. Otra, que si se trata de un ser real —el ser real, el *esse reale*—, es que existe realmente o que puede existir este papel, en el caso de la afirmación anterior; y entonces es el ser en el sentido de existencia. Así pues, tenemos el *esse* copulativo, el *esse essentiæ* y el *esse existentiæ*, el ser copulativo, el ser de la esencia y el ser de la existencia; y este último ser no es menester que sea una existencia actual, es decir, puede ser meramente aptitudinal, y se entiende por *esse* existente pura y simplemente el concepto objetivo de lo que sería la existencia, como infinitivo del verbo ser, no el participio que expresa la existencia actual. Ahora bien, decía que no es claro que el ser copulativo exprese la συμπλοκή o conexión de dos seres en un ser, el ser de la A y el ser de la B y la complexión en un sólo ser, que es AB. Esto es asaz complicado.

Lo menos que hay que decir es que el ser copulativo se funda en el ser sustantivo. Sí, es cierto, pero con tal que nos entendamos sobre qué es eso del ser sustantivo. Reaparece aquí una tesis de Heidegger que, en definitiva, ha tomado de la Escolástica y de los griegos: pensar que el ser es la condición misma para la aprehensión de las cosas sustantivas, y que, por consiguiente, si lo comparamos —como los griegos hacían desde los tiempos de Parménides— con la luz, el φῶς, habría que decir que sólo vemos las cosas a la claridad de la luz, es decir, a la claridad del ser[26]. Sí, a menos que uno piense un poco más detenidamente en las cosas. En primer lugar, la luz no existe sin una luminaria. Incluso lingüísticamente es así. *Lux* viene de *lumen*: antes de una luz hay una luminaria, la cual tiene un brillo intrínseco que, como tal, no tiene nada que ver con la claridad. Ciertamente, las cosas brillantes, por el brillo que tienen, difunden luz a su alrededor y me permiten ver otras; e incluso la claridad me permite en cierto modo ver el propio brillo que ella produce. Pero ¡qué duda cabe que la claridad se funda intrínseca y constitutivamente en el brillo que tiene la luminaria! Lo primario no es nunca la luz sino la luminaria. Si la luz tiene claridad, es porque la cosa tiene un brillo, el cual, en función respectiva con las demás cosas, es justo lo que llamamos claridad. Si esto no fuera así, ¿de dónde se iba a mantener la claridad montada sobre sí misma?

Así pues, cuando yo conozco una cosa y digo de ella que es un ser sustantivo, que tiene una realidad sustantiva, ¿qué es lo que quiero decir?, ¿llamo ser sustantivo —un trozo de hierro, por ejemplo— a tener determinado peso, estructura química, resistencia, dureza, conductividad eléctrica, etc.? ¿Eso es el ser del hierro? No, eso es el hierro a secas, emplee o no el verbo ser, según los idiomas que yo maneje. Eso no es ser. El ser se parece mucho más a lo que pudiera expresarse objetivamente cuando digo: lo que es esto es hierro. Por tanto, ¿cabe alguna duda sobre que el ser aparece como una especie de reactualización de lo que la cosa sustantivamente es en sí misma como realidad respecto de las demás cosas que hay en el mundo? Entonces digo: esto es hierro, tiene el ser del hierro.

---

[26] Cf. *SuZ*, § 7, p. 28.

Ese es el ser sustantivo. Al decir que el hierro *es*, este verbo sustantivo no significa ni esencia ni existencia, sino una *acción* —*sit venia verbo*— que consiste en *afirmar* la realidad como siendo. Pero el ser sustantivo es un acto segundo; por lo menos, un acto ulterior respecto de la sustantividad entendida como nuda realidad. Es, justamente, la función del brillo como claridad.

Por eso me parece desde hace bastante tiempo, y no he logrado cambiar demasiado de opinión, que no se puede hablar de *esse reale*, sino de *realitas in essendo*, la realidad en ser, que no es lo mismo que realidad sin más. Cuando Aristóteles dice que el ὄν no añade nada al ἄνθρωπος [27], hace del αἶναι un concepto que, por no añadir nada al ἄνθρωπος, Kant podría llamar con razón un concepto vacío. Pero esa vaciedad es la oquedad en que se inscribe la respectividad del hombre a las demás cosas, es decir, el ser como actualidad en la respectividad. No es lo mismo realidad y ser ni aun tratándose de Dios, que, por ser irrespectivo, no tendría ser. Es, sin embargo, realidad esencial. Por eso los primeros teólogos platónicos llamaban a Dios el πρὸ ὄν, lo anterior al ser. No decían que fuera el ser en sí mismo.

Pero no sólo eso, sino que además hay en la realidad conexiones. Pongamos por caso la conexión causal de las cosas entre sí, que en función transcendental tiene carácter de ser, ser que, sin embargo, no se identifica sin más con la conexión causal en que existen. Es lo que sucede, por ejemplo, en el caso del cambio o la mutación: es una cosa obvia que las cosas existen las unas antes y después de las otras por razón del desarrollo, del despliegue de un acto causal. Ahora bien, ese mismo cambio en tanto que modo de ser, justamente como ac-

---

[27] Cf. *Met.* IV, 2, 1003b26-30.

tualidad en el mundo, es una cosa notoriamente distinta de la conexión causal: es justo lo que llamamos *tiempo*.

Como lo reconocían ya los escolásticos, el tiempo no es el decurso de un antes y un después, sino que es el modo de ser de aquello que, por sus razones causales y sus conexiones intrínsecas y físicas, está incurso y es en el modo de esa conexión. El tiempo no consiste en que las cosas pasen y dejen de ser, sino en que unas cosas dejan de ser para ser otras. Este carácter fluente que tiene el tiempo concierne al modo de ser, no concierne directamente o no describe por lo menos directamente la conexión sucesiva de las cosas, que es término o función de un movimiento, de una $\varkappa\iota\nu\eta\sigma\iota\varsigma$, pero no del tiempo. Naturalmente, la Escolástica no tiene la idea del ser que yo he expuesto aquí. Manteniendo esta idea, digo que el tiempo es justamente un modo del ser entendido como una actualidad de las cosas en el mundo. No me parece que la experiencia contradiga esta concepción. El que las cosas estén en conexión causal en un cosmos es un problema. El que su venir y estar en el mundo, que es lo que llamamos el ser, tenga esta condición de entidad ontológica fluente, eso es justamente *el tiempo*: es el modo de la actualidad de la cosa en el mundo.

Por eso no sólo debe distinguirse, como tantas veces ha hecho Heidegger, y en eso consiste una de las fuerzas de su pensamiento, el ser y el ente, sino que —a mi modo de ver— hay que distinguir el ser, el ente y la realidad. La realidad no se identifica sin más con el ser pero tampoco con el ente. Porque el ente es la realidad en tanto en cuanto se la considera desde el punto de vista del ser, mas allí donde todavía no hubiera ser, o se prescindiera de él, la realidad no sería ni ente. Ahora bien, ¿esto es un *factum brutum*? No. Es justamente la realidad primera y radical sin la cual no habría cuestión. Es la realidad sustantiva misma. El ser es un acto ulterior a lo real en tanto que real, como es ulterior la actualidad en el mundo respecto de la nuda realidad que en él es actual. En mi impresión de realidad coinciden *in re* ambas cosas, si se quiere, materialmente, pero en manera alguna coinciden formalmente. Por esto no es verdad que el ser —como pretende Heidegger— sea un acontecer y que no se dé más que en eso que llamamos la existencia humana. Como si, de no haber *Dasein*, no hubiera ser. Esto en manera alguna. Las cosas tienen un ser independientemente de todo *Dasein*, si bien no habría una inteligencia capaz de hacer la distinción entre los dos aspectos de la actualidad de lo real. Pero lo que no existiría entonces no es el ser sino el ser *en tanto que* ser. Este momento reduplicativo es el que la inteligencia añade; y lo añade porque mi inteligencia forma parte del mundo, porque está respectivamente vertida a las demás cosas en la nuda realidad de mi acto intelectivo y de mi facultad intelectiva. En esa versión, por ser en una u otra forma actualizadora de toda otra realidad, en tanto en cuanto esta otra realidad se actualiza formal y expresamente en su respectividad respecto de mí, surge en mi inteligencia eso que he llamado *el ser copulativo*, el cual tiene con el ser sustantivo una cierta unidad, porque el ser copulativo es la actualidad de la realidad en mi inteligencia, respectivamente a ella, y el ser sustantivo es —si se me permite expresarlo así— esa especie de refluencia auto-afirmativa que la realidad sustantiva tiene respecto de las cosas en el mundo, anteriormente a toda afirmación, en su respectividad mundanal. Refluye en cierto modo la actualidad del mundo sobre la cosa que es actual en él. Es esta especie de reflujo o reflexión a lo que llamamos *el ser sustantivo*. Así pues, el ser sustantivo y el ser copulativo tienen una interna, una intrínseca unidad que merecía estudiarse metafísicamente. Pero esa unidad les viene de que no son sino dos aspectos de algo que es unitario: la actualidad en la respectividad mundanal en cuanto tal.

Por esto puede y debe detenerse nuestra atención sobre lo que ha pasado con la realidad y el ser en la historia de la filosofía.

Dicho así, un poco dialécticamente, uno puede tomar la postura de que es lo mismo el ser y la realidad. Si así fuera, nos encontraríamos con la idea del *esse reale*. Ya he expuesto por qué razón no me parece aceptable: es *realitas in essendo* en un acto ulterior, pero en sí mismo y formalmente el *esse* no es *reale*, ni la *realitas* es sin más *esse* —veremos en seguida la grave consecuencia a que nos llevaría esto—. Puedo pensar, desde luego, que la identidad de la realidad y el ser se expresa en forma similar a como la realidad es delante del hombre. El idealismo empírico nos diría *esse est percipi*, el ser consiste en ser percibido. Pero que la realidad no tenga tal vez realidad ulterior a la que tiene en el momento de mi percepción, no autoriza a decir que su ser consista en ser percibido, sino que habría que decir que es la función transcendental que *tiene* la realidad percibida de la cosa, lo cual es otra historia.

Puede pensarse que la presencia de la realidad idéntica al ser no es la percepción, sino que es la razón. Es la tesis del racionalismo. Entonces *esse est concipi*, el ser consiste en ser concebido. *Mente concipio*: concibiendo con la mente es como sé lo que las cosas son, no simplemente ateniéndome a lo que la fugaz percepción me presenta a los sentidos. Porque se podría pensar que el ser y la realidad son distintos. Sí, pero según se entienda esta distinción. Por ejemplo, pensando que la realidad pertenece a un orden de cosas en sí que queda al margen, o por lo menos incontrolada, del mundo de la objetividad —fue la tesis de Kant—, y en ese caso *esse est poni*, el ser consiste en ser posición. Ciertamente, Kant no pretende, como pretenderá Hegel, que la inteligencia produzca en una u otra forma las cosas. En manera alguna. Pero sí que pone a las cosas como objeto, y el ser es para Kant lo que las cosas tienen de objeto. La diferencia que hay entre el ser y la realidad es la diferencia que hay entre objeto y cosa en sí, en definitiva, entre fenómeno y noúmeno. Ahora bien, podría pensarse asimismo que son distintos pero en otra forma: lo que llamamos el ser es justamente el acontecer de las cosas a la luz estática de la temporidad de mi existencia, de mi existir —es la tesis de Heidegger—, y entonces lo que llamamos realidad no es más que uno de los muchos posibles modos de ser, que además no es nunca el primario. Esto no es una ocurrencia mía, sino que lo dice temáticamente en su libro. Merece la pena citar la frase: *Realität ist nicht allein* **eine** *Seinsart* **unter** *andern, sondern steht ontologisch in einem bestimmten Fundierugszusammenhang mit Dasein, Welt und Zuhandenheit*[28], la realidad no solamente es un modo de ser entre otros, *sondern*, sino que se encuentra fundado —es decir, que ni tan siquiera es el primario— en otros modos de ser, que son la existencia, el existir humano, el mundo y el *Zuhandenheit* —me parece que Gaos lo ha traducido por *amanual*[29]—. Así pues, Heidegger piensa dos cosas. Primera, que la realidad no es la forma radical del ser sino una forma de ser entre otras. Segunda, que ni tan siquiera es la radical. Solamente porque me falla mi pretensión de hacer zapatos con un determinado trozo de cuero y un martillo, me pongo a pensar qué es esto, cómo pasa esto, y entonces me encuentro con la realidad. La realidad como encuentro en el mundo estaría fundada en un

---

[28] Cf. *SuZ*, § 43, p. 201.
[29] «Es menester demostrar que la "realidad" no sólo es *una* forma de ser *entre* otras, sino que se halla ontológicamente en una determinada relación de fundamentación con el "ser ahí", el mundo y el "ser a la mano".» (*El ser y el tiempo*, traducción de J. Gaos, FCE, 3.ª reimp. de la 2.ª ed., México/Madrid, 1980, p. 222.)

fracaso, en una dificultad del ser como *Zuhandenheit*. Ahora bien, esto es —a mi modo de ver y después de lo dicho— temáticamente inadmisible.

En primer lugar, porque la realidad no es un modo de ser, sino que, justamente al revés, el ser es un acto ulterior de lo real. Y en segundo lugar, como modo de ser, el ser sustantivo es primario respecto de todos los demás modos.

Sucede que Heidegger, de una manera inconsiderada, toma la vía de los fenomenólogos, que creen que lo que veo y las cosas con que me encuentro primariamente en un edificio son las paredes, las puertas, las habitaciones, los tubos de la calefacción, etc. Todo eso es verdad desde cierto punto de vista, pero lo que llamamos mi función perceptiva, mi visión, mi audición y mi tacto, ¿me hacen presente eso que llamamos una puerta o una mesa? Lo que hacen presentes son cosas. Más tarde, sé o no sé —o me han enseñado— que son una puerta o una mesa. Eso es distinto. Pero ver como ver, ¿yo veo una mesa? No, veo la cosa que es mesa.

La realidad, como quiera que sea, no sólo no es un modo de ser, sino que está allende el ser en cuanto tal, como fundamento de éste, precisamente porque el ser es un acto ulterior de lo real en tanto que real. Ahora bien, este ser, es decir, la actualidad de la cosa en el mundo, es el fundamento de la complejidad de los transcendentales complejos. Y por ser cada cosa en el mundo, es por lo que se halla vertida transcendentalmente a las demás. El *verum*, el *bonum* y el *aliquid* no sólo no son momentos directos de la realidad, sino que son momentos del ser de la realidad, es decir, de la actualidad de la realidad sustantiva en esa respectividad que llamamos mundo [30].

---

[30] Al margen de este párrafo está escrito: «Ojo, ver la pág. 144».

Por eso habría que decir que el orden transcendental está compuesto o integrado, en primer lugar, por un transcendental, si se me permite la expresión, llamado simple, que es la *res* en su nuda realidad sustantiva, constitucionada y dimensionada, y, en segundo lugar, por un sistema de transcendentales complejos, fundados en —dejemos el transcendental disyunto para no complicar la cuestión— ese transcendental complejo que llamamos mundo. La actualidad de la *res*, de la nuda realidad en ese mundo es lo que llamamos *ser* y, precisamente porque el ser es una actualidad en una respectividad, cada realidad es como ser, constitutivamente, un *aliquid*, un *verum*, y un *bonum*.

El ente en cuanto tal y como nuda realidad, sin más, no está vertido directamente a una inteligencia y a una voluntad. Mas sucede que, si hay una inteligencia y una voluntad que forman parte de ese mundo, la actualidad del ser de esta inteligencia y de esta voluntad en las cosas es lo que puede conferir a estas realidades el carácter de *aliquid*, de *verum* y de *bonum*.

Sin embargo, no se piense que con esto ha terminado el orden transcendental. En él hay todavía algo más. De ello hablaremos en las páginas que siguen.

* * *

Pero echemos una mirada hacia atrás y veamos el camino recorrido, antes de entrar en el punto siguiente.

Nos hemos encontrado con una realidad que es una sustantividad esenciada, dotada de una constitución dimensionada. Asimismo hay una realidad respectiva o mundanal que está transcendentalmente en un mundo, cuya actualidad en ese mundo constituye precisamente el ser, en el cual es *aliquid*, es *verum* y es *bonum*. Para verlo, piénsese en la idea del *algo*. Cada realidad sustantiva es algo, no es *aliud quid*, tomada en absoluto; es lo que es y asunto terminado. ¿Dónde está el otro *quid* del que sea *aliud*? Esto podría parecer que no tiene sentido. Sin embargo, tiene que haber otro *quid* del que sea *aliud*. Entonces la actualidad de ese *quid*, que es respecto del *secundum quid* un *aliud*, supone la respectividad a eso que llamamos mundo. El ser consiste entonces en ser otro, en ser *aliquid*. Justo ahí está el transcendental *aliquid*. Lo mismo ha de decirse del *verum* y del *bonum*.

Ciertamente, no hay nada que exija que haya inteligencias y voluntades, pero, supuesto que las haya, están transcendentalmente vertidas a las demás cosas de una manera mucho más radical todavía que las cosas físicas, pues lo están aprehendiéndolas y apeteciéndolas por determinación volente. En esa versión las cosas son actuales. Esa actualidad es lo que constituye su ser; y ese ser es el *verum* y el *bonum* respecto de la inteligencia y de la voluntad. El *verum*, el *bonum* y el *aliquid* no son sino modos del ser y, por consiguiente, modos en respectividad, modos de las realidades sustantivas en respectividad.

Podrá decirse que esto nos lleva fuera de lo que se ha dicho. Es posible incluso que ese *fuera* signifique que es falso. No pretendo tener razón, aunque sí creo tenerla, porque, si no, no lo diría ni lo hubiera escrito. Que estemos habituados, porque se hayan hecho manuales de metafísica y porque la filosofía moderna se haya puesto en pie contra ella desde Descartes a nuestros días, a que la metafísica es un sistema acabado y terminado que no hay más que conocerlo y estudiarlo, no quiere decir que sea así. La metafísica es un sistema abierto, lleno de tantas dificultades en el orden incluso transcendental como pueda haberlas en un cromosoma para saber la función represora que pueden representar ciertas combinaciones génicas o no. Esto es claro. Yo podré no tener razón. Esto es otra cuestión. Pero éste es un problema abierto en que la mente tiene que entrar con todas las dificultades que tiene y no limitarse a una especie de cuadro sinóptico, que se aprende o se deja.

La metafísica en el orden transcendental no es un sistema de conceptos. Es un sistema de penosas, de difíciles estructuras que hay que ir aprehendiendo estructuralmente, las unas después de las otras, y ver con todas ellas de construir muy problemáticamente la idea de la realidad en cuanto tal. Ya decía que, si en el mundo no hubiera más que sustancias, ¿quién hubiera sido capaz de distinguir entre el orden transcendental de la realidad en cuanto tal y el orden categorial de la sustancia en cuanto tal? No estemos seguros de que a nosotros no nos pase lo mismo. Con la complejidad y la distinción de las cosas que hay en el mundo, con el carácter irreductible que tiene la vida humana y el fluir de los acontecimientos del hombre, con las conexiones reales en el mundo físico —de las que hablaremos en otro momento—, hay que ir alumbrando penosamente e iluminando esto de qué pueda ser un orden transcendental. Que en estos balbuceos mi intento carezca de razón y sea fallido, eso no tiene importancia.

Antes de pasar a ocuparnos del tercer punto de la cuestión planteada, recapitulemos lo tratado hasta ahora, en especial lo visto en el último punto.

La primera parte ha estado dedicada al enfoque del problema de la realidad. La segunda, a la idea de lo real. La tercera, a la estructura de lo real. Sobre este tercer punto traté, al principio, del tema realidad y constitución, la esencia constitutiva, y, al final, he hablado de realidad y mundanidad. Todo el contenido de este último tema puede reducirse a tres ideas centrales: En primer lugar, que toda realidad es esencialmente respectiva, tomando *esencialmente* en sentido muy literal y muy formal, es decir, que la esencia es en sí misma en tanto que esencia respectiva; y precisamente por serlo, esta respectividad tiene una dimensión o un aspecto talitativo. Forman, por consiguiente, todas estas esencias un cosmos. Pero hay además una respectividad por razón de la realidad en cuanto tal, y esto es lo que llamábamos mundo: la respectividad de la esencia real en tanto que real y por ser real. En este sentido —decía— el mundo es el primer transcendental complejo, mientras que el primer transcendental simple es lo real en cuanto tal, *realitas qua tale*. Toda realidad es en este sentido respectiva en y por su misma esencia.

En segundo lugar, toda realidad en cuanto tal realidad, en cuanto es actual en un mundo, tiene lo que llamamos ser, es un ser sustantivo. Un ser que en este sentido no coincide con la concepción del ser que ha tenido la filosofía escolástica, pues el ente es para la Escolástica el ser nominal en orden a la aptitud de existir. A mi modo de ver, en cambio, el ser es, o traté por lo menos de hacer ver que es, la actualidad de la esencia ya real en un mundo en cuanto tal, en el mundo, entendido en la forma que acabo de definir. En este sentido el ser es siempre constitutivamente ser de una realidad, no ser del ente, como dice Heidegger —que además lo dice en un sentido distinto—, sino que es ser de una realidad, porque es un acto ulterior suyo en la medida en que la respectividad es ulterior a la nuda realidad. Por esto había que distinguir no sólo entre ser y ente, como hace la filosofía heideggeriana, sino entre ser, realidad y ente. Lo que llamamos ente es pura y simplemente la realidad en su ser. No hay un *esse reale*, ser real, sino *realitas in essendo*, realidad en ser. Toda realidad, pues, en cuanto actual en el mundo tiene esto que llamamos ser.

En tercer lugar, el ser funda todos los demás transcendentales complejos, conjuntos, que son justamente el *aliquid*, el *verum* y el *bonum*, el algo, lo verdadero y el bien [31].

Ahora bien, —advertía ya antes— esto no agota el problema del orden transcendental, sino que es menester apuntar a una dimensión distinta de esos tres transcendentales complejos: es la dimensión de causalidad y poder. Empleo ahora los términos sin explicarlos, porque voy a hacerlo a continuación.

§ 3. REALIDAD, CAUSALIDAD Y PODER

La conexión cósmica tiene, como hemos visto, una función transcendental. El cosmos, la conexión por razón de las talidades de las cosas, por lo que las cosas son, tiene una función transcendental, a saber, determina ese momento de la realidad que es el mundo. El mundo, en definitiva, es el cosmos en función transcendental. Lo que ocurre es que esta conexión no se refiere exclusivamente, aunque en primera línea sí, a las estructuras esenciales de la sustantividad, dado que se refiere también al conjunto de acciones y de pasiones que las cosas ejercen las unas sobre las otras o en que todas ellas están inmersas. Estas conexiones, que podríamos llamar dinámicas —no insisto demasiado sobre el vocablo—, tienen también una función transcendental. Ciertamente, podría discutirse si esto merece o no llamarse algo pertinente al orden transcendental. Veremos al final por qué creo que sí. Pues se ha discutido muchísimo sobre si las dimensiones de causalidad pertenecen o no al orden transcendental; yo creo que pertenecen,

---

[31] Al margen de las tres últimas líneas está escrito: «Ojo, págs. 144 y 154».

porque el orden transcendental no está compuesto por el concepto de la realidad en cuanto tal, ya que no es cuestión de conceptos, sino que es cuestión de estructuras de la realidad, que son cosas distintas. En el concepto de ser y de realidad podrá no entrar el de causalidad, esto es distinto. Lo cual no obsta para que lo real esté incurso, de una manera no accidental sino por razón de su propia realidad, en una dimensión de causalidad, y además que no puede no estarlo. De eso no hace excepción ni tan siquiera la propia divinidad. Por eso insisto —y lo veremos luego— que se trata de una dimensión estrictamente transcendental.

Naturalmente, quizá no hubiéramos caído en cuenta de ello si no hubiese acciones o conexiones dinámicas, a diferencia de unas respectividades de orden meramente estructural. Pero tenemos la fortuna de que hay este doble aspecto en la realidad. Lo contrario sería —ya lo he dicho más de una vez— como si en el mundo no hubiera habido más que sustancias. En tal caso, ¿quién sería el metafísico genial que hubiera distinguido el orden transcendental del orden categorial de las sustancias? Afortunadamente, como hay más que sustancias, ha habido esa distinción. Por eso —insisto una vez más— la investigación del orden transcendental es una dura faena.

Hay, pues, estas conexiones dinámicas que tienen una función transcendental. La sustantividad, por ejemplo, —decíamos— reifica todas las demás. La esencialidad y la sustantividad reifican todas las notas adventicias que son adherentes a una sustantividad. Pues bien, habría que decir ahora que todas las conexiones de orden dinámico ejercen una función transcendental y que, por consiguiente, referidas al orden transcendental, cobran un carácter estrictamente metafísico y no meramente físico. Estas conexiones se reducen —a mi modo de ver—, por lo menos para esta exposición, a dos capítulos fundamentales: el capítulo sobre la causalidad y el capítulo sobre el poder. La explicación de lo que estos dos vocablos encierran constituye el contenido de este tercer punto, que vamos a dividir en dos partes: primera, la idea de causalidad y, segunda, la idea de poder.

I. La idea de la causalidad

La idea de causalidad ha tenido grandes vicisitudes en la historia. No es que únicamente recurra a ellas por una especie de diversión histórica, sino que en este caso esa diversidad histórica conduce a un problema contra el cual, o frente al cual, se ha estrellado el propio siglo XIX.

A) Comienza muy parcamente el problema de la causalidad en Aristóteles. Entre los muchos lugares en que a él se refiere podemos tomar, por ejemplo, el libro delta de la *Metafísica*, en cuyo capítulo segundo [32] leemos: Se dice que es causa, en primer lugar —y no en primera manera—, aquello de lo cual está hecho algo y que pertenece intrínsecamente a aquello que está hecho, así como el bronce de la estatuta y la plata de la copa (Αἴτιον λέγεται ἕνα μὲν τρόπον ἐξ οὗ γίγνεταί τι ἐνυπάρχοντος, οἷον ὁ χαλκὸς τοῦ ἀνδριάντος καὶ ὁ ἄργυρος τῆς φιάλης; es decir, Aristóteles alude aquí, enuncia lo que es una causalidad material: la materia de que está hecho algo. En otro sentido, se dice que es causa el eidos y el paradigma (τὸ εἶδος καὶ τὸ παράδειγμα), es decir, la μορφή, lo que Aristóteles llamará la causa formal: es el lógos (τοῦτο δ'ἐστὶν ὁ λόγος), o sea, lo que enuncia el *quod quid erat esse* (τοῦ τί ἦν εἶναι) en que aparece el término de la esencia como correlato

---

[32] Cf. O. c., V, 2, 1013a24-34. Al margen escribe Zubiri: «Leí el pasaje.»

de una definición: la definición misma de la causa formal. En un tercer y ulterior sentido, es causa aquello de donde tiene su principio, ἀρχή, todo cambio, el primero, o en primera línea, el primer cambio y la quietud de algo (ἔτι ὅθεν ἡ ἀρχὴ τῆς μεταβολῆς ἡ πρώτη ἤ τῆς ἠρεμήσεως): es la idea de la causa que llamaron los latinos eficiente. Finalmente, es causa aquello que actúa como un fin, como una finalidad, esto es, aquello en vista de lo cual se hace algo, como, por ejemplo, el pasear para la salud (ἔτι ὡς τὸ τέλος· τοῦτο δ'ἐστὶ τὸ οὗ ἕνεκα, οἷον τοῦ περιπατεῖν ἡ ὑγίεια).

Aristóteles dice que todas las realidades tienen naturalmente causas y principios. Y dice asimismo en varios lugares que de tantas maneras como se dice la causa, se dice también el ἀρχή. Aristóteles no dice más. En definitiva, el Estagirita, como se ve, subsume el problema de la causalidad dentro de la idea del principio como un ὅθεν, es decir, aquello de donde algo viene; y, sin que se haya explicado nunca expresamente sobre esa subsunción de la causalidad en la principialidad, de la causa en el principio, Aristóteles lo que hace es enumerar y definir genialmente —ni que decir tiene— las cuatro causas fundamentales que han corrido imperturbables a lo largo de toda la historia de la filosofía. Ahora bien, ¿en qué consiste ser causa? Esto Aristóteles no lo dice, aunque lo deja sobreentender.

B) La Escolástica añadió, o por lo menos modificó, algún tipo de causalidad de estas cuatro causas aristotélicas, convirtiendo, por ejemplo, el paradigma de que Aristóteles nos habla en la idea de la mente divina, es decir, en la idea de la causalidad ejemplar. No es esto, sin embargo, lo que me importa. Lo que me interesa señalar ahora es que, al final de la Escolástica, van perdiendo razón de causa —como diría un escolástico— el fin, la materia y la forma, ciñéndose y centrándose el problema de la causalidad en la causa eficiente. Desde entonces, tanto en el lenguaje vulgar como en libros científicos y filosóficos, se entiende por causa siempre y sólo una causalidad eficiente. Por absurdo que parezca, el hecho es ese. Además la causalidad eficiente va entendiéndose cada vez más como una posterioridad —lo que es verdad— del efecto respecto de la causa —que también es verdad—, pero de una posterioridad que se va entendiendo en sentido temporal. Con lo cual la idea de la causalidad eficiente se ha plasmado en algo bien distinto incluso de toda verdadera causalidad eficiente, que es la idea de la sucesión necesaria, el determinismo. Dado un antecedente, necesariamente exige un consiguiente, o, dado un consiguiente, necesariamente tenía un antecedente.

C) Es de esta forma como la idea de la causalidad ha entrado en el orto y en el desarrollo de la filosofía moderna. Leibniz, como siempre, quiere fundar las que él llama verdades de hecho en verdades de razón; y él, que se sacó muchas ciencias de su propio caletre —digámoslo así—, por ejemplo, la Dinámica, la Topología o aspectos nuevos de la Lógica formal, subsume al estilo aristotélico, pero en una dimensión distinta a la de Aristóteles, la idea de causalidad en la idea de razón suficiente. Lo cual no deja de ser pasmoso, dado que la palabra *razón* tiene el sentido de un concepto objetivo: ¿será posible que el principio de causalidad sea pura y simplemente algo que esté incluido en el análisis del concepto objetivo de una realidad? Leibniz lo pretende, al pretender hacer ver que el principio de razón suficiente es pura y simplemente el principio de identidad visto por otro lado. No vamos a reproducir aquí los párrafos donde Leibniz intenta hacer esa demostración. Desde luego, si así fuera, todo se reduciría en el mundo a una identidad, cosa que a Leibniz no le parecería mal, porque él cree que la realidad está compuesta por mónadas que carecen de ventanas y que cada una, en su propia identidad consigo misma, agota la realidad. En todo caso, en esa forma pasó la idea de la causalidad a la historia de la filosofía al final del siglo XVIII, al mismo tiempo que pasaba otra idea completamente distinta, la sostenida por Hume.

D) Hume, en efecto, atiende a ese momento de la sucesión necesaria, del que preguntará si se funda en un razonamiento o en una intuición. No se funda en ninguna intuición —responde—, ya que la intuición nos da una mera sucesión pero jamás el momento de necesidad. Se dirá que el sonido de la campana viene después del tirón de la cuerda; ahora bien, que la cuerda produzca el sonido de la campana es ya otra cuestión distinta que, según Hume, la experiencia no da nunca. Evidentemente —dice Hume— la sucesión es una cuestión de hecho, *quæstio facti*, *matter of fact*, pero no es jamás una necesidad. De otra parte, cuando se habla de una demostración, ¿qué se quiere decir?, ¿que una cosa que no existía antes y comienza a existir un instante después ha tenido forzosamente una causa, porque hay algo que la tiene que fundar? Eso es una petición de principio, puesto que se supone ya la verdad del principio de causalidad. En consecuencia, lo único que nos autoriza a decir es que antes no existía y después existe. ¿De dónde se saca la necesidad del principio de causalidad?, ¿se reduce a una identidad? Hume cree que eso es imposible.

Se toma generalmente esta crítica de Hume como una especie de inocentada empirista de estilo ánglico. Para ver que no es así, vamos a traer a colación un párrafo [33] que merece figurar entre los textos clásicos de la historia de la metafísica, pues está muy lejos de ser una broma psicologista: «He aquí un argumento que prueba de una vez que la precedente proposición

---

[33] Cf. *A Treatise of human nature*, I, III, III; en Hume, D., *The philosophical works*, edit. by T. H. Green and T. H. Grose, Scientia Verlag Aalen, Darmstadt, 1964, vol. I, p. 381.

no es cierta ni intuitivamente ni demostrativamente. Jamás podríamos demostrar la necesidad de una causa para toda existencia nueva, o nueva modificación de existencia, sin hacer ver al mismo tiempo que es imposible por siempre que alguna cosa comience a existir sin algún principio productivo». Ésta es la petición de principio. «Y cuando la segunda proposición no puede ser probada, debemos desesperar completamente de que llegue a serlo la primera. Ahora bien, que la segunda proposición no sea absolutamente susceptible de prueba demostrativa, podemos convencernos de ello considerando que todas las ideas distintas son separables las unas de las otras». Aquí está el peso de la filosofía de Ockham: todo lo distinto es separable *de potentia Dei absoluta* [34]. Es decir, aquí Hume recoge una tradición metafísica auténtica, nominalista pero auténtica. Hume no empieza alegremente a eliminar impresiones sensibles, sino que plantea una línea estrictamente metafísica: «todas las ideas distintas son separables». Es —repito— la auténtica posición de Guillermo de Ockham. Mientras no sea contradictorio, esto es factible. De ahí el frenesí de las cosas *de potentia Dei absoluta* que entró en la filosofía a partir de Ockham, a la que puso freno esa duda formidable del genio maligno —así se expresaba Descartes— al comienzo de su filosofía. «Considerando, pues, que todas las ideas distintas son separables las unas de las otras, y —prosigue Hume— las ideas de causa y efecto son evidentemente distintas, entonces es fácil concebir un objeto cualquiera como inexistente en este momento y como existente un instante después, sin añadirle la idea distinta de una causa o de un principio productor». Es la sucesión de dos realidades. «La separación de la idea de causa de la del comienzo de existencia es, pues, manifiestamente

---

[34] Cf. *Quodlibeta septem*, quodl. VI, quæst. 1.

posible por la imaginación». Ésta es la buena metafísica de Hume. No sólo de él sino de toda la metafísica clásica. ¿Cuándo la metafísica, desde Aristóteles, ha necesitado echar mano de un factor imaginativo para hacer esa distinción, si, precisamente al revés, el haber centrado las cuatro causas en la eficiencia y ésta en una sucesión ha sido la degeneración del problema de la causalidad al final de la Edad Media? Aquí ha tenido Hume una clara intuición metafísica de lo que es el verdadero problema de la causalidad, que no es un problema de sucesión, sino que es posible gracias a la imaginación, o, mejor dicho, más que a la imaginación. «Por consiguiente, la separación efectiva de estos objetos es posible, en la medida en que no implica contradicción ni absurdo —aquí esta nuevamente el principio ockhamista—, y, por consiguiente, no es susceptible de ser refutada por ningún razonamiento fundado únicamente en estas ideas; por tanto, es imposible demostrar la necesidad de una causa». La sucesión uniforme ha engendrado el hábito de esperar el consiguiente, puesto el antecedente, y esa es la única necesidad del vínculo, un mero hábito.

Como se ve, —repito— es uno de los párrafos que merece leerse directamente, porque, contra todo lo que uno está acostumbrado a ver en los libros de historia de la filosofía, a saber, que los empiristas son una pobre gente que echó la metafísica por la borda, hay que afirmar que el empirismo tiene una metafísica o, más exactamente, es una metafísica.

E) Es por este razonamiento por el que Kant repetidas veces llama a Hume hombre tan agudo, *der scharffinnige Mann*, que le hizo despertar de su sueño dogmático [35]. El sueño dog-

---

[35] Cf. Kant, I., *Prolegomena zu einer jeden künftigen Metaphysik, die als Wissenschaft wird auftreten könen*, en *Kant's Gesammelte Schriften*, hrsg. von der Königlich Preukischen Akademie der Wissenchaften, Druck und Verlag von G. Reimer, Berlin, 1911, vol. IV, pp. 258n y 260.

mático era la demostración de Leibniz de que el principio de razón suficiente se reduce al principio de identidad. Entonces se encuentra Kant en una situación un poco paradójica. Por un lado, le da la razón a Hume, pero, por otro, no le parece suficiente su posición. Le da la razón de que, en efecto, en el concepto de una realidad que comienza no está el concepto de otra cosa, ni que sea su causa, ni que sea su efecto. Pero, sin embargo, frente a Hume dice que, sin esto, no podríamos concebir el mundo de la realidad. Dicho en términos kantianos: el principio de causalidad es sintético, pero es *a priori*. Y como no podríamos concebir el mundo, no se trata de ninguna imaginación, ya que esa imaginación luego Hume la va a convertir positivamente en un hábito mental. Cuando damos un tirón de la cuerda, esperamos escuchar el sonido de la campana. Exactamente lo mismo que puede hacer un perro. No se crea que esto es una broma. Esto lo hace asimismo un perro y, sin embargo, no tiene idea de causa. Estamos, pues, habituados a ello, según Hume. Entonces Kant dice que esto sería escepticismo. El mundo es ininteligible sin la idea de la causalidad. ¿Cómo? Contestar a esta pregunta es el objeto de esas setecientas páginas que es la *Crítica de la razón pura*.

El párrafo en que Kant nos dice esto merece leerse: «Tómese, por ejemplo, la proposición: "Todo lo que acontece tiene (alguna) causa".» —Aquí Kant dice cambiar, no acontecer, pero es igual.— «En el concepto "algo que acontece" yo pienso, desde luego, una existencia, antes de la cual hay un tiempo, y de la cual —de esta idea de tiempo— se pueden deducir muchísimos juicios analíticos. Pero el concepto de una causa está por completo fuera de ese concepto de una cosa que comienza»[36]. Repite exactamente el argumento de Hume pero en di-

---

[36] Cf. *O. c.*, A9/B12-B13.

mensión metafísica: Está por completo fuera del concepto y muestra algo completamente distinto de lo que acontece. Por consiguiente, no está de ninguna manera incluida en la representación de aquello que acontece. ¿Cómo llego yo de lo que acontece a algo completamente distinto, a saber, a emplear el concepto de causa, *aunque* no esté contenido en aquello que acontece, y que, sin embargo, le pertenece, incluso de una manera necesaria?

Kant toma justo aquí el problema, casi en los mismos términos en que lo ha enunciado Hume. Sólo que va por otro lado. Kant no se resigna a hacer de la ciencia algo movedizo, ya que el gran *factum* sobre el que él se apoya no es la realidad sino la ciencia. El papel que el $κόσμος$, la realidad ha desempeñado en la historia de la filosofía hasta él, ahora lo desempeña algo más modesto, la ciencia de Newton. Por eso afirma que la solución de Hume es imposible. Cualquiera que sea la solución que dé Kant a este problema, él insiste en que, en el concepto de una cosa que acontece, no está el concepto de una causa; y por consiguiente, el principio de causalidad, contra lo que Leibniz pretendía, es sintético. Pero, a diferencia de Hume, entiende que es absolutamente imprescindible para la inteligibilidad del acontecer en general.

Ahora bien, de este concepto aparecen dos ideas que aquí dan mucho juego: en primer lugar, la causalidad no es algo empírico, pues yo no percibo la causalidad; y, en segundo lugar, la causalidad envuelve un momento de necesidad, de una necesidad real. La primera afirmación se funda en que la mente se apoya en la realidad del efecto, de la que se dice que no percibe la conexión causal que la ha traído a la realidad. En cambio, la segunda consideración, la necesidad, se funda en la consideración de la causa: el vínculo de la causa con su efecto es necesario. Examinemos la cuestión desde estos dos puntos de vista: causalidad y experiencia, causalidad y necesidad.

1. En primer lugar, causalidad y experiencia.

a) El empirismo, y aun hecha la salvedad de su alcance estrictamente metafísico, es metafísicamente insostenible —a mi modo de ver— por varias razones.

La primera es que el empirismo toma sin más la impresión en el sentido de una mera afección subjetiva. Ahora bien, esto no es verdad ni tan siquiera en el animal. La afección sensible envuelve la presentación de la alteridad de algo que, en el caso del estímulo, será un mero signo objetivo y, en el caso del hombre, es una realidad. Desde luego, no se trata de afecciones meramente subjetivas, sino de impresiones que nos muestran algo que no es el propio organismo afectado, el propio sujeto afectado. Hay, por consiguiente, una alteridad. En las cosas hay conexiones que nos están mostradas impresivamente, pero *impresivamente* lo que se nos muestra es la presencia misma de la conexión. A esas conexiones pertenece, sin duda, la sucesión. En efecto, ninguna cosa aparece, como se nos dice en todos estos libros, viniendo del no-ser al ser, sino que viene al ser después de otra. Cosa que es distinta. Todos, lo mismo Hume que Kant, hacen aquí una especie de gran artificio teológico. Si yo asistiera al acto de la creación, de la nada saldría el ser. De acuerdo. Pero sucede que no he asistido. Nadie asiste al paso del no-ser al ser, sino al paso de ser de una manera a ser de otra, o al paso de unas cosas que no son relativamente a otras que son relativamente a éstas. En cualquier caso, dejando de lado esta salvedad que, sin embargo, es importante, mantengamos la idea de la sucesión. La sucesión, es evidente, se nos da en el orden de la impresión y la tiene exactamente igual el animal que el hombre. Llámense reflejos condicionados o de cualquier otra manera, me es igual la denominación que se emplee, sucede siempre que, cuando una cosa se le presenta en impresión, el animal espera que le vaya a ocurrir otra. Esto es evidente. Sobre eso está montada en buena parte la vida del animal. Ahora bien, se dirá que estas impresiones, estas sucesiones no son causales y por eso el animal no tiene idea de causa. Esto no lo admito. El animal no tiene idea de causa, pero no porque sean impresiones sensibles sino por otra razón distinta. La prueba es que las impresiones no son puramente subjetivas.

b) La segunda cuestión surge al preguntarse: Esa sucesión que, en efecto, se nos da en impresión, ¿dónde sucede?

Esto es esencial al problema. Mientras nos limitemos al orden de las estimulaciones, con una cierta reflexión filosófica se podrá decir, por ejemplo, que las cosas se suceden en espacios, aunque donde realmente se suceden es en el campo perceptivo. A esto es a lo que estamos aludiendo, al campo perceptivo. Ahora bien, —y aquí está la diferencia del hombre con el animal— no es lo mismo el campo perceptivo del hombre que el del animal. En el campo perceptivo del animal, aparte de que se trata meramente de estímulos, pero aun suponiendo que fuesen cosas reales, que para el animal no lo son —repito—, se trata siempre y sólo de un campo perceptivo compuesto pura y simplemente de una serie de realidades que tienen, como decían los psicólogos de cuando yo era joven, una *Gestalt*, una configuración. Esto es así. Evidentemente. Yo no veo una mesa aislada, independientemente de las paredes, etc., sino que veo una *Gestalt*; y si una persona entra a una habitación, hay un objeto más entre los que había allí y pasa a formar parte del campo perceptivo. Todo esto es absolutamente verdad. Ahora bien, ¿es toda la verdad? ¿Es verdad que el campo perceptivo humano esté exhaustivamente descrito en esta forma, es decir, que el campo perceptivo humano sea pura y simplemente el sistema formal, la configuración de las cosas concretas que hay en mí? Pienso que no. Porque ese mismo campo perceptivo, sin cambio ninguno, está presente al hombre en una forma distinta. Todo lo menguadamente que se quiera, pero *hic et nunc*, en este momento concreto, es justo el campo de realidad. Un campo de la realidad que podrá no tener más extensión que las cosas que están aquí, pero que constituye este campo de la realidad; y la persona que entra en la habitación no sólo aumenta el número de objetos y la configuración talitativa en que estos objetos componen la *Gestalt*, la configuración que tengo ante mí, sino que además ha entrado en la realidad, que por hipótesis está limitada en este caso a mi campo perceptivo. Son dos cosas completamente distintas: en la percepción mía hay no sólo la impresión específica de las cosas, sino que hay además la impresión de realidad. Esta impresión de realidad es numéricamente, pero sobre todo lo es transcendentalmente, inespecíficamente, la misma y no distinta en cada cosa real. Precisamente por no serlo, cualquier percepción del hombre inscribe la situación perceptiva no sólo en aquello que talitativamente tiene una *Gestalt*, una configuración, sino que le hace ser una configuración *en* un campo de realidad. La impresión de realidad transciende del contenido específico de cada una de sus impresiones. Justo por eso, cuando se habla de sucesión, allí donde se suceden es en la realidad, no simplemente en el espacio.

El animal no tiene idea de causa, pero no por lo que decíamos antes, sino porque carece de impresión de realidad. Las sucesiones que el animal tiene y el sistema de reflejos, de esperanzas y de esperas que el animal posee, están fundados pura y simplemente en la objetividad del estímulo, jamás lo están en ese dudoso pero inexorable momento que es la impresión de realidad, el momento de realidad. Las impresiones humanas se suceden precisamente, realmente en la realidad.

Ahora bien, el empirismo ha ignorado por completo este momento de la impresión de realidad, y por haberlo ignorado ha podido hacer ese argumento ambiguo —porque lo es esencialmente, como vamos a ver en seguida— que Hume y Kant nos describen.

Las impresiones, pues, no son meramente subjetivas, sino que son la mostración de una alteridad, y gracias a la impresión de realidad, al momento de realidad, las impresiones se suceden en la realidad.

c) Lo que ahora nos preguntamos es cómo se suceden.

Digo que para el animal no se suceden en forma de causa y efecto sino, y no meramente por hábito, de una manera mucho más grave y constitucional, como signos objetivos, mientras que en el hombre se suceden de una manera distinta.

Esas dos maneras de describir el campo perceptivo no son independientes entre sí en manera alguna. Porque el hombre que entra en una habitación, precisamente entrando en ella, es como entra en la realidad, es decir, estando entre otras cosas. Lo que describiría exhaustivamente la entrada de ese hombre en esa habitación es que su presencia en ella tiene en una u otra forma carácter *funcional*. No aparece nada pasando del cero a la nada, aparece todo funcionalmente. Ahora bien, si la funcionalidad se refiere al orden meramente talitativo, en un caso extremo tenemos la conciencia del animal; si la funcionalidad se refiere al carácter de realidad en cuanto tal, justo eso y no otra cosa es la causalidad. La causalidad es la funcionalidad de lo real en tanto que real.

Aunque acostumbramos a decir que toda cosa tiene una causa, dejémoslo por el momento; ya veremos si esto es tan verdad como parece. Por lo menos tengamos en cuenta aquí que la palabra *causa* significa pura y simplemente la funcionalidad de lo real en tanto que real. Lo que, en efecto, no puede confundirse con la presencia directa de una causa. En manera alguna. Y aquí está el equívoco que late en el argumento de Hume y en la argumentación de Kant. Hume puede afirmar muy claramente que nadie me dice que el tirón de la cuerda es la causa del sonido de la campana; y esto es verdad: ¡qué sé yo cuál es la causa! Lo único que digo yo es que el sonido de la campana apareció en función de otras cosas y, por consiguiente, en alguna parte y en alguna manera, hay algo que determina su aparición en la realidad, sea el tirón de la cuerda o no. Más aún: cuando briosamente la metafísica la ha emprendido con la crítica de Hume y ha querido demostrar el principio de causalidad, ¿es que se ha olvidado que no es ningún imposible metafísico que no haya causas eficientes en el mundo creado? En manera alguna lo es. ¿Dónde está dicho que eso sea necesario? Podría no haber más causa eficiente que Dios. Esto no es ningún imposible metafísico, puesto que Dios podría haber creado un mundo que fuera algo así como una melodía, sin haber creado instrumentos que la ejecuten, sino creándola Él directamente.

Lo único que demuestra el tirón de la cuerda respecto del sonido de la campana es la funcionalidad de la aparición de ese sonido, que en una u otra forma depende de otra realidad en tanto que realidad. Justo esa es la idea de causalidad. La idea de causalidad no es que haya una causa que sea una cosa numéricamente anterior a un efecto, sino pura y simplemente algo distinto: que tenga un porqué, cualquiera que sea la índole de este porqué. Es la funcionalidad pura y simple de lo real en tanto que real. No haberlo entendido así es la primera ambigüedad y el fallo de las críticas de Hume y de Kant.

La segunda es, si se quiere, más grave porque afecta a ellos dos y también a Leibniz: entender que el principio de causalidad es un problema de conceptos. Esto no es verdad. La causalidad la percibo directamente en la impresión de realidad, porque percibo la funcionalidad de lo real en tanto que real. ¿Dónde está dicho que eso no lo percibo? Lo percibo precisamente en el mismo sentido en que tengo una impresión de realidad. Por eso no es un problema de conceptos. De ahí que no pueda limitarse el problema de la causalidad a la fundamentación de la proposición que en forma de principio sea ese principio de causalidad. Entre otras cosas, ¿dónde está en la historia de la filosofía la formulación unívoca de eso que llamamos principio de causalidad? Cada uno da la suya, generalmente muy poco parecida a la de los demás. Se dice con mucho brío que el principio de causalidad es tal y cual, pero ¿se ha enunciado, se puede enunciar unívocamente ese principio?

De la causalidad misma se dice que, por lo menos como concepto, es imprescindible, porque lo que comienza a existir, o comienza a existir por sí mismo o comienza a existir por otro. Pero, claro, no se podría formular ese dilema sin el principio de causalidad. Lo que es una petición de principio, un círculo vicioso, del que no saldremos jamás si nos limitamos a los conceptos. Ahora bien, algo completamente distinto es si abro los ojos y tengo la impresión de realidad. Entonces percibo, como percibo unos colores o una mesa, la funcionalidad de lo real en tanto que real. Esto y no otra cosa es la causalidad cuyo principio, en forma conceptual, tendrá que enunciarlo la inteligencia discursiva y metafísica. Con poca fortuna, hay que reconocerlo, porque no es tan claro ni mucho menos, por muy briosamente que nos viniese aquí, pongo por caso, el P. Garrigou-Lagrange y nos dijese que todo ente finito tiene una causa.

¿En qué se parecería eso al principio de razón suficiente de Leibniz? ¿Dónde está el enunciado unívoco del principio de causalidad? De otros principios sí lo tenemos; por ejemplo, el de contradicción, salvo el detalle de si debe o no entrar la idea del tiempo en la enunciación del principio, todo el mundo está de acuerdo en enunciarlo. Lo que no sucede con el principio de causalidad. Tanto más —y en eso tiene razón Hume, pero no hace sino volver a la buena metafísica— cuanto que la causalidad no es en manera alguna sinónimo de sucesión.

Por eso no puede identificarse la idea y la realidad de la causalidad, entendida como funcionalidad de lo real en tanto que real, con la atribución de la causalidad misma a determinadas talidades. Ésta es otra cuestión. No estaremos nunca seguros. Necesitamos una obra científica a veces ingente para averiguar cuál es o si es *tal* la causa de tal fenómeno. Dejando de lado el que la ciencia no se ocupe de causas sino de leyes —no entremos en esta cuestión que, de momento, es accesoria—, no puede identificarse con eso el problema de la causalidad. Inclusive cuando la física de Jordan o de Heisenberg pretende decir que los estados primarios del átomo por determinación intrínseca no están sometidos a la causalidad, la formulación no puede ser más infeliz. Heisenberg no lo dijo nunca —eso lo dijo Jordan— pero, suponiendo que lo repitieran ahora, lo que eso quiere decir es que no tiene sentido físico preguntarse por esas causas, como no tiene sentido físico preguntarse por la causa del movimiento inercial de un cuerpo. La razón es que la física ha acotado de determinada manera el área de su investigación y, por consiguiente, el sentido de sus conceptos.

Ahora bien, ¿quiere eso decir que, porque talitativamente no haya una cosa que responda a esa idea, a ese sentido que la física tiene de la realidad física, no exista la funcionalidad de lo real en tanto que real? Esto no se puede afirmar de ninguna manera.

Desde el punto de vista del efecto, la causalidad es la funcionalidad de lo real en tanto que real, y esa funcionalidad está percibida, sentida de la misma manera que siento la realidad de un sonido no sólo como sonido sino como realidad. Éste —repito— es el punto de vista del efecto.

2. En segundo lugar —decía—, causalidad y necesidad. Volvamos ahora la vista al otro lado de la cuestión. Tomémosla desde el punto de vista de la causa. Entonces la cuestión cambia de aspecto, pues ¿qué se entiende por causa? Suponiendo, primero, que haya esa funcionalidad y, segundo, que la causa sea en una u otra forma aquello que interviene en la funcionalidad de lo real en tanto que real, ¿qué es la causalidad misma desde el punto de vista de la causa y no desde el punto de vista del efecto? Como se advierte, es una cuestión distinta.

Aristóteles, como ya hemos visto, ha enumerado los distintos tipos de causas y ha montado buena parte de su metafísica en esta concepción cuadriforme de la causalidad. Pero ¿Aristóteles ha dicho temáticamente en algún sitio qué es lo que entiende por causa? Yo no tengo ahora todo Aristóteles en la cabeza, habrá a lo mejor alguna frase suelta, pero esto revela que, si ha dicho alguna vez algo al respecto, eso no ha debido desempeñar un gran volumen en toda la filosofía de Aristóteles. Ocurre entonces con la causalidad lo que con muchas cosas, que a fuerza de ver aquello en que se distinguen se olvida aquello sobre lo que la distinción opera. La causa eficiente no es la causa final, la causa eficiente no es mera sucesión, la causa material no es la causa formal, etc.; y uno se pregunta: pero ¿en qué consiste ser causa? Porque ser causa, no desde el punto de vista del efecto, que necesita una causa, sino desde el punto de vista de la causa misma, parece que ha quedado en el olvido.

Para contestar a esa pregunta, volvamos a pensar que las causas son, al fin y al cabo, las cosas que hay en el mundo; y que estas cosas, formalmente y en tanto que esencias sustantivas, están constituidas en respectividad esencial, en una intrínseca respectividad: que la una no es sino respectivamente a las otras, aunque esta respectividad no sea una relación que agregue nada *in re* a la cosa sustantiva, sino que la constituye intrínsecamente. Pues bien, esta respectividad de unas esencias respecto a otras —desde el punto de vista de la capacidad de lo que estas esencias estructuralmente pueden dar de sí en el orden de las acciones— es lo que podríamos llamar *éxtasis*, estar fuera de sí. La respectividad de una esencia sustantiva es constitutiva y esencialmente ex-tática, siendo esta dimensión ex-tática lo que constituye la causalidad de la causa.

Podrá decirse que esto se puede entender bien tratándose de hombres, pero tratándose de un vaso de agua o de un electrón, ¿dónde está el éxtasis, que —dicho sea de paso— es una palabra muy solemne? Nadie admitirá que un vaso se ponga en éxtasis. Pero yo no he dicho con esto que toda causa se ponga en éxtasis, pues es posible que no necesite ser puesta, sino que constitutivamente sea ya una realidad extática. En efecto, un electrón tiene una carga eléctrica cuya definición no puede estar dada sino en función de otras, de otros momentos del campo electro-magnético al cual se refiera, sea por la ley de Coulomb, sea por la ley de Maxwell, que para el caso es igual. No es que el éxtasis sea algo que se logre, ni que tenga necesidad de ponerse, sino que puede estar puesto de una manera muy acotada. Lo cual no obsta para que la causa sea causa en tanto y en cuanto eso acontece. Una realidad que por su propia estructura no estuviese vertida a las demás en forma extática no podría nunca ser causa.

La causalidad es en la causa, pues, el éxtasis de la realidad en cuanto tal. Ahora bien, esta dimensión extática, como acabo de decir, puede que la tenga toda realidad de la manera más elemental, como un electrón o una partícula cualquiera. Pero ahí no se agota la realidad. Hay realidades que naturalmente son extáticas en un sentido más alto: que *se ponen* a ser extáticas. Este ponerse a ser extático es justamente la definición metafísica de la libertad. Por esto algo es tanto más causa cuanto es más libre. Para un científico aparece generalmente la libertad como una derogación de la causalidad. Pero la verdad es estríctamente la contraria. Porque la ciencia en general no ve las cosas más que desde el punto de vista del efecto. Así, desde este punto de vista, —ni que decir tiene— las acciones, incluso las que llamamos más libres, están unívocamente determinadas por unos momentos funcionales, si en ellos introducimos todos los momentos funcionales que han producido la acción. De esto no hay la menor duda. De ahí que no vea nunca la idea de la libertad, porque la libertad no se da en el efecto sino en la causa: es precisamente el ponerse en una dimensión extática. En eso consiste la libertad. Por eso el ser que es libre es doblemente causal. En un primer sentido, porque produce talitativamente determinados efectos, como pueden serlo las partículas que componen el Universo, pero además, en un sentido más hondo, porque se pone él a sí mismo en condición de éxtasis. Eso es en cierto modo ser un poco *causa sui*. Por eso es tanto más causa cuanto sea más libre. Naturalmente, el grado supremo es la realidad que ni necesita ponerse en éxtasis, sino que es constitutivamente éxtasis subsistente. Es el caso de Dios.

Ahora bien —podrá objetárseme—, esto parece que es forzar un poco la nota. No lo creo. Diciendo por qué, es con lo que quiero acabar estas consideraciones sobre la causalidad.

Insistía en que la causalidad pertenece al orden transcendental. Todo el mundo pensaría que Dios hace excepción a este orden, en primer lugar, porque Dios no entra —ni que decir tiene— en el mundo de una manera formal, y en segundo lugar, porque, por lo menos para el cristianismo, Dios, como causa primera, es una causa libre que no tiene necesidad ninguna de producir efectos, no tiene necesidad ninguna de haber creado. ¿Cómo en estas condiciones se va a pretender que la causalidad pertenezca al orden transcendental? Pues pertenece porque, envolviendo la causalidad como momento esencial y supremo la libertad, a Dios le es esencial la libertad de crear. Si no fuese libre para crear, no sería Dios. Por consiguiente, entra dentro de este concepto de causalidad en el orden transcendental. En la medida en que Dios es realidad, es un éxtasis subsistente, realidad esencial, éxtasis esencial. Podrá o no crear, esto es cuestión aparte. Pero que le pertenece esencialmente la capacidad de creación, es decir, un éxtasis radical y teologal, no ofrece la menor duda. Si no, no sería Dios. Por esto digo que no hace excepción. Y por no hacer excepción, la causalidad —por lo menos entendida en el sentido en que yo la he entendido aquí— debe entrar y entra formalmente en el orden transcendental.

El orden de la causalidad está constituido por la unidad de ese momento de causalidad extática y de funcionalidad de lo real que constituyen a una lo que llamaríamos *la respectividad dinámica* de lo real en tanto que real. Naturalmente que de hecho ese momento dinámico se encuentra realizado de una cierta manera. En primer lugar, con una génesis, puesto que las esencias se van engendrando unas a otras. En segundo lugar, aunque más problemáticamente pero es la última versión de la ciencia, de una manera evolutiva. Si la evolución es un hecho más problemático, la génesis es un hecho inconcuso: las esencias se van produciendo unas a otras en virtud de una respectividad dinámica, que es una funcionalidad de lo real en tanto que real en un éxtasis primario y primitivo.

II. La idea del poder

Las cosas no están sólo conectadas en la forma que acabo de explicar, sino que lo están en otra forma, no separable completamente de la anterior, pero que tiene por lo menos un momento distinto. Si quiero levantar un peso que excede a mis capacidades orgánicas, yo puedo describir eso de dos maneras: diciendo que, en efecto, no tengo fuerza bastante para mover esa masa —lo cual es verdad— o, de una manera más vulgar, diciendo que puede más que yo. Ahí aparece la dimensión del poder. ¿Qué se entiende ahí por *poder*?, ¿pertenece, debe pertenecer a una metafísica?

El poder no es una mera funcionalidad. Si así fuera, no sería sino un problema de causalidad y, por consiguiente, de fuerza más o menos dinámicamente expresable. Sin embargo, es otra cosa. No es *Kraft*, como diría un alemán, es *Macht*, poder. Yo no soy *mächtig* para mover un peso de determinada masa. Lo cual nos indica que las cosas no están conectadas entre sí sólo por el hecho de que, formalmente y en virtud de su esencia constitutiva, sean intrínsecamente respectivas y, por consiguiente, actuales en un mundo; tampoco están conectadas sólo porque funcionalmente lo estén en el mundo, sino que además están conectadas de una manera distinta. Hay, en efecto, unas que pueden más que otras. Esta estructura de poder unas más que otras, es lo que constitutivamente debe llamarse *rango*. Las cosas son de distinto rango. Y precisamente porque son de distinto rango, la diversidad de rango de las cosas en el universo, en el mundo, es lo que constituye el poder. La filosofía a partir del siglo XV ha venido diciéndonos —o, mejor, no diciéndolo, porque tan lo ha olvidado que ni tan siquiera lo dice— que ha nivelado radicalmente de rango todas las cosas que hay en el mundo. Ahora bien, con eso no elimina la idea del rango. Habían de ser todas las cosas del mismo rango y, sin embargo, el rango estaría ahí en tanto que tal, que es un asunto distinto. No confundamos esos dos aspectos de la cuestión, como no se pueden confundir el aspecto de singularidad y el de individualidad. Todo *singulum* tiene una constitución, aunque sea repetible en muchos ejemplares, cada uno de los cuales sería un *singulum*. Pues esto es igual. Aunque haya muchas cosas y la mayoría de ellas tengan el mismo rango, no quiere decirse por esto que carazcan de rango. En efecto, tomemos una causalidad cualquiera. La causa no es sólo el antecedente, sino que, en la medida en que es un antecedente causal, es algo no sólo anterior sino superior al efecto. De esto no hay duda ninguna. Y precisamente esta anterioridad de rango es justo lo que constituye el poder. Podrá ser que entre ambas dimensiones, en el ejemplo que he propuesto, no haya una diferencia más que, si se quiere, de concepto, pero basta pensar, por ejemplo, lo que es el hombre para comprender que entre ambas dimensiones hay algo más que una diferencia de concepto.

Ahora bien, el carácter formal del rango en tanto que rango —rangos distintos, sobre todo— es justamente *la dominación* y el carácter de lo real en tanto que dominante es lo que temáticamente y metafísicamente llamo *el poder*. La causalidad es la funcionalidad de lo real en tanto que real. El poder es la dominancia de lo real en tanto que real.

Sin embargo, el poder no es sin más una causalidad ni eficiente ni final. Podrán coincidir el área de estos dos aspectos de la realidad, de esta conexión dinámica de la realidad. Evidentemente. En el mundo material coinciden. Pero en cuanto comenzamos a entrar en los seres vivos, y sobre todo en cuanto pasamos al hombre, esto no es verdad. El poder que puede ejercitar, pongo por caso, el hombre con su ejemplo —*verba movent, exempla trahunt*: las palabras incitan, los ejemplos arrastran— ¿se puede volcar en las cuatro causas de Aristóteles? Es un poco difícil. Hay un poder que excede el ámbito de la causalidad, de la misma manera que en el hombre el ámbito de su sustantividad excede el ámbito de la subjetualidad. El hombre es supraestante. Pues bien, en su poder es supracausal. El hombre tiene un poder que excede del ámbito de la causalidad. ¿Se va a decir que un buen consejo o la amistad entran en alguna de las cuatro causas de Aristóteles? ¿A quién se le convencería de que se trata de causas eficientes?, ¿eficientes de qué? Tendría que añadirse por lo menos que son casos de una eficiencia intencional. Hasta en teología alguna vez se ha metido ese concepto. Por ejemplo, Billot con su teoría intencional de los sacramentos —que es insostenible, a mi modo de ver—. ¿Qué es eso de una eficiencia intencional? Tenemos una dimensión de poder y no de causalidad. Es una influencia, una dominancia, pero no es una causación.

Esto no es una mera sutileza conceptual. Si se quiere volver al orto de la historia de la filosofía europea, a Anaximandro —hace muchos años lo vengo diciendo en mis cursos—, basta leer el párrafo que Simplicio nos transcribe [37] —el único fragmento conocido de Anaximandro—, en el cual se nos dice que el principio de las cosas, el ἀρχή, es el ἄπειρον —tradúzcase por lo indeterminado, lo infinito, es igual, puesto que no es un problema de traducción— (ἀρχήν τε καὶ στοιχεῖον εἴρηκε τῶν

---

[37] Cf. DK, 12 A 9, 4-8, vol. I, p. 83. Al margen ha escrito Zubiri: «Leer el fragmento.»

ὄντων τὸ ἄπειρον), que constituye la génesis para aquellas cosas que son (ἐξ ὧν δὲ ἡ γένεσις ἐστι τοῖς οὖσι) y su corrupción, volviendo al ἄπειρον, según su interna necesidad (καὶ τὴν φθορὰν εἰς ταῦτα γίνεσθαι «κατὰ τὸ χρεών»), pues se pagan la culpa y la reparación de la injusticia según la disposición del tiempo («διδόναι γὰρ αὐτὰ δίκην καὶ τίσιν ἀλλήλοις τῆς ἀδικίας κατὰ τὴν τοῦ χρόνου τάξιν»). Ahora hablaremos de qué es esto de la justicia, aunque en este caso digamos mejor la justeza. Aquí el ἀρχή representa a una, como he solido explicar, tres dimensiones distintas: Una, que es el comienzo de todas las cosas en el tiempo. Justamente ἀρχή es lo arcaico. El ἄπειρον es lo arcaico de la realidad. Pero puede significar el carácter árquico, el principio mismo de donde están emergiendo ahora las cosas que están sostenidas en la realidad, algo ἐνυπάρχον, que decía Aristóteles, un principio intrínseco. Puede significar, finalmente, algo distinto, aquello a lo que vuelven en virtud de la justicia, lo que significa que el ἄπειρον tiene un carácter arcóntico. En esta triple dimensión, arcaica, árquica y arcóntica, expresa Anaximando lo que es el ἄπειρον, y ha constituido con ello el orto de la historia de la filosofía en el mundo o, por lo menos, de la filosofía occidental.

En el caso del principio árquico, Aristóteles nos diría —y es un caso curioso, pues rara vez cita a Anaximandro— que es algo ἐνυπάρχον [38], algo que pertenece intrínsecamente al fondo de la realidad. Es el carácter árquico, a diferencia de lo arcaico y de lo arcóntico. Por eso precisamente, en otro fragmento que nos refiere Hipólito [39], nos dice que el ἄπειρον ἀίδιον εἶναι, no tiene edad, no tiene ni muerte ni corrupción. Es justamente lo arcaico por excelencia y por elevación.

---

[38] Cf. *Phys.* I, 4, 187a20-21.
[39] Cf. DK 12 A 11, 1-2, vol. I, p. 84.

Ahora bien, esta introducción del poder en la filosofía —a mi modo de ver, absolutamente imprescindible en una visión metafísica del mundo— no es una especie de vuelta al primitivismo, a un primitivismo mental. De ninguna manera. Es cierto que no puede expresarse mejor la visión del mundo de los primitivos que apelando a la idea del poder y de los poderes. Pero no es lo que constituye el primitivismo del primitivo. El primitivismo está en la manera como él concibe el poder, que es asunto distinto. Lo concibe como limitado a una cosa, residiendo exclusivamente en ella, y en ciertas mentalidades —no en todas, ni muchos menos, ni tan siquiera en las primitivas— convertido el poder en una especie de espíritu o ánima, que es el espiritismo o el animismo. Esto sí es primitivismo. La idea del poder no es primitiva, no es primitivista. Tan no lo es que, aunque los historiadores de las religiones indias digan siempre que esa distinción ha sido superada, no lo ha sido, según yo la entiendo. Porque, entre el dios de la Luna, el dios en la Luna y el dios Luna, ¿qué es lo que adora el brahman? Es probable que ninguna de las tres cosas distintamente sino indiscerniblemente todas juntas; es decir, ahí hay una idea del poder que más o menos inside y reside en la Luna, pero que en manera alguna identifica el poder con la realidad física de la Luna. El primitivismo estaría no en apelar a la idea del poder, sino en apelar a algo distinto, que es una determinada concepción de lo que es el poder.

Esta idea del poder hubiera sido conveniente traerla a colación inclusive para interpretar esa idea de la justicia que aparece en el primer fragmento de Anaximando. La misma idea que aparece en los textos védicos: la idea del *Rita* se ha traducido por justicia y, sin embargo, no es estrictamente justicia; porque la justicia apela o, mejor dicho, evoca un concepto moral, más o menos elemental o brutal, mientras que parece que está alejado de la realidad natural y física. La verdad es la contraria. Es la idea de una especie de justicia natural que envuelve la dimensión moral. Por esto yo creo que mejor que de justicia habría de hablarse de justeza. La justeza con que está acoplada la realidad dinámicamente y que envuelve un aspecto físico y material, pero que envuelve también el momento de la virtud moral de la justicia. Porque la justicia para ellos es la justeza de las acciones morales y no simplemente el sometimiento a una norma extrínseca.

La idea de la $\mu o \tilde{\iota} \rho \alpha$ en el mundo griego, del destino, la $\dot{\alpha} \nu \dot{\alpha} \gamma \varkappa \eta$, por ejemplo, en los estoicos, qué duda cabe que son expresiones de la idea del poder. En los brahmanes, cuando se habla de la divinidad de la sílaba Om —esto choca siempre a todos los que comenzamos a estudiarlo—, uno no cae en la cuenta de que se trata del poder sacrificial que está envuelto en esa sílaba. No se trata de la sílaba en cuanto tal ni del fonema Om, sino que se trata del poder, que es algo distinto. Y ni que decir tiene que, por ejemplo, en el cristianismo la idea de la majestad de Dios es una idea del poder. De esto no hay duda ninguna.

Ahora bien, hoy se ha perdido —como digo— esta idea del poder. Y aquí el error es doble. En primer lugar, porque se ha perdido la idea de la dominancia en la funcionalidad causal. En segundo lugar, porque, al nivelar todas las cosas y colocarlas en el mismo rango —cosa que no tiene nada que ver con el hecho de suprimir la existencia de ese rango—, se ha cometido un olvido mucho más grande, pues se ha olvidado que la realidad en cuanto tal puede ser dominante respecto de quien sea capaz de aprehenderla. De la misma manera que el *verum* y el *bonum* son transcendentales por la existencia de una inteligencia y de una voluntad a la que transcendentalmente quedan referidos, análogamente lo real en tanto que real, ejercitando un poder determinado sobre el hombre, cobra dimensiones de las que hablaremos más adelante. Lo cual no es un grano de anís. El poder de lo real en tanto que real gravita y contribuye a la constitución de la vida humana y del hombre en general, como veremos en su momento.

Estas dos dimensiones transcendentales, la causalidad y el poder, no son idénticas, pero su interna articulación debe de describirse un poco atentamente. En el orden operativo en general, qué duda cabe que el poder está fundado sobre la causalidad. Las cosas que son causas, y en ese sentido más fuertes, son en definitiva las que dominan a las más débiles y producen sus efectos. De esto, en el orden operativo, no hay duda ninguna. Sin embargo, en el orden constitutivo sucede al revés: cada una produce sus acciones causales por la estructura interna que posee y en esa estructura está inscrito, *antes* de su causalidad, el rango dentro del cual esa sustantividad existe en el mundo, que es algo primario y fundamental. El poder no es otra cosa sino esa dimensión de rango distinto que las cosas tienen. No es lo mismo el rango del animal y el del hombre, y, dentro del hombre, no es lo mismo el rango de su espíritu que el de sus funciones metabólicas, etc. Son rangos distintos. Y la influencia conectiva, dinámica del rango en cuanto tal es el poder. En ese sentido es por completo anterior a la causalidad. Precisamente porque son del rango que son, puede haber unas conexiones causales en las que el poder se funde *a posteriori* sobre el rango. Desde el punto de vista estructural, hay un rango anterior y un poder anterior a la causalidad.

Podrá decírseme que eso del rango, ¿qué es? Pues es, expresado con otras palabras, lo que apuntaba páginas atrás: constitutivamente, la realidad está constitucionalmente dimensionada. Dimensionada en una interioridad que se plasma en una exterioridad según las dimensiones de la perfección, la estabilidad y la duración. Decía que son dimensiones. Y ¿qué es lo que miden? Respondía que algo que vagamente se ha llamado el grado de realidad y que yo no creo que sea grado. Cada realidad está en cierto modo reclusa en sí misma y no se trata de realizar, de una forma gradualmente distinta, algo que sin más fuera *la* realidad. No se trata de esto sino de la medida de la realidad: es justo la idea del rango. Las diferencias de medida de la realidad son diferencias de rango. En perfección, estabilidad y duración las cosas son de rango distinto, y ese rango lo poseen no metafóricamente sino en virtud de la dimensionalidad intrínseca de que constitucionalmente están formadas. La unidad de respectividad, que constituye el mundo, es, en primer lugar, la unidad de respectividad de unas esencias que intrínseca y formalmente son lo que son las unas respecto de las otras en una unidad dominante en cuya virtud ocupan un cierto rango dentro del Universo; y, finalmente, en una unidad funcional en virtud de la cual producen acciones y pasiones conforme a su rango y dentro de su esencia.

Ahora bien, estas realidades que entran en un mundo no sólo tienen rango distinto sino algo diferente y más hondo —si se quiere—: son reales de modos transcendentalmente distintos. Es el cuarto de los puntos anunciados, al cual dedicaremos nuestra atención en el capítulo siguiente.

CAPÍTULO IV

CUÁLES SON LOS MODOS QUE TIENE LO REAL EN ORDEN A LA REALIDAD EN CUANTO TAL

Dividía el problema que estoy tratando en este libro, *Sobre la realidad*, en cuatro puntos. El primero era el enfoque de la cuestión, al que dediqué el capítulo primero. Al segundo, la idea de lo real, he dedicado el capítulo segundo. En tercer lugar, la estructura interna de la realidad en cuanto tal, ha sido considerada en el capítulo tercero, cuyas partes han tenido por título: «Realidad y constitución», «Realidad y mundanidad» y «Realidad, causalidad y poder», respectivamente. En esta última hacía ver que la causalidad y el poder responden a la conexión dinámica del cosmos en función transcendental.

Veíamos que esta conexión dinámica tiene dos aspectos. Un aspecto de causalidad, que, desde el punto de vista del efecto o desde el punto de vista global de la causalidad en acto, por así decirlo, se nos presenta como la funcionalidad de lo real en tanto que real. Por consiguiente, no se trata de un concepto, ni tan siquiera de un principio abstracto, ni analítico ni sintético, sino de algo directamente sentido en la impresión misma de realidad. Por el otro lado, desde el punto de vista de la causa, la causalidad es la respectividad extática, y, a fuer de tal, como esta respectividad extática es tanto más respectiva y tanto más causa cuanto más libre es, la causalidad pertenece al orden transcendental, porque Dios —lo mencionaba antes— es esencialmente libre de crear, pero no puede no ser libre de crear. Considerábamos también la conexión dinámica en otro aspecto, el aspecto del poder, en el cual no se nos presenta el poder como una funcionalidad de lo real en tanto que real, pero sí como un dominio de lo real en tanto que real: es la respectividad en forma de rango. Y la unidad de ambas dimensiones es —repito— la conexión dinámica en función transcendental.

Este capítulo lo dedicamos a la cuarta parte, a saber, cuáles son los modos de la realidad transcendental, la realidad en cuanto tal. Dado que el título resulta así un poco vago y oscuro, hay que preguntarse primero por cuál es la cuestión que se plantea uno detrás del mismo.

A primera vista es una pregunta que parece carecer de sentido. Porque, en efecto, si tratamos de estudiar lo que es la realidad en cuanto tal, ¿cómo se va a decir que hay diversos modos? Desde el momento en que estos son reales, se podrá decir lo que sea de la realidad en cuanto tal, pero no parece que esta realidad pueda admitir diversos modos, porque ¿de qué van a ser estos modos? Para responder a esta pregunta no vamos a entrar en una especulación, sino que vamos a atenernos a la realidad dada, a la realidad tal como es y a su carácter transcendental, esto es, a la función transcendental que tiene la talidad de las cosas reales tales como nos están dadas. Ahí es donde hay que averiguar qué es lo que se quiere preguntar cuando se trata de los modos de la realidad en cuanto tal. Esta cuestión se despliega en dos partes. La primera trata de ver la diferencia misma entre los modos de realidad en cuanto tal. La segunda, supuesto que esa diferencia exista, intenta averiguar qué significa, para los efectos de la realidad en cuanto tal, esta diferencia de una manera concreta y positiva.

§ 1. LOS DIFERENTES MODOS TRANSCENDENTALES DE REALIDAD

Puesto que nos planteamos una cuestión sobre los diferentes modos de realidad desde el punto de vista de la realidad en cuanto tal, tenemos que preguntarnos, primero, cuáles son las diferencias de lo real en orden a su realidad; segundo, cuál es el carácter de esta diferencia; y tercero, cuál es la estructura positiva de la realidad según esta diferencia.

I. *Las diferencias de lo real en orden a su realidad*

Por de pronto dejamos de lado si el título antes discutido, modos de la realidad, es o no un enunciado apropiado; tratemos pura y simplemente de averiguar las diferencias que hay en las cosas reales en tanto que realidad. Decíamos que toda esencia es aquello en virtud de lo cual se estatuye de una manera no constitucional sino constitutiva algo *de suyo*, aquello por lo que decimos que algo es *de suyo*, a saber, la sustantividad. La esencia lo es de una sustantividad. La esencia desempeña el momento estructural de ser aquello en que últimamente la cosa consiste en *de suyo*, aquello que es la realidad *simpliciter*, la realidad en cuanto tal. En forma transcendental —decía— todas las esencias, por muy diversas que sean, tan diversas como pueden ser la de un ángel y la de la materia de que un cenicero está hecho, y por muy grandes que sean esas diferencias, convienen en que tienen una esencia y son algo *de suyo*; y, precisamente en virtud de los caracteres positivos según los cuales algo es *de suyo*, tomados en función transcendental, constituyen una cosa como *real*. No se trata de que la realidad, como si fuera un piélago inmenso, se contraiga a las distintas esencias, sino, al revés, que cada cosa no es real más que por eso que mentalmente concebimos como una contracción o una limitación. Justo en su limitadísima realidad es como un cenicero y una hormiga son reales. Recuérdese lo que decía a propósito de la distancia que media entre el ser y la nada, entre la realidad y la nada. Suele decirse que es infinita. Pero eso no es verdad. La distancia de una hormiga a la nada es de una hormiga. Pues bien, esto es la esencia en función transcendental: la esencia es lo que constituye algo en su propia realidad en cuanto realidad. Ahora bien, esto puede ocurrir de distintas maneras.

A) Una de ellas consiste en que una esencia y una sustantividad construida sobre ella tengan determinados caracteres en virtud de los cuales tengo una realidad y no solamente un proyecto de realidad o una suma de varias realidades. En este sentido decimos que una esencia cualquiera, pues ninguna deja de compartir esta condición, en virtud de ella y con su interna limitación, es algo realmente en sí que llamamos *esencia cerrada*. Esto es algo que instaura una sustantividad y que, para los efectos de su estructura interna y de la conexión mundanal con las demás, no tiene más realidad que la conferida por las notas talitativas que ella posee *de suyo*. Éste es el caso de una esencia cerrada. Lo que esa esencia cerrada constituye es una realidad que llamaríamos *en sí*. Adviértase que aquí la expresión *en sí* no tiene el sentido kantiano —cosa en sí a diferencia del fenómeno—; no se trata de esto. Precisamente por haber querido volcar el problema filosófico en el problema de la objetividad, Kant resbaló —y ha resbalado también el empirismo— sobre el carácter de realidad que tiene lo que nos es presente en una impresión. Aunque lo impresivamente presente no tuviera más duración ni más momentos estructurales que aquellos que nos ofrece en una fugaz impresión nuestra, sin embargo, en tanto en cuanto es realidad, es una realidad en sí. Si se quiere, en una esencia cerrada el en sí es aquello en virtud de lo cual algo es *solamente de suyo*, lo que es y como es.

B) Pero hay otro tipo de esencias que no hacen excepción a esto, puesto que tienen unas notas en virtud de las cuales son sustantividadas en sí mismas, pero que tienen la particularidad de que por las acciones que producen —que es únicamente como se puede juzgar de lo que es una sustantividad—, además de comportarse conforme a las notas que talitativamente poseen —por ejemplo, en lugar de ser esencias que tienen pasiones y comportarse simplemente conforme a sus pasiones—, ofrecen la particularidad de tener algunas notas en virtud de las cuales se comportan con su propio carácter de realidad en cuanto tal. Esto es lo que no pueden hacer, por ejemplo, ni un cenicero ni un león, pues el uno y el otro tienen unas ciertas notas conforme a las cuales actúan, pero no se plantean la cuestión de su propia realidad. El hombre, en cambio, esencialmente sí. Por eso esto que se trasluce en un comportamiento que, al fin y al cabo, es un acto segundo, nos hace revertir sobre el acto primero en que la sustantividad consiste, y entonces decimos que es una *esencia abierta*, es decir, es algo que en sí mismo está abierto hacia sí mismo en tanto que esencia. Es la diferencia entre esencia cerrada y esencia abierta: la que no es más que *en sí* y la que en sí está *abierta*. Sobre ésta nos preguntamos: ¿abierta a qué? y ¿abierta cómo?

a) Como acabo de indicar, se trata de una esencia abierta, desde el punto de vista operativo, a la realidad en cuanto tal. Porque abierta en otras dimensiones también está la esencia de cualquier animal y la del hombre en la medida en que éste no pone en acción su inteligencia. Toda impresión sensitiva está abierta a algo que no es ella misma. Por ejemplo, el sentido del tacto, o el sentido térmico, por y en la impresión de calor nos hace patente algo, una alteridad primaria y fundamental en virtud de la cual eso es otro que yo. En este sentido es una esencia abierta. Pero no se trata aquí de esto, sino de que esté abierta al carácter de realidad en cuanto tal. Esto es lo propio y lo peculiar del hombre, puesto que la inteligencia —como vimos— es la capacidad que el hombre tiene de enfrentarse con las cosas no como estímulos sino como realidades. En su virtud toda esencia abierta a su propio carácter de realidad es constitutivamente intelectiva y volente. (Me ahorro lo que tendría que decir de la voluntad, paralelo con la inteligencia, pero, a última hora, como en una u otra forma la razón de ser de la volición estriba en que está en una manera u otra articulada con la inteligencia, se me tolerará —para entendernos aquí— que hable nada más que de esencia intelectiva.)

Ahora bien, ser una esencia abierta, una esencia intelectiva, no significa en primera línea estar abierto a todas las cosas reales, aunque esto es verdad; lo que quiero decir es que estructuralmente, y desde el punto de vista subjetivo en tanto que nota esencial, es una esencia que está abierta a la realidad *qua* realidad, primaria y fundamentalmente al carácter de realidad de sí misma y con ello a la realidad de todas las demás cosas en la medida en que son reales. De ahí la doble función transcendental que tienen tanto la inteligencia como la voluntad. Por una, nos instauran a todos los que tenemos inteligencia y voluntad en la realidad exactamente igual como un león lo está por sus caracteres somáticos o psíquicos, o el cristal de un cenicero por los suyos: nos instalan en la realidad con unas notas que se llaman inteligencia y voluntad. Bien que con la diferencia —y ahí está la segunda función— de que no sólo son realidades en sí, sino que están abiertas a su propia realidad y con ello a la realidad de todas las demás cosas. O sea, por un lado, me instauro en la realidad, y en este sentido tienen la inteligencia y la voluntad función transcendental; por otro lado, me abro precisamente a toda realidad en tanto en cuanto es término de mi intelección y mi volición. Es decir, la realidad es para mí un *verum et bonum transcendentales*. El hombre está abierto, pues, al carácter de realidad. Pero ¿cómo?

b) Es de Heidegger la tesis de que *das Dasein*, la existencia humana tiene una *Erschlossenheit*, está abierta a sí misma y a las cosas por algo que es *Seinverständnis*, la comprensión del ser [1] —dejemos de lado el término *ser*, del que ya hablamos con anterioridad—. Pero ¿es verdad que el hombre está abierto a las cosas primariamente por comprensión? Toda comprensión es un acto de inteligencia —Heidegger no emplea este vocabulario, pero no importa para el caso—. De esto no hay duda ninguna. Pero no es ese el acto elemental y radical de la inteligencia, que primariamente no aprehende la realidad por vía de comprensión sino en un sentir del que la inteligencia *es* intelección intrínseca y que la convierte, por consiguiente, en inteligencia sentiente. Ahora bien, lo propio de la inteligencia sentiente, como de todo sentir, es aprehender la cosa en impresión, en este caso en impresión de realidad. La unidad de esos dos momentos, la impresión y la realidad, constituye la inteligencia sentiente: inteligencia, porque es de realidad; sentiente, porque es impresión. Siente el hombre la realidad en su intelección sentiente bajo la forma de impresión de la realidad. Por impresión, pues, y no por comprensión es como el hombre está primariamente abierto a sí mismo y al resto de las cosas. Ésta es la diferencia —dicho en términos generales— que hay entre una

---

[1] Cf. *SuZ*, § 18 y § 31, pp. 85 y 147.

esencia cerrada y una esencia abierta, entre una esencia que no es más que en sí y una esencia que es apertura.

c) Ahora bien, uno se puede preguntar en qué relación están esos dos momentos: ¿se trata pura y simplemente de una separación?

Se podría pensar, después de esta descripción y de otras similares que, sin afectar directamente a nuestro problema, se pueden hacer, que esta diferencia es del tipo de la que ha gravitado penosamente durante más de medio siglo bajo el nombre de *Erkenntnistheorie*, teoría del conocimiento. Según ésta, lo primero que habría que decir del hombre, de su inteligencia y de su conciencia, es que es un ente cerrado que tiene la pretensión de estar de acuerdo con las cosas que hay fuera de él, de su conciencia. Evidentemente. El tratar de averiguar si esto es posible y cómo lo es sería justamente *Erkenntnistheorie*, teoría del conocimiento. Con lo cual la apertura sería pura y simplemente una relación extrínseca —y intrínseca, si se quiere—, pero en todo caso añadida a lo que intrínsecamente es, y sólo es, la conciencia como una realidad en sí.

Ahora bien, esto es quimérico por completo en el planteamiento mismo del problema. ¿En nombre de qué se afirma inicialmente y *a radice* que la realidad humana —llámese *conciencia o inteligencia*, poco importa para el caso— es una realidad intrínseca y primariamente cerrada, cuando en realidad es justo todo lo contrario? Mi inteligencia y mis ojos no están en relación con esa pared, sino que esa pared está ahí en el acto de visión. El acto de visión es un acto común de lo conocido y del cognoscente. En esto tenían razón los antiguos al decirlo. Tenían razón en la frase, si bien en cómo la entendían es cuestión aparte. No vamos a discutirla en este momento. Sólo diré que no se trata de una adición externa sino de algo que internamente pertenece a la inteligencia en cuanto tal.

Sin embargo, podía pensarse lo contrario, a saber, que lo primario y lo que constitutivamente es la esencia de la existencia humana —en este caso de la inteligencia— es su apertura, y que lo que llamamos el *en sí* sería el resultado de esa apertura: una especie de precipitado natural de aquello en que consistiría la pura apertura, que sería la esencia misma del *Dasein*. Es la tesis de todos los existencialismos y de Heidegger, que no es existencialista en sentido usual. A él he oído decir muchas veces la frase —no creo que hoy la suscribiera— de que la existencia humana es el empuje de un puente que carece de pilares, los cuales serían algo así como el precipitado del empuje del puente. Ahora bien, esto es quimérico, pues ¿de dónde ese empuje va a sacar sus posibilidades, con qué va a hacerse y hacer su propia naturaleza, si no tuviese una determinada naturaleza previa, si no tuviese un en sí previo? La apertura no es más que una modificación del en sí. La realidad humana, la sustantividad humana está en sí misma abierta a sí misma y a las demás, y este momento del en sí subyace intrínsecamente al de la apertura para constituir juntos lo que yo llamaría *la limitación intrínseca* de la esencia abierta: una esencia que fuera abierta sin más —aparte de que, a mi modo de ver, es un imposible metafísico— sería además una esencia esencialmente ilimitada o, por lo menos, indefinida. Cosa que no sería objeción para Heidegger, a quien entusiasma la frase de Fichte: Cuando digo que el yo es, el predicado queda abierto hasta el infinito[2]. Ésta es la cuestión. En esos juicios, ¿el predicado queda abierto hasta el infinito o no? Eso se dice fácilmente pero, puestos a pensarlo, es más discutible.

---

[2] Cf. *Grundlage der gesammten Wissenschaftslehre*, § 1, en *Gesamtausgabe der Bayerischen Akademie der Wissenschaften*, hrsg. von R. Lauth, H. Jacob und H. Gliwitzsky, Stuttgart-Bad Connstadt, Frommann (Holzboog), vol. I,2, 1965, pp. 257ss.

He aquí expuesta a grandes rasgos la diferencia entre esencia cerrada y esencia abierta, entre una esencia que no es más que en sí y una esencia que en sí es abierta a todo lo demás.

II. Cuál es el carácter de esta diferencia

A primera vista es una diferencia meramente talitativa. En efecto, un vaso no tiene inteligencia, mientras que los seres humanos sí la tenemos. Es una diferencia que, aun dependiendo de la talidad, es algo más que talitativa, porque la gran diferencia surge no tanto en las talidades cuanto en la función transcendental que éstas desempeñan, es decir, en el modo de realidad que determinan las talidades. La diferencia talitativa no puede dejarse de lado. La prueba está en algo que, por no haber reparado en ello, constituye, a mi modo de ver, uno de los errores cardinales de la metafísica de Heidegger y la lógica de Hegel [3]. Piensa Hegel que una inteligencia finita, como en general cualquier ente finito, consiste en no realizar en sí plenamente lo que pertenece a su concepto. Éste es un tipo de finitud, no hay duda ninguna. Pero hay otro tipo de finitud más radical: aunque concibiéramos por hipótesis la inteligencia humana más exhaustiva y eminente, esa inteligencia no tendría nada que ver con la inteligencia angélica ni con la inteligencia divina. La diferencia ahí es transcendental [4] y no simplemente talitativa. Esa diferencia transcendental está inducida en función transcendental por las estructuras talitativas que la componen. La diferencia entre la inteligencia divina, la angélica y la humana no es de grado sino de la inteligencia en cuanto tal,

---

[3] Al margen está escrito de mano de Zubiri: «Ojo, ¿contradice a la pág. 200? Mirarlo!».

[4] Al margen hay escrito: «Ojo, ¿contradice a la pág. 200?».

una diferencia transcendental como función transcendental de la realidad. No se puede, pues, omitir ninguno de los dos aspectos. Sin embargo, ¿se puede decir sin más que sea una diferencia transcendental? Parece que no, porque ¿cómo se va a afirmar —repito lo que decía al comienzo de este capítulo— que, tratándose de la realidad en cuanto tal, haya diferencias? Las habrá en las cosas que son reales, esto es evidente, pero ¿puede haberlas en que sean reales, sobre todo si se considera la realidad en cuanto tal y no la realidad física integral de una cosa?

Si fuera una diferencia en el orden transcendental, habría que concebir que ese orden, o la realidad en cuanto tal, es una especie de suprema rúbrica a la que se le añaden diferencias para tener, de un lado, una esencia cerrada y, de otro, una esencia abierta. Ahora bien, esto es imposible. ¿Qué se pretendería con esa unidad del objeto?, ¿que es un género? Desde los tiempos de Aristóteles se sabe que esto es imposible. El ὄν, el ente —nosotros diríamos la realidad— no es un género, porque el género necesitaría que se le añadieran diferencias y, al estar éstas fuera del ente, serían nada y, por consiguiente, no se podrían añadir. Se diría entonces lo contrario: que la realidad es una especie de carácter que no se divide por diferencias pero que se contrae. Son las dos grandes metáforas sobre las que se ha montado la metafísica usual: la idea de la división por géneros y la idea de la contracción transcendental. Pero todo esto sería verdad si de lo que se tratara fuese del concepto de realidad. Entonces la contracción podría ser verdad. El concepto de lo real en cuanto tal no se divide, se contrae a las diversas cosas reales. Pero el orden transcendental —ya insistí sobre ello en su hora—, a mi modo de ver por lo menos, no es el orden de los conceptos sino el de la realidad misma. Por consiguiente, la operación llamada contracción no tiene nada que hacer, ya que no hay posibilidad de contraer la realidad. Habrá posibilidad de contraer un concepto a una cosa, pero en la cosa misma es imposible la contracción.

Ahora bien, las dos concepciones, la de la división y la de la contracción, parten del supuesto de que a algo, la realidad en cuanto tal, se le añadiera o se le quitara algo. Sin embargo, no se trata de esto, puesto que no se trata ahí de diferencias ni positivas ni negativas, sino de un mismo término, y un sólo término, que es la realidad en cuanto tal, al que no se le añade ni se le quita nada, sino que tiene dos *tipos de explicitud*: el uno, en cierto modo material, siendo real, la cosa es como es, tal como es, ὡς ἔστιν, que diría Aristóteles; el otro, formal, en tanto que es, ᾗ. Ahora bien, este en tanto que es —la realidad en tanto que realidad— no acontece sino en una inteligencia y por una inteligencia. Las cosas son reales y tienen su carácter de realidad, pero éste no funciona dentro de las cosas *en tanto que realidad*. Para que haya el *en tanto*, ese momento reduplicativo del *en tanto que*, es menester que haya una inteligencia; y ésta es la diferencia en el orden transcendental. No el que se le añada ni se le quite nada al momento de realidad en cuanto tal, sino pura y simplemente el que tenga una explicitud mayor o menor. Se trata, por consiguiente, si se quiere, de dos actualizaciones distintas de un mismo término, pero en manera alguna ni una división ni una contracción de él.

Abierto y cerrado son, en dimensión transcendental, dos modos de actualidad de la realidad *en tanto que tal* por parte de la inteligencia y, antes de la inteligencia, de la realidad *como tal*. La diferencia entre la esencia abierta y la esencia cerrada es la que hay entre el ὡς, cómo, y el ᾗ, en tanto que. Es, pues, una diferencia de orden transcendental. La inteligencia es primariamente aquella esencia —no es esencia en sí misma sino nota esencial, pero perdóneseme la libertad de expresión— donde está la realidad en cuanto tal y en esa forma del en cuanto tal. A su vez —como decía— hay muchos tipos de inteligencia: la inteligencia humana no es como la inteligencia angélica u otras inteligencias posibles. ¡No digamos la inteligencia divina! Pero esto no conduce a ninguna diferencia transcendental, porque lo que es distinto en estas inteligencias es el modo como está actualizada la realidad en cuanto tal. No es lo mismo en Dios que en mí, aunque lo actualizado es unívocamente lo mismo: la realidad de las cosas en cuanto tal. Por eso estas diferencias no son transcendentales más que desde el punto de vista de la función transcendental que ejerce la talidad respectiva, pero en manera alguna son transcendentales por razón del término sobre el que recaen [5].

En el hombre esta diferencia transcendental está dada en impresión de realidad. Es lo que constituye la limitación intrínseca y el momento específico de la inteligencia humana, pero lo presente en esa impresión de realidad es la realidad tal como es, que en un acto de intelección ulterior se actualiza como la realidad en tanto que es. Entre esencia abierta y esencia cerrada hay una diferencia de orden estrictamente transcendental. No sólo desde el punto de vista talitativo, en función transcendental distinta, sino en una función que tiene un alcance mayor, porque lo diferenciado en esa diferencia pertenece al orden transcendental, dado que es, por un lado, la realidad *tal como es* y, por otro, la realidad *en tanto que es*, dos cosas completamente distintas. Lo suficientemente dintintas para que sean dos tipos de actualización distinta. Esta diferencia, por consiguiente, pertenece al orden transcendental.

Ahora se comprenderá más concretamente lo que significa el rótulo «los modos de la realidad en cuanto tal». Me re-

---

[5] Al margen ha escrito Zubiri: «Ojo. Esto lo arregla. Está bien».

fiero con él a esta primaria diferencia metafísica, a esta primaria diferencia transcendental entre las esencias abierta y cerrada, la cual conduce a unas realidades talitativamente determinadas y, en el caso de la esencia abierta, a la actualización o reactualización distinta de la realidad en cuanto tal. El orden transcendental, que no es el de los conceptos, ni tan siquiera el de la inteligencia, sino el orden de las cosas reales actualizado en una inteligencia, tiene una cierta autonomía: es la realidad en cuanto tal. Ahí está la función transcendental de esta diferencia.

Ahora uno tiene la obligación de preguntarse en qué consiste la realidad positiva de la esencia abierta. Porque la realidad positiva de la esencia cerrada es, después de lo dicho, suficientemente clara, pero ¿en qué consiste la realidad de todos nosotros?

III. Cuál es la estructura positiva de la realidad según esta diferencia

Toda esencia, y en primer lugar una esencia cerrada, es siempre y sólo una esencia que es *de suyo*. Por ser *de suyo* es *suya*. Mejor dicho, es *de suyo* porque en una u otra forma es *suya*; quiero decir que es, se pertenece a sí misma desde un punto de vista, si se quiere, puramente material: es lo que es ella en sí misma y no más. En cambio, la esencia abierta tiene un carácter distinto. Ciertamente, comparte con las demás esencias el ser algo en sí. De esto no hay la menor duda, como tampoco la hay en ser algo suyo. También en esto comparto mi condición con una lámpara. Pero hay algo que distingue mi realidad de la de una lámpara, desde el punto de vista del problema que nos ocupa, y es que no sólo yo soy mío como una lámpara es suya, sino que yo en buena medida consisto en ser mío, cosa que no le acontece a una lámpara, puesto que no es lo mismo ser una realidad que consistir en ella. De una mesa podemos decir que es colorada, pero no que consiste en ser colorada, ya que, por una parte, puede pintarse de otro color sin que deje de ser esa mesa y, por otra, hay muchas cosas coloradas que no son mesas. Ahora bien, yo no sólo soy mío, sino que además consisto en buena medida en ser mío. Precisamente este momento del *consiste* es el que enuncio afirmando que formal y reduplicativamente consisto en ser mío, en envolver mi momento de realidad. No sólo soy real sino que consisto en estar abierto a mi propia realidad, en comportarme respecto de mi propia realidad. Por consiguiente, soy mío en un sentido reduplicativo y formal: no sólo mío, como lo es una lámpara por ser una esencia en sí misma, sino que además lo soy desde el punto de vista formal de mis actos y, por consiguiente, de la misma estructura primaria de la que estos actos emergen. Soy formal y reduplicativamente mío en cuanto realidad. Soy mi realidad. De ahí el carácter absoluto que posee mi persona frente a todo, incluso frente a Dios. No hay duda ninguna. Por eso el bien mayor que Dios ha creado en el mundo es el de una esencia que define su realidad respecto de sí misma; si se quiere, que es libre.

Ahora bien, así como toda esencia, toda *res* —decía— reifica las notas que a ella le advienen o las que sobre ella están constitutivamente fundadas, asimismo el hombre, por ser una realidad suya, hace suyas todas las notas que sobre su esencia están fundadas y todas las que sobre su sustantividad recaen. Es este carácter, en virtud del cual decimos que la esencia humana es suya, al que nos referimos cuando expresamos que el hombre es persona. Con ello quiere decirse, ante todo y sobre todo, que persona es un carácter transcendental, no un carácter meramente talitativo. Esto es lo que hay que ver ahora con un poco más de detenimiento, preguntándonos, en primer lugar, qué es ser persona y, en segundo lugar, cuál es la estructura de la persona en cuanto tal.

A) *Qué es ser persona*

Se cita siempre un párrafo de Cicerón en el que establece, como buen abogado, la diferencia entre las cosas o *res* y las personas, que son *sui juris*. Esta versión del problema tuvo en cierto modo su canonización metafísica en Kant[6]. Pero es innegable que, si se examina al propio Kant —Cicerón está demasiado lejos para someterlo a examen—, por bajo de este carácter *sui juris* y moral de una persona subyace la idea de un sujeto que se pertenece como fin, que es un sujeto *sui juris*. De ahí que, en definitiva, en ese punto Kant se encuentra en buena medida con la metafísica tradicional, después del cristianismo, no antes. Porque, por curiosa paradoja, —como he dicho más de una vez— la filosofía griega, que nos ha proporcionado todos los conceptos y nombres que maneja la filosofía, no ha tenido ni el nombre ni el concepto de lo que es persona. Es curioso, pero es así. La propia palabra *persona* probablemente viene del etrusco *phersu* y, luego, ha pasado al latín. Pero el *phersu* etrusco es tan sólo algo parecido al πρόσωπον griego, ya que el πρόσωπον es una cosa distinta de lo que nosotros llamamos persona. La persona sería, pues, el sujeto que es autor de sus actos y del que, justo por eso, decimos que es persona. Recíprocamente, estos actos se atribui-

---

[6] Cf. *Grundlegung zur Metaphysik der Sitten*, en *Kant's Gesammelt Schriften*, vol. IV, p. 428.

rían a este sujeto, que sería un sujeto de atribución real y físico de los actos que ejecuta.

Ahora bien, esto no es tan fácil de sostener como de decir. Tomemos, para comprobarlo, la frase «Yo soy libre». Esta frase la puedo pronunciar de dos maneras: Decir, acentuando el predicado, «Yo soy *libre*», con lo que afirmo que eso es lo que yo soy. Ésta es una frase predicativa a la que responde la idea que acabo de exponer: el sujeto que es libre. Pero puedo, poniendo el acento en el sujeto, pronunciar esa frase diciendo «*Yo* soy libre», con lo que afirmo que soy yo quien es libre. En este caso el yo está en cierto modo allende la libertad. Yo no seré persona más que si la libertad es mía. El momento de ser mío nos vuelve a aparecer a la base del problema de la libertad y oculto bajo esa idea del sujeto de atribución. La inteligencia y la voluntad no son capaces de constituir una persona más que en la medida en que constituyen previamente ese momento del mío, del mí, de quien es la inteligencia y la voluntad. Ahora bien, esto no quiere decir que la idea del sujeto personal, si la examinamos desde el punto de vista de los actos, no resulte un poco difícil de comprender. Se desvanece la persona porque, desde esa perspectiva, no se ha tocado el problema de la persona. Si digo «Yo soy libre» y pongo el acento en el predicado —además de *libre,* podría poner muchos otros predicados—, siempre estaría fuera de consideración el carácter del *yo*, que es donde se ha jugado ya el problema de la persona. No nos sirven de nada los muchos predicados ni los muchos actos que se van ejecutando. Esto nos obliga a volver la vista al sujeto en sí mismo, no desde el punto de vista de los actos que ejecuta, sino desde el punto de vista de lo que yo diría que estructuralmente es. ¿Qué es ese sujeto? ¿Encontramos ahí la persona?

Es una frase clásica muy repetida, que merece figurar en la historia de la metafísica —y así figura casi siempre—, la del

Tratado *De Trinitate* en que San Agustín afirma: Yo recuerdo, yo entiendo, yo amo por estas tres, digamos facultades —él así lo dice, *per istas tria facultates*—, aunque no soy ni mi memoria, ni mi inteligencia, ni mi amor, sino que las poseo (*Ego per omnia illa tria memini, ego intelligo, ego diligo, qui nec memoria sum, nec intelligentia, nec dilectio, sed hæc habeo*) [7]. Esto puede decirlo cualquier persona que posea esas tres facultades, pues ella, la persona, no es estas tres facultades. Es un texto célebre de San Agustín sobre el que se ha montado la diferencia entre la persona y la naturaleza.

En ese texto se afirman dos cosas. La primera es la distinción, o cuando menos la diferencia, entre lo que yo tengo y lo que yo soy. Mientras que lo que yo tengo es el conjunto de todas esas facultades cuya unidad intrínseca y radical es lo que llamamos *naturaleza*, lo que yo soy es, como dice expresamente el texto, *la persona*. San Agustín afirma la diferencia entre naturaleza y persona como una diferencia entre lo poseído y el posidente. Lo segundo que se nos dice es que este posidente es un *ego*, un yo: *Ego ... memini, ego intelligo, ego diligo*. Por tanto, que ser persona consiste en ser un yo. Con lo cual tendríamos, por una parte, la persona como un yo y, por otra, la naturaleza como algo tenido por este yo. Esta idea va a ser decisiva.

En el orto de la filosofía moderna Descartes nos dirá que lo esencial del hombre es precisamente ser un *ego*, pero, dando un tercer paso sobre los dos de San Agustín, completará la idea de éste diciendo que el yo es sujeto [8] —cosa que jamás había dicho San Agustín—. El yo como sujeto es un puro yo, esto es, no es el mundo psicobiológico, pues las estructuras psi-

---

[7] Cf. *O. c.*, XV, 22, 42.
[8] Cf. *Meditationes de prima philosophia*, II y II *Responsiones*, AT, VII, 25-29 y 161.

cobiológicas son a lo sumo las condiciones o los instrumentos intrínsecos con que el yo sujeto ejecuta física y empíricamente sus actos. Aplicada esta idea a nuestra persona, resultará que, por un lado, el yo en que la persona consiste va a ser un sujeto posidente y, por otro, la naturaleza será posesión de ese sujeto puro, de esa persona, de ese yo puro.

Dejemos por el momento ese aspecto del yo y preguntémonos si es sostenible esta idea de la persona como un sujeto que es yo. Pregunta a la que he de contestar sí y no.

Sí, desde el punto de vista de la primera mitad del texto de San Agustín, pues es evidente que yo no soy ni mi memoria, ni mi inteligencia, ni mi voluntad. En esto estamos todos de acuerdo. Hacía falta ser San Agustín para caer en cuenta de ello, pero, una vez advertido, uno no puede dejar de aceptar la idea del Santo de Hipona. La inteligencia, la voluntad y la memoria no se identifican con el yo, con el mí mismo. En este sentido digo que sí, que no sólo es sostenible sino que es insoslayable esa concepción.

Ahora bien, ¿es aceptable la diferencia entre naturaleza y persona tal como se nos ofrece ahí? Esta segunda parte de la cuestión es mucho menos clara.

Se nos dice únicamente que la persona consiste en ser el posidente y la naturaleza en ser lo poseído. Ahora bien, si esto es así, uno tiene que meditar sobre qué es ese sujeto posidente respecto de lo que posee, pues ¿acaso se quiere eliminar de ese sujeto todo aquello que posee, lo poseído, ya que él es el posidente, y decir que pertenecen a la naturaleza la inteligencia, la voluntad, la memoria? Entonces no puede dejarse de reconocer que al yo nada le queda, que nos quedamos con un yo huero, vacío, que se desvanece porque no tiene determinación ninguna. Se dice que este yo posee la naturaleza, pero ¿qué significa poseer, si en todo caso él no es la naturaleza?, ¿cómo va a hacer nada con ella? Sería la naturaleza la que actuaría por sí misma, pero el yo sería un yo que no podría hacer nada, es decir, que no sería ni tan siquiera sujeto.

Si se toma el sujeto, el yo, desde la manera como se ejecutan los actos, entonces la dificultad sube de punto, pero por el otro lado. Todo acto necesita para ser ejecutado por un sujeto, un objeto que le coloque en una situación. Ahora bien, no bastan las cosas para que creen situaciones al sujeto. A un topo jamás le crearía la luz una situación de claridad. Es menester que haya algunas estructuras por parte del sujeto en virtud de las cuales unas cosas pueden crear situación y otras no. Así, tomado sin más, ningún sujeto es capaz de estar en una situación y, por consiguiente, de determinarse a hacer algo. Ahora bien, siendo eso así, hay que empezar por dotar a ese sujeto de unas ciertas estructuras sin dejar ninguna fuera. Pero entonces sucede que hemos metido la naturaleza entera en ese sujeto, es decir, ha desaparecido la persona. Si por el primer lado desaparece porque el sujeto queda vaciado de naturaleza, en el segundo desaparece absorbido por ella. En definitiva, la presunta diferencia entre naturaleza y persona se nos ha ido de las manos. Tiene uno entonces la obligación de pensar y preguntarse si será verdad que ser persona consiste en ser sujeto de atribución física —no hablemos de atribución moral— de sus actos y de sus notas. Porque, que el hombre en buena medida sea sujeto de sus actos, es tan verdad que no hace falta un largo discurso para caer en cuenta de ello. Pero ¿es eso lo que hace que el hombre sea una persona? Al fin y al cabo, la condición de que el hombre sea un sujeto que ejecuta unos actos como sujeto de ellos o que recibe unas afecciones del mundo como sujeto de ellas, eso procede de lo que el hombre es talitativamente considerado, tal como él es. Yo tengo unos sentidos, necesito unas impresiones de las cosas, etc.; pero todo esto pertenece al orden de la talidad. Ahora bien, si tomamos esa talidad en función transcendental, la cuestión es distinta. Persona consiste en ser mío. Pero el que este ser mío sea un sujeto no depende del carácter de persona sino de la talidad, de cuál sea la índole talitativa de la persona que es; es decir, el sujeto es persona no por ser sujeto sino por ser mío, y entonces está de más que sea o no sujeto. En eso es en lo que consiste la persona en cuanto tal, no en ser sujeto, sino en que, aun siendo sujeto, se sea suyo en tanto que realidad. Ser sujeto depende del orden talitativo y, efectivamente, en el caso del hombre lo es, aunque no nos importa esto para el caso. Lo que nos importa es que, sea o no sujeto por razón de su talidad, el hombre, como forma transcendental de realidad —y en eso consiste la persona—, es suyo, se pertenece a sí mismo bajo forma de sujeto, pero no porque en ello esté la esencia metafísica transcendental de la persona en cuanto tal. Persona es, por consiguiente, el carácter transcendental de la esencia abierta. Es suya, formal y reduplicativamente suya, en tanto que realidad. En manera alguna es un sujeto. Esto nos obliga a plantearnos con mayor rigor la segunda de las cuestiones sobre la persona.

B) *En qué consiste la estrucura misma de esta persona.*

No hay duda ninguna de que la persona, como toda realidad en este mundo, se trasluce sólo por sus actos. Ahora bien, los actos que yo ejecuto son bastante claros: yo hablo, yo como, yo decido, tengo un amigo, voy al cine, me como una chuleta, etc. Ahora bien, en esos actos que expreso en estas proposiciones —proposiciones que son verdaderas— hay dos momentos: hay un momento en el que digo «yo hablo», «yo tengo un amigo», etc., y el otro momento hace referencia a aquello que hace ese yo, que es hablar, tener un amigo, etc. Analicemos sucesivamente estos dos momentos por pasos contados.

1.º Es menester, para tener en claro la estructura de la persona, atender primero al yo. ¿Qué se entiende ahí por *yo*?

Podría pensarse, en primer lugar, que el yo es la forma primaria y radical como el hombre se enuncia como persona. Ahora bien, esto es falso, pues antes que el yo está el momento del mi. Cuando digo que un dolor es mi dolor, ahí no interviene el yo *formaliter* para nada. Es *mi* dolor, *mi* dolor de muelas, por ejemplo, como es *mi* amigo o es *mi* comida en otros casos. Esto los franceses lo llevan hasta la exageración, ya que para ellos todo es *nôtre*. Es el momento del mi, que es anterior al momento del yo, aunque tampoco es el primario. Porque por bajo del momento del mi hay el momento medial del me, como cuando digo «yo *me* compro una manzana» o «yo *me* siento bien». En esas tres formas —la del me, la del mi y la del yo— es como puede darse esto que, para iniciar el problema, he llamado *el sujeto-yo* en las proposiciones que enuncian las acciones de una persona humana.

a) La primera, indiscutiblemente, es la forma del me. El hombre va envuelto en su propia realidad personal en la forma de un me. El perro no se come una chuleta, sino que come una chuleta, que es distinto.

b) Muchos menos el perro puede pensar en un dolor que él tiene como *mi* dolor. Le duele igual que a mí, pero no es su dolor. Esto hasta los teólogos debían pensarlo un poco. Cuando se dice que Adán no hubiese tenido dolores si no hubiera cometido el pecado original, es necesario precisar que según y conforme. Si le hubiese caído una piedra, le hubiera dolido igual, hubiera tenido su dolor. Lo que pasa es que en ese momento el *su* no tenía el carácter de una pena como lo tiene ahora por el pecado original, pero como dolor le hubiese dolido igual. A esto no le demos vueltas. El momento del mi es *mi dolor*.

c) Luego está ese tercer momento, esa tercera forma en que, independientemente del me y del mi, el hombre enuncia con el vocablo solemne y escueto del yo aquello que él es como persona, cuando dice «yo ando», «yo como», «yo duermo», «yo hablo», etc. Prescindamos de esta diferencia y atendamos al yo mismo en cuanto tal. ¿Qué se entiende ahí por *yo*?

Uno piensa que se entiende mi realidad. No hay duda ninguna de que es mi realidad sustantiva. Ahora bien, esto no es verdad. Mi realidad sustantiva es aquello para la cual, o la cual, por ejemplo, se compra un objeto, de la que digo, o la que dice, que es mi cosa, etc., y es yo. La realidad sustantiva es anterior a todo yo. Como realidad sustantiva la tiene un niño antes de nacer. Ahora bien, no tiene un yo, ni un mi, ni probablemente un me, por lo menos en los primeros meses de su concepción. La realidad sustantiva es mi esencia, el sistema de todas las notas suficientes y necesarias para que yo sea y vaya a ser lo que soy, mi sistema de notas constitutivo. Por esto, porque es el *primarium absolutum* de mi realidad, como de cualquier otra, es lo que constituye la realidad *simpliciter* en cuanto tal. Si se quiere emplear un vocabulario escolástico —y no porque sea escolástico es falso ni anticuado, sino que es muy expresivo—, diremos que justamente ésa es la realidad en acto primero, o sea, aquello que es formalmente constitutivo de una realidad sustantiva y no esta realidad sustantiva calificada desde el punto de vista de los actos que ejecuta, los cuales no serían el acto primero sino el acto segundo. No se trata, pues, de mi propia realidad sustantiva, sino de que pensemos

—hagámoslo sin ninguna filosofía en la cabeza, que siempre es un elemento perturbador— lo que se quiere decir cuando se afirma «yo hablo», «yo como», «yo duermo». ¿Qué se entiende ahí por *yo*? Lo primero que uno dice es *yo mismo*. Justo ahí está la esencia del problema. El yo no es mi realidad sustantiva, pero es aquel acto en que se actualiza en acto segundo lo que soy como realidad sustantiva, a saber, es mi ser sustantivo. La diferencia entre el ser y la realidad, que podía parecer una sutileza en el orden de las cosas materiales, llega aquí a tener una suficiente claridad y a envolver un problema fenomenal: el problema entero de la existencia humana. Mi realidad sustantiva es una realidad que no depende más que en muy pequeña medida de mí. Me la han dado. Soy lo que soy constituido así. Yo: ése es mi ser sustantivo, esa reafirmación o actualización de lo que es mi realidad sustantiva en cada uno de los actos que ejecuto. Eso es propiamente lo que constituye el Yo. El Yo como acto segundo es el ser sustantivo de mi realidad sustantiva. Es, por consiguiente, un acto ulterior. La diferencia entre realidad y ser alcanza ahí su máxima expresión. En primer lugar, es una ratificación de la realidad por su acto segundo, de la realidad por mi Yo. Y cuando digo «Yo mismo», el momento del mismo revierte por vía de identidad a la realidad sustantiva, que es yo en acto segundo. Esta reversión por identidad es lo que expresa el *mismo* del *Yo mismo*. En segundo lugar, en esta ratificación hay, sin embargo, una diferencia —de la que vamos a hablar inmediatamente—, pues, mientras la realidad sustantiva se es constitutivamente de una vez para todas, el ser sustantivo, en el caso del hombre, tiene que ir forjándose.

Por lo pronto retengamos este momento: el Yo es el acto segundo en que se ratifica bajo la forma del Yo-mismo, por vía de identidad y de mismidad, mi propia realidad sustantiva. Abierta mi realidad sustantiva a mi propia realidad, el acto de esa identidad es la que se expresa en el yo bajo la forma del yo mismo. La mismidad significa mi propia realidad en tanto que realidad. Naturalmente, de ese yo no queda fuera todo lo que de una manera muy alegre el idealismo ha llamado el yo empírico. Todo lo contrario. En este sentido el yo es pura y simple el yo empírico en función transcendental.

2.º Ahora bien, en las frases «yo como» y «yo ando» puedo considerar lo que hago, lo que hace ese yo, que es comer y andar. ¿Qué relación hay entre ese yo y esos actos?, ¿se trata simplemente de ser ejecutor de esos actos? Podría sospecharse que, si pudiera pensar una piedra que cae, ¿diría «yo caigo»? Desde luego que no por la sencilla razón de que sólo el hombre en todos sus actos está abierto a la realidad en cuanto tal en forma respectiva, sólo el hombre ejecuta esos actos contando con las demás cosas en tanto que son reales. Mientras que a lo que primariamente el hombre está abierto es al mundo, los demás seres vivientes están abiertos al medio pero no al mundo. El hombre está abierto a un mundo que es una cosa real, cualquiera que ella sea, y precisamente porque el mundo es, y es *re-actual*, si se quiere, ya vimos que la mundanidad compete a la realidad en cuanto tal. Pero, porque el mundo es re-actual en mi inteligencia, como lo es la realidad en cuanto tal, precisamente por eso, y sólo por eso, puedo hablar de *mi* mundo como algo respecto de lo cual voy esbozando un sistema de posibilidades con que ejecutar mi vida. Estos actos —digo— no son actos simplemente ejecutados, como podría ser el acto de caída de una piedra, si la piedra pudiera hablar y decir «yo caigo». La razón es la siguiente: Como toda esencia, la persona personifica todo aquello que sobre ella se funda y que a ella adviene. Exactamente igual que toda esencia, que es realidad, *res simpliciter*, reifica cuanto sobre ella se constituye y cuanto a ella adviene, la persona personifica cuanto le adviene. Ahora bien, en este caso lo que le adviene es justamente los actos que ejecuta: come, bebe, anda, duerme, habla, etc. Estos actos —repito— personifican, están personificados por la persona pero de una forma especial, puesto que soy yo quien como, quien bebo, quien ando, quien duermo, quien hablo, etc.; es decir, el término inmediato a que esos actos se refieren es justamente el Yo, a saber, mi ser sustantivo, bien que el ser sustantivo no solamente es el ejecutor de sus actos sino aquello que va configurándose en los actos que ejecuta. Yo no solamente como sino que soy un yo-comiente, yo no solamente hablo sino que soy un yo-locuente, yo no solamente duermo sino que soy un yo-durmiente. El comer, el hablar o el dormir modifican intrínsecamente el carácter del yo, pues le van dando una configuración distinta. Como el Yo es el ser sustantivo del hombre, quiere decirse que el ser sustantivo es algo que se va constantemente modificando por los actos que la persona ejecuta. Por esto, mientras la realidad sustantiva se es de una vez para todas —por lo menos en líneas generales—, el Yo, es decir, el ser sustantivo es algo que se va haciendo a lo largo de la vida. De ahí que el grave problema, el problema radical y crucial que se plantea el hombre, *velis nolis*, es qué va a *ser* de mí, justamente el ser, a saber, la figura que va cobrando mi ser sustantivo. Lo otro, la realidad sustantiva, es algo que se me ha dado y en lo cual yo subsisto como persona.

De ahí la necesidad de introducir una terminología que distinga estos dos aspectos de la cuestión. De la estructura en virtud de la cual decimos que la esencia humana es una esencia abierta en el sentido que acabo de explicar diremos que tiene un carácter propio, a saber, la *personeidad*; en cambio, llamo *personalidad* a las modulaciones y a la forma que el ser sustantivo del hombre va cobrando a lo largo de sus actos. La diferencia entre los modos de realidad es una diferencia transcendental. Es la diferencia entre una esencia abierta y una esencia cerrada, y la estructura positiva de la esencia abierta es ser persona: como esencia abierta a su propia realidad y a la realidad de los demás, a saber, personeidad, y como esencia abierta a la propia figura de su ser sustantivo, a saber, personalidad. Ahora bien, todos estos actos se ejecutan en buena medida sobre las cosas y con las demás personas. Entonces es forzoso plantearse el problema de qué carácter transcendental tienen las demás cosas en esta perspectiva. Es el tema de que nos vamos a ocupar en el párrafo siguiente.

§ 2. QUÉ SIGNIFICA ESTA DIFERENCIA

Ya hemos visto la primera de las dos cuestiones en que distribuía el tema de los diferentes modos de la realidad en cuanto tal. Veíamos que estas diferencias se cifran en ver que unas esencias son cerradas, es decir, no hacen más que existir en sí mismas, mientras que otras son abiertas al carácter mismo de realidad en que la realidad consiste, y que este segundo carácter es una modificación del primero, de suerte que sería un error metafísico, en el que se ha caído varias veces, el sustantivar la apertura en cuanto tal. La apertura es siempre y sólo un modo y una modificación de un *en sí*. De la esencia abierta hay que decir que *en sí es abierta*. Esta diferencia entre esencia abierta y esencia cerrada —decía— es una diferencia transcendental, no por adición ni por contracción —lo primero sería imposible y lo segundo me parece que no es más que una metáfora— sino por actualización distinta. Toda realidad es real y el hombre puede actualizar esta realidad tal como ella es, ὡς ἔστιν, que diría Aristóteles, pero puede la realidad en cuanto tal tener una actualización de otro tipo, no *tal como es* sino *en cuanto tal*. Ese *en cuanto* en la inteligencia es lo propio de la esencia abierta.

Toda esencia, inclusive la cerrada, es una realidad en sí, pero la realidad en cuanto tal no adquiere en cierto modo un carácter autónomo —permítaseme la expresión— más que en una esencia abierta. Lo propio de toda esencia, tanto abierta como cerrada, es ser siempre suya. Ahora bien, la esencia abierta es aquella en que su carácter *de suyo* actúa o interviene formal y reduplicativamente en su propio comportamiento. No sólo es real y hace las cosas porque sean reales, sino que se comporta formalmente respecto de su carácter mismo de realidad. Es suya en esta forma reduplicativa y formal, y la forma de ser suya de este modo es lo que llamamos persona en el sentido de personeidad. Esta personeidad es un carácter transcendental cuyo acto segundo es el Yo, que no es la realidad sustantiva de la esencia humana pero sí su ser sustantivo. Este ser se va configurando en todo acto y a lo largo de toda la biografía. Va logrando en esa figura la de su ser sustantivo, al que temáticamente he llamado personalidad.

Supuesto que esto sea así y dado que esta esencia abierta en una u otra forma, por lo menos en el caso del hombre, está vertida a otras realidades lo mismo abiertas que cerradas, se pregunta uno cómo son las cosas en cuanto configurantes del ser sustantivo de una esencia abierta en el caso concreto del hombre. Pregunta que vamos a intentar contestar en tres puntos. Primero: La realidad y sus diferencias en este respecto. Segundo: Carácter de estas diferencias. Tercero: La realidad en cuanto tal como configurante del ser sustantivo del hombre.

I. La realidad y sus diferencias en este respecto

En primer lugar, la realidad y sus diferencias en la configuración misma del ser sustantivo del hombre. El enunciado mismo de la cuestión inscribe el problema dentro de la respectividad. Efectivamente, esa diferencia no se da más que en respectividad. Las cosas no están aisladas en el mundo, sino que cada una es en sí misma y de suyo intrínsecamente respectiva a todas las demás, no por una relación añadida sino por una relación que se identifica *in re* con la realidad respectiva misma. Respectividad que, si se atiende a la talidad, constituye lo que llamamos *cosmos* y, si concierne al carácter mismo de realidad en cuanto tal, es lo que yo he llamado *mundo*. El mundo es no el conjunto de todas las realidades sino la respectividad misma en que todas ellas están por el hecho de ser reales y no simplemente por ser tal o cual, de tal o cual índole. Esta respectividad es común a todas las cosas que hay en el Universo. Ninguna hace excepción a la respectividad que llamamos mundo. Aunque Dios creara cosmos que fueran absolutamente independientes los unos de los otros desde el punto de vista cósmico, sin embargo, en su carácter de realidad, el no tener nada que ver unos con otros es un término positivo por parte de la creación en virtud de lo cual la realidad es respectiva en un mundo.

Ahora bien, hay una respectividad especial, que es la que aquí nos importa considerar: la respectividad a una esencia abierta. Esta respectividad, en términos generales, ya ha aparecido en el apartado anterior cuando decía que la respectividad de las cosas, en un mundo que contenga inteligencias y voluntades, constituye en la realidad en cuanto tal dos transcendentales que se llaman el *verum* y el *bonum*, la verdad y el bien. Toda realidad, por ser real, es en principio intrínsecamente inteligible por una inteligencia y apetecible por una voluntad, si es que una y otra existen. Pero no es ésta la respectividad que aquí nos importa. Porque no se trata aquí de una respectividad relativa a una inteligencia y a una voluntad en cuanto notas que formalmente constituyen una esencia determinada, sino en cuanto notas en virtud de las cuales esta esencia es formalmente abierta; una respectividad a la apertura en cuanto tal. En segundo lugar, nos importa en tanto en cuanto en esta apertura la esencia abierta va configurando la figura y la forma de su propio ser sustantivo. Es en esta línea y en esta respectividad en la que se nos plantea el problema que aquí nos ocupa. Naturalmente, todo pende de las estructuras de la apertura a las cosas reales, o sea, a qué cosas reales y en qué sentido está abierta una esencia. Fijémonos concretamente en el caso del hombre. Ciertamente, es una apertura —eso es obvio— en la primera acepción del término, a saber, que el hombre va haciendo la figura de ese ser sustantivo a lo largo de su vida, es decir, consigo mismo —ni que decir tiene— pero, sobre todo, con los demás y con las demás cosas. Tiene que hacérsela, desde luego. Podría ser una esencia abierta y no tener que ir haciéndola —ésta es otra cuestión—, pero en el caso del hombre tiene que hacérsela, pues el hombre no es una esencia abierta sin más porque posea una inteligencia y una voluntad, sino porque posee una inteligencia sentiente y una voluntad tendente, es decir, porque tiene una sensibilidad intrínsecamente interna a las dimensiones intelectivas y volentes de su esencia abierta. En su virtud el acto segundo de esta realidad, de esta esencia abierta, es un acto *fluente*. En esa fluencia, precisamente por ser sentiente, y sólo por ser sentiente, es por lo que la esencia abierta no sólo se hace sino que tiene que hacerse la figura de su ser sustantivo.

Ahora bien, el hombre, en esa su vida fluente, en ese hacerse a sí mismo la figura sustantiva del ser, tiene dos momentos diferentes: Primero, el hombre, por ser un viviente, y además serlo en forma de una persona, se posee plenariamente a sí mismo en cada acto que ejecuta. En este sentido tiene una vida. Pero esta vida —repito— es fluente: tiene que ir haciéndosela, es una vida currente o discurrente. Entonces la figura de su ser sustantivo, que le viene conferida por el acto que ejecuta respecto de la realidad que va a configurar su ser, es también un acto fluente, es decir, el hombre no solamente tiene ser sustantivo sino que va haciéndose a lo largo de su vida la figura de su ser sustantivo.

La manera como las cosas están respecto del hombre, no sólo por su primera respectividad en tanto que realidad, a saber, por su presencia en el mundo, sino por la respectividad que toca al ser que se va haciendo a lo largo de la vida es lo que hace de ellas lo que he llamado *cosa-sentido*. Si yo quiero clavar una tachuela, hay una realidad que es un martillo: se trata de una cosa-sentido, de algo que sirve para clavar. Lo demás, lo que no caiga bajo esta consideración, afecta a la realidad de las cosas en forma de nuda realidad. No se trata de una cosa-sentido. Nuda realidad es la madera y el hierro de que está hecho el martillo y hasta el martillo entero, prescindiendo de que sea martillo; ahora bien, que esa madera y ese hierro, que esa realidad sea un martillo pende en cierto modo de la respectividad de mi vida y de lo que en esa respectividad, formalmente y en cuanto tal, yo vaya a hacer con esa cosa. A esto he llamado *cosa-realidad*.

A) Lo primero que hay que decir es que cosa-realidad y cosa-sentido no son idénticos, se distinguen entre sí tanto por lo que afecta a la cosa-realidad como por lo que afecta a la cosa-sentido.

1.º A la cosa-realidad. Naturalmente, todo depende de qué se entienda por *realidad*. Pero parece que por *realidad*, por lo menos en forma de nuda realidad, hay que entender —al menos así la entiendo yo— una realidad sustantiva que posee unas cuantas notas, que son reales en el sentido más obvio de la palabra, que actúa sobre las demás cosas y que existe a lo largo de la duración —mientras la realidad dure— en virtud de todas y sólo en virtud de las notas que sustantivamente posee. Lo demás no pertenece a su realidad en cuanto tal, es otra historia.

2.º No es ese el caso de las cosas-sentido. Porque cualquier cosa-sentido, el martillo, por ejemplo, no actúa sobre las demás cosas en tanto que martillo sino en tanto que hierro y madera. No actúa en tanto que martillo más que sobre una, que es sobre mí, que es otro problema. Pero en sí misma y como nuda realidad el martillo no tiene nuda realidad ninguna. La nuda realidad es aquello de que el martillo está hecho, la cosa que es el martillo, pero no —si se me permite la expresión, aunque sea muy brutal— la *martilleidad* del martillo. Su carácter de martillo no es una nota real y, por consiguiente, no actúa sobre las demás cosas en tanto que nota real, en tanto que martillo. En cambio, no actúa como martillo más que respectivamente a mi vida y a mi ser vivo, porque clavar es configurar de una cierta manera mi propio ser sustantivo: Yo soy clavante.

B) Ahora bien, esta diferencia entre la cosa-realidad y la cosa-sentido no coincide con la diferencia clásica entre lo natural y de lo artificial, ya que esto no es verdad por lo que concierne ni a lo natural ni a lo artificial.

En primer lugar, no es verdad por lo que concierne a lo natural. ¿Qué se entiende por una *cosa natural*? Toda la metafísica de Aristóteles, y asimismo la de Platón en buena parte, está montada sobre esta diferencia inicial entre las cosas que son φύσει ὄντα, que son cosas naturales, y las cosas que son τέχνῃ ὄντα, que son cosas técnicas, elaboradas por τέχνη, cosas artificiales. Pero esto, que era verdad en tiempo de los griegos, ya lo es menos ahora, es decir, no es verdad en nuestra vida, en nuestro mundo actual. Ateniéndonos al concepto de realidad que antes he emitido, el hombre puede fabricar sintéticamente, por ejemplo, insulina, que en este sentido es una cosa artificial. Sin embargo, la insulina así producida artificialmente por mí actúa sobre el resto de las realidades del Universo por todas y solas las notas que efectivamente posee. *Tiene* una nuda-realidad en virtud de la cual *es* nuda realidad. Si se quiere, la paradoja de nuestra técnica está en que fabrica artificialmente cosas naturales. Naturales en este sentido estricto que acabo de enunciar. Esto no le acontecía al griego. Por lo menos el griego no lo sabía, pues creía que el hombre lo que hace es prolongar en cosas artificiales aquello que la naturaleza hace en el dominio que llama φύσει ὄντα, de las cosas naturales. No coincide, pues, realidad con naturalidad. Toda la técnica actual fabrica innumerables cosas naturales, que son artificiales desde el punto de vista del principio que las produce, pero que son formalmente naturales desde el punto de vista de su modo de realidad.

En segundo lugar, tampoco es verdad esto por lo que concierne a las cosas artificiales. No está dicho en ninguna parte que una cosa-sentido sea artificial. Por ejemplo, que la caverna sea morada del hombre es hacer de una estructura geológica una cosa-sentido, que es la morada. Sin embargo, el hombre no es forzosamente quien ha fabricado esa caverna, que puede ser perfectamente una estructura geológica natural.

No se trata, pues, de una identidad entre cosas naturales y cosas artificiales, por un lado, y cosa-realidad y cosa-sentido, por el otro. La diferencia es de un orden completamente distinto. Es la diferencia que existe entre la nuda realidad y la realidad en tanto que tiene respectividad a la vida del hombre. En este sentido [9], en esta acepción, si toda realidad se nos presenta como un constructo físico y metafísico a un tiempo, a saber, si la realidad, por lo menos la finita, es una realidad que es constructa —desde el punto de vista último de una función transcendental y de una talidad, y, dentro de la talidad, entre las notas y la unidad que componen su esencia—, debe decirse que en este problema que aquí nos ocupa hay también un constructo, pero distinto: es el constructo en virtud del cual la vida tiene que hacerse con las cosas y éstas, en una u otra dimensión, son de y para la vida. De este constructo es del que pende la existencia de la cosa-sentido. Es un constructo no de realidad sino de vida.

Naturalmente, uno podría pensar —fue la idea de Heidegger— que esto que llamamos nuda realidad es un sentido más que hay en las cosas que se dan en la vida, cosas que en mi vida tienen el sentido de ser nudas realidades. Pero esto es absolutamente falso por lo que afecta tanto a la realidad como al ser. Por lo que afecta a la realidad, dado que toda cosa-sentido se apoya sobre la condición de una cosa que sea nuda realidad. Porque, si no, ¿cómo iba a haber un martillo, si no hay hierro ni madera? Ahora bien, la recíproca no es cierta ni por razón de su presentación ni por razón de la propia realidad.

1.º No es cierta por razón de su presentación. ¿Dónde está dicho —y lo he cuestionado ya repetidas veces— que la primera aprehensión que tengamos de las cosas sea de las paredes, las mesas, etc., es decir, de las cosas-sentido? En ma-

---

[9] Al margen de estas líneas, Zubiri escribe: «Explicar lo del "constructo", pág. 66».

nera alguna. Ver como ver, yo no veo una botella ni un martillo; veo unas cosas que, luego, resulta que en mi vida funcionan como botella y como martillo, que es otra historia. Pero mi acto perceptivo en cuanto tal, formalmente, y en tanto que ejecutado por mi potencia visual, no recae sobre la botella en cuanto tal sino sobre la cosa que es botella, que es asunto distinto. *Καθ'αἴσθησιν*, en su modo mismo de presentación, la cosa-realidad es primaria, con una prioridad no cronológica, bien entendido, pero sí con una prioridad en el orden de los momentos de presentación, la prioridad de la nuda realidad, es decir, la impresión de realidad. La impresión de realidad no se tiene del martillo en cuanto martillo, se tiene justa y solamente de la cosa que es martillo.

2.º Pero, además, tampoco es cierta por razón suya propia. La realidad, la nuda realidad es el presupuesto mismo —como decía hace un momento— para que pueda haber una cosa-sentido. No habría martillo si no hubiera hierro ni madera, pongo por caso, si el martillo está hecho de esos materiales y si tiene la forma que realmente tiene. Lo que ocurre es que, si yo, para hacer un martillo, tomase como nuda realidad el agua, por lo menos el agua en estado líquido, no podría hacerlo. Lo cual indica que la realidad, a pesar de ser el presupuesto de toda cosa-sentido, no siempre ni toda ella es en cualquier forma algo que permite que aquello funcione como cosa-sentido dentro de mi vida.

La actitud o el carácter en virtud del cual la realidad se presta a ser inexorablemente cosa-sentido, a tener sentido para la vida es lo que llamo *condición*. De ella pende la cosa-sentido. Condición —repito— es la aptitud o la capacidad que las cosas en su nuda realidad tienen de funcionar como cosas-sentido dentro de la vida humana. Una misma realidad, como nuda realidad, puede dar lugar a distintas cosas-sentido o, muy al contrario, no dar lugar directamente a la cosa-sentido que uno quisiera tener. Las cosas en su respectividad a la vida de una esencia abierta son cosas *en condición*.

Ahora el problema está en que se nos diga cuál es el carácter de esta condición. Porque la condición es algo que afecta a las cosas, es la condición de las cosas. Sin embargo, sólo se da en respectividad de la vida humana. Entramos así en la segunda parte: cuál es el carácter que tiene la condición de las cosas precisamente en cuanto que son cosas.

II. *Carácter de estas diferencias*

Decía que la diferencia entre cosa-realidad y cosa-sentido es solamente una diferencia entre realidad y condición. Ahora bien, ¿qué es la condición en sí misma?

En primer lugar, no es algo subjetivo. Uno piensa que si no hubiera hombres que quisieran clavar algo, no habría martillos. De esto no hay la menor duda. Ahora bien, ¿significa esto que la condición sea un fenómeno puramente subjetivo? La palabra *subjetivo* es una de las patentes que absurdamente ha circulado en toda la filosofía desde comienzos del siglo XIX, donde se llama subjetivo a todo lo que se refiere al sujeto humano. Lo cual no es verdad. Porque, si yo quiero hacer un martillo con el agua, me encuentro con que no lo puedo hacer, mientras que, si lo quiero hacer con el hierro y la madera, hago el martillo y el martillo está ahí; es decir, las cosas no serían cosas-sentido si no hubiera una vida humana y un hombre que en ella quiere hacer su vida con esas cosas en cuestión. Pero las cosas por su parte responden *quedando* en una condición. El quedar es lo propio de ellas, algo que pertenece a las cosas, ya que son ellas las que quedan en una condición. Sin mi vida habría realidad, pero no sería cosa-sentido. Recíprocamente, con mi vida las cosas son sentido, pero son ellas las que quedan en una condición. Precisamente porque quedan, es algo que afecta a las cosas en su respectividad a mi vida. No se trata, por consiguiente, de algo meramente subjetivo.

En segundo lugar, tampoco es una mera relación. Acaso sería más fácil decir: «Aquí tengo el hierro, aquí tengo la madera, aquí tengo la vida; los pongo en relación, etc.». Los antiguos, sobre todo los juristas, se divertían mucho haciendo la secuencia sujeto-objeto-y-relación. Con eso se arregla todo. Hay muchos conceptos en la filosofía que sirven para arreglarlo todo. Uno de ellos es el que acabo de enunciar. Todos nos reímos de ello, pero piénsese en lo que es la analogía para los escolásticos, para quienes todo es analógico y todo es participación. Con eso, en definitiva, se eluden los problemas.

No se trata, pues, de una relación, porque ésta es siempre algo que supone los relatos, y toda respectividad que lo sea es algo que no se distingue realmente sino sólo con fundamento *in re* de los relatos, pero que *in re* se identifica con ellos y que, por tanto, es la cosa misma en su carácter de respectividad, no una relación extrínsecamente añadida a ello. Lo cual significa que la condición en cuanto tal, precisamente por referirse a las cosas en su realidad sin identificarse con la nuda realidad, pertenece, sin embargo, a la realidad de las cosas en tanto en cuanto que son reales y, por consiguiente, pertenece al orden transcendental.

Es preciso dedicar un momento nuestra atención a esta pertenencia de la condición al orden transcendental.

Antes que nada tengamos en cuenta que —por lo menos he intentado convencer de ello en páginas anteriores— el orden transcendental no es el orden de unos conceptos objetivos, que es otra historia. El orden transcendental es un orden real, el orden de la realidad. Es posible que haya conceptos más universales que los del orden transcendental, por ejemplo, el concepto de ser. Quizá es posible. Pero esto ni quita ni pone para el carácter mismo del orden transcendental. El orden transcendental es —repito— el orden de la realidad en cuanto tal. Y ese orden de la realidad, por su carácter de realidad en cuanto tal, significa no un concepto sino la conexión o respectividad, o la índole misma de las cosas, precisamente porque son reales. Su carácter mismo de realidad es eso que como formalidad me es presente en la impresión misma de realidad en el primero y más elemental, radical y exclusivo acto de la inteligencia sentiente, que es la impresión de realidad. Si esto es así, habría que decir que la respectividad, a pesar de referirse a las cosas reales en tanto que son reales, precisamente en la medida en que son reales, no pertenecería al orden transcendental más que si lo real en cuanto real, y precisamente por ser real, fuera siempre y constitutivamente una condición. Es justamente el caso de la realidad. Y ésta es la cuestión.

Por de pronto digo que el sentido pende de la condición y la condición es el respecto en que las cosas reales quedan respecto de mi vida. Si es verdad lo que acabo de decir —y voy a explicarlo para hacer ver que, a mi modo de ver, es verdad—, esto quiere decir que, además de las cosas-sentido, hay una magna cosa, que no es precisamente cosa sino formalidad, que es el carácter de realidad en cuanto tal. Ese carácter puede constituir, y constituye de hecho, no sólo la formalidad intrínseca y transcendental de las cosas, sino que en su misma formalidad es una cosa-sentido —no es una cosa, pero permítaseme que lo continué llamando así sin cometer grave error—.

¿Qué es lo que esto significa?

Veamos antes lo que esto no significa; a saber, que la realidad sea una dimensión de lo que hemos llamado *sentido*. La nuda realidad, incluso en el caso de la realidad en cuanto tal, es el presupuesto metafísico inexorable para que la realidad en cuanto tal se constituya en sentido, es decir, sea condición. No significa, por consiguiente, que la realidad en cuanto tal esté descubierta, fundada en esa condición y a través de esa condición. Esto sería falso, porque la percepción no se funda en esa condición sino en la impresión de realidad que me da la nuda realidad. Volvemos a lo mismo. No vayamos a pensar que la versión de la inteligencia a lo que llamo nuda realidad está fundada en la forma que se quiera, como decía Heidegger. Para Heidegger cuando fracasan los *Zuhandenes*, cuando fracasa el martillo o fracasa el cuero, entonces yo puedo preguntar ¿qué es esto?, y considero ese martillo y ese cuero como una nuda realidad. Esto no es verdad. No es verdad más que en ese contexto en que Heidegger lo dice. Pero la verdad es que, cuando yo veo una cartera, veo una cosa que es cartera, pero no veo la cartera. No hay la prioridad del *Zuhandenes*. La prioridad va sobre la impresión de realidad de lo que realmente tengo ante mí en un acto perceptivo. En manera alguna, por consiguiente, puede pretenderse que, por su propia razón y su propio modo de presentación, la nuda realidad esté montada sobre la cosa-sentido, es decir, sobre la realidad en cuanto tal en tanto que sentido mío. No significa, pues, eso. La realidad, incluso en cuanto tal, es el presupuesto del carácter mismo de condición.

Lo que significa es que la realidad en cuanto tal, que es aquello según lo cual una cosa está implantada en la realidad, está implantada en la realidad en respectividad con todas las esencias, como cualquier cosa, y, entre ellas, con la esencia abierta que es el hombre. Pero en esta implantación no está implantada sólo en este sentido, que es propio de toda esencia, sino en un sentido sumamente especial y particular: en tanto en cuanto una esencia abierta tiene que configurarse y fabricarse la figura de su propio ser sustantivo. Ahora bien, el ser sustantivo no es la realidad sustantiva, sino que es justo el acto segundo de algo que previamente es una realidad sustantiva. En respectividad a este ser sustantivo me encuentro con que el hombre, cuando va ejecutando sus actos entre las cosas con las que vive, se encuentra con ellas. Todo eso es verdad. Pero la verdad es que en lo que estamos primaria y fundamentalmente todos nosotros y aquello que en este instante, *hic et nunc*, constituye nuestra vida con las cosas, es en la realidad. El hombre transciende constitutivamente en su estar con las cosas del carácter talitativo de las cosas, y donde está implantado es en la dimensión transcendental de la realidad. Estamos en la realidad. Es esa realidad en cuanto tal la que constituye el gran configurante de mi ser sustantivo. Si quiero quitarme la sed, tengo la posibilidad de echar mano de un vaso de agua. Pero si me fracasa el vaso de agua y, subiendo la escala, me fracasan una serie de cosas, me fracasan los amigos, por ejemplo (¡nos pueden fracasar tantas cosas en la vida!), el hombre se encuentra con que, no obstante, tiene que echar mano de la realidad misma y de alguna manera escogitar las posibilidades con que efectivamente puede hacer su vida dentro de la realidad, no sólo con las cosas que ahora le están rodeando en esa realidad. La realidad en cuanto tal se le presenta al hombre como algo que es posibilitante. Las posibilidades de su existencia penden, en última instancia, más que de las cosas que son, de las cosas reales, de la realidad misma de ellas en cuanto tal. Una posibilidad que, además, es una posibilidad última porque de allí no se puede ir más lejos. Más lejos no hay nada. Es, pues, una posibilidad y, además de ser posibilidad, es una ultimidad. Una ultimidad que no simplemente está ahí, sino que constitutivamente me fuerza a tener que darme la figura de mi ser, sea en forma fluente, en el caso del hombre, sea en forma no fluente, cuando se trata de una esencia abierta que no tuviera una vida discurrente.

En el hombre esta posibilitación, esta ultimidad y este impulso impelente, por el cual la realidad en cuanto tal le fuerza a configurarse en una forma determinada de ser, es algo que le está dado en la impresión de realidad. Y ese modo de respectividad es al que en una dimensión universal llamé páginas atrás el *poder*. La realidad en cuanto tal es el gran poder que domina al hombre, se cierne sobre él y inexorablemente, *velis nolis*, con todo su problematismo le fuerza a tener que dar una figura determinada de su ser en cada uno de los actos de su vida y cobrar una figura a lo largo de toda su fluente biografía. La respectividad esencial, la respectividad de condición, por la cual la realidad en cuanto tal pertenece al orden transcendental, es esta dimensión de poder por la cual el hombre tiene que configurarse la figura y la forma de su propio ser sustantivo. Es el poder de la realidad en cuanto tal como condición del ser sustantivo de una esencia abierta. Es el poder para ser. Y porque la realidad en cuanto tal tiene este poder, tiene esta condición es por lo que pertenece al orden transcendental. La realidad en cuanto tal es capaz de tener este poder.

Dije que hay muchas cosas inaccesibles para el hombre, ya que se encontrará limitado y incapacitado por muchas de sus dimensiones finitas para tener acceso a determinadas cosas que son o pueden ser reales. Pero lo cierto es que al hombre a primera vista, en siendo real, nada le parece, y con razón, que sea ajeno a las posibilidades mismas de su realidad sustantiva y de su ser sustantivo. Entonces uno se pregunta: si la condición, es decir, aquello en virtud de lo cual algo se constituye en sentido para la vida, afecta a la realidad en cuanto tal y, por consiguiente, esta dimensión es transcendental, ¿cómo se va a pretender que sea transcendental a última instancia si, en efecto, la realidad en cuanto tal no envuelve forzosamente esta respectividad de esencias abiertas que podrían perfectamente no existir?

A esto habría que responder, como dicen los escolásticos —y algunas veces tienen razón—, que lo que prueba demasiado no prueba nada. Porque tampoco hay razón ninguna para que existan inteligencias y voluntades según el concepto mismo del ente, y, sin embargo, se dice de la verdad y el bien que son transcendentales. Lo que se quiere decir es que, si existieran, la realidad en cuanto tal sería intrínsecamente inteligible y apetecible. Pues aquí digo igual. No hay necesidad ninguna de que haya una esencia abierta que se fabrique su figura de ser sustantivo. Lo que digo es que toda realidad, por el hecho de serlo, tiene la condición de poder configurar intrínsecamente el ser sustantivo de una esencia abierta. Por la mismísima razón por la que el *verum* y el *bonum* son transcendentales, no primarios sino fundados en el mundo, el mundo, en tanto en cuanto la actualidad de las cosas que en él constituye el ser, es aquello respecto de lo cual todas las cosas son transcendentalmente sentido para la existencia, para la vida del hombre.

III. *La realidad en cuanto tal como configurante del ser sustantivo del hombre*

Ahora, y finalmente, nos preguntamos por cuál es la forma concreta en que esto se da en esa esencia abierta que es el hombre y qué es la realidad en cuanto tal como configurante.

Configura, según acabo de decir, el ser mismo. Cada uno de los actos de la vida que el hombre ejecuta no sólo es un acto que ejecuta y que, luego, deja sus consecuencias, en todo caso sus recuerdos, sino que es algo más, pues es algo que configura con un rasgo u otro su propio ser sustantivo. Cuando yo hablo, no solamente soy una persona que ejecuta la acción de hablar, sino que yo en mi ser soy un ser locuente. La locuencia es uno de los momentos intrínsecos de mi ser sustantivo. Mi biografía entera es justamente el tejido configurativo de lo que es mi ser sustantivo. Esto es verdad. Ahora bien, ¿qué conexión hay entre ese ser sustantivo que no se identifica con la realidad sustantiva y que, sin embargo, como acabamos de decir, se va configurando a lo largo de una vida?

No son en manera alguna dos dimensiones superpuestas. Lo primario es, en el caso del hombre y también en el caso de cualquier realidad, su realidad sustantiva. Sin embargo, —decía— yo puedo considerar la realidad, cualquier realidad, no sólo como realidad sustantiva, nuda en sí misma, sino en su respectividad con las demás realidades. Entonces la actualidad de una realidad sustantiva en esa respectividad envuelve una especie de reafirmación, si se quiere, de ratificación de lo que es la realidad sustantiva respecto de las demás cosas. Esa ratificación es lo que llamamos *ser*. Puedo decir, pongo por caso, que lo que es esto —lo que ahora tengo en mi mano— es hierro. Esto no podría ocurrir si no hubiese respectividad frente a la cual el hierro se reafirmara como hierro, aunque esa respectividad fuera únicamente una inteligencia que lo conoce. Lo cual me bastaría para lo que estoy diciendo. Pero *a fortiori* sí hay más realidades. De ahí que en el ser, que es la actualidad de una realidad sustantiva en el mundo, hay una ratificación, una especie de refluencia de su ser sobre la realidad sustantiva misma. Esa refluencia es justamente lo que hemos llamado el *ser sustantivo*. Lo que se llama el ser sustantivo —a mi modo de ver— no es más que eso: la ratificación de la realidad sustantiva en el ser. Por eso decía que no hay un *esse reale* sino *realitas in essendo*. El *es* es una especie de verbo activo, es algo así como algo ejecutado por la realidad ya real o, mejor, no ejecutado sino actualizado. Pues bien, donde esto adquiere sus caracteres más aprehensibles es en el caso del hombre.

El Yo es el ser sustantivo del hombre, es algo en que, por consiguiente, la realidad sustantiva en que yo consisto esencialmente se reafirma en acto segundo. El Yo no consiste en ser una cosa más que ejecuta la realidad sustantiva, sino que, al ejecutarlo, soy *Yo-mismo*, es decir, revierte el carácter del Yo sobre la realidad sustantiva que yo soy. Esa reversión es mi ser sustantivo. En una u otra forma la figura de mi ser va configurando, por lo menos en acto segundo, esta realidad sustantiva que soy yo mismo. Aquí es donde resulta mucho más claro que mi realidad sustantiva es *realitas in essendo*, o sea, es la realidad en el Yo. Pero en manera alguna la realidad se identifica con el Yo, ni el Yo es una cosa superpuesta a esa realidad, sino que es el acto segundo que revierte sobre el acto primero para reafirmarlo configurativamente. En esta *realitas in essendo* ese *in* significa pura y simplemente eso. El resultado es una figura de realidad, y precisamente la esencia abierta lo está no sólo a su propio carácter de realidad y al carácter de realidad de todas las demás cosas, sino que está abierta intrínsecamente a su propia manera de ser, a su propia figura de ser.

Ahora bien, abierto a su propia figura de ser quiere decir que no tiene prejuzgada por completo la figura de su ser. El hombre en virtud de su voluntad tiene que forjar para la mayoría de las acciones de su vida un sistema de posibilidades, del que tiene que apropiarse. La condición de la esencia abierta en virtud de la cual tiene que forjar las posibilidades de la figura de su ser sustantivo es lo que llamamos el *carácter moral*. La moralidad no está fundada sobre el bien sino que, al revés, es el bien el que está fundado sobre el carácter moral de una realidad. Sólo en tanto en cuanto hay una esencia abierta que es intrínsecamente moral en el sentido de que no puede tener la figura de su ser más que apropiándose posibilidades, sólo en esa medida cabe hablar de un *bonum* en el usual sentido moral del vocablo.

Sin embargo [10], esto no es lo último ni lo más radical. Porque es lo cierto que ese sistema de posibilidades el hombre tiene que ejecutarlo, tiene que forjarlo. Puede incluso forjar la posibilidad de dejarse llevar por las cosas, pero esto es una posibilidad más que yo elijo, la de dejarme llevar por las cosas. El hombre no puede no forjar un sistema de posibilidades ni puede desentenderse, por consiguiente, de la figura de su ser. Este no poder desentenderse que le tiene en movimiento es la *inquietud* [11]. Por eso la inquietud, en este sentido, se inscribe por entero en el orden transcendental. Sería el punto en que surge el tema de la religación, que, por pertenecer a otro temario, no vamos a abordar aquí. Lo que me importa es haber puesto relativamente en claro —perdóneseme que sea tan pedante y tan confiado en mí mismo— que la diferencia de las cosas en su respectividad a una esencia abierta es la diferencia de cosa-realidad y cosa-sentido, así como que ésta es una diferencia de condición estríctamente transcendental cuya vivencia en el hombre es la inquietud. El hombre es, en consecuencia, la realidad inquieta en ser, siendo esa inquietud de orden transcendental.

---

[10] Al margen, y anotándolo en la línea anterior, Zubiri escribe: «Ojo. Aquí me salté la idea de historicidad».

[11] Al margen ha escrito Zubiri: «El *in* de la *realitas in essendo* tiene un preciso carácter muy concreto. Como el *essendo* es un acto fluente y libre, el *in* es una *in-quietud*. *Realitas in essendo* = *realitas in-quieta*. Inquieta por su ser, por el *esse*, un gerundio fluente y libre.»

CONCLUSIÓN

Hemos llegado al final de lo que me proponía desarrollar. Momento es de que recapitulemos lo dicho. Recuérdese que me proponía, en primer lugar, enfocar el problema de la realidad. Un enfoque que era averiguar en qué dimensión y en qué forma le es presente al hombre eso que llamamos *la realidad*. Afirmaba que este enfoque no puede ser sino la índole que uno presupone que tiene la inteligencia humana. Esta inteligencia —decía— es una *inteligencia sentiente* que por modo impresivo me presenta la formalidad de lo real, aquello según lo cual las cosas son *de suyo* y no simplemente aquello según lo cual las cosas se agotan en su carácter sensitivo, que es el caso de la afección del animal, de la pura estimulidad. En esta impresión de realidad se *actualiza* precisamente lo real y, en la medida en que se actualiza, lo real presente en una impresión de realidad tiene una *verdad real*.

En segundo lugar, veía esta realidad como una realidad sustantiva, un sistema de notas constitucionales cuyo momento de realidad *simpliciter* se apoya en un subsistema fundamental, la *esencia*, la cual es el sistema de las notas necesarias y suficientes para que la realidad posea todas las notas constitucionales que tenga y, además, contenga el área de las posibles notas adventicias que en su conexión con otras realidades le puedan advenir. La esencia es, en este sentido, una *unidad coherencial primaria*. Gracias a ella, y sólo a ella, las cosas son reales. Es lo que en su momento llamaba, porque así nos aparecía, *la realidad como transcendental*. Este momento de realidad no es una especie de orden *a priori* que cae sobre las cosas, ni es una mera consideración *a posteriori* de ellas, sino que es algo tan distinto como es la función transcendental por y en que toda talidad, por el mero hecho de emerger o ser el carácter de una esencia, es algo en cierto modo ab-soluto. Reposa sobre sí mismo, es pura y simplemente la talidad en función transcendental.

Ahora bien, estas cosas reales —decía, y entrábamos así en la tercera parte— las puedo tomar a cada una, a cada cual por sí misma. Entonces lo menos que tengo que decir es que cada una de estas cosas es *una*. Esta unidad es de orden transcendental. Es una unidad que no está constituida exclusivamente por una interna indivisión y por una división de todo lo demás sino por algo distinto: por la manera positiva como en virtud de sus notas cada cosa es una. Esa manera positiva de ser una es lo que llamé *constitución*. La unidad transcendental de cada realidad es justamente constitución, la cual es la que confiere su unidad a la cosa real. Una unidad no sólo de su esencia sino de todas las notas de su esencia, que en su esencia se apoyan o que le pueden venir de su relación y conexión con las demás cosas del Universo. En todo caso, la multitud de notas que tiene una realidad una, en su constitución transcendental, es aquello en que se actualiza en tanto que multitud aquello que primaria y radicalmente la cosa es: la unidad transcendental de su constitución. Desde este punto de vista, las notas son *lo sido* de la unidad interna en que la cosa consiste, la cual sería su *in*, su *intus*. Toda realidad es transcendentalmente en su constitución una interioridad y una exterioridad, o, dicho con más precisión, una interioridad plasmada en una exterioridad. A la proyección de la interioridad en la exterioridad es a lo que llamamos *dimensión*. En esa dimensión lo que se mide y se mensura es la realidad. No me satisface demasiado la expresión *grados de realidad*, pero sí el hecho de que toda realidad es mensurable en tanto que realidad, es mensurable intrínsecamente.

Ahora bien, no sólo esto sino que la realidad, las cosas reales no están aisladas, sino que están respectivamente las unas a las otras en una respectividad que llamamos *mundo*. El mundo es el cosmos en función transcendental. La actualidad de una cosa en el mundo es estructuralmente su ser, y este ser en que se constituye —en esta ulterior actualidad que llamamos el ἕv— la realidad sustantiva, es lo que da lugar a los transcendentales complejos: al *aliquid*, al *verum* y al *bonum*.

Pero esta respectividad puede darse y tomarse no sólo estructuralmente sino además dinámicamente, en su conexión dinámica. Esta conexión dinámica tiene dos dimensiones. Es, por un lado, un rango diferente de las cosas, cuya conexión dinámica es lo que llamamos *poder*. El poder es, si se quiere, la influencia que las cosas tienen las unas sobre las otras por razón de su rango. Distinta de una *causalidad* —la otra dimensión—, que es la forma en que las cosas actúan las unas por las otras. Mientras la causalidad es la funcionalidad de lo real en tanto que real, el poder es el carácter de dominancia de lo real en tanto que real.

Estas cosas —veíamos en el capítulo último— ofrecen una diferencia, tienen transcendentalmente la diferencia entre un en sí y una apertura, es decir, entre una *esencia cerrada* y una *esencia abierta*. Esta última está abierta a su propio carácter de realidad, es formal y reduplicativamente suya, es decir, es una *persona*. Persona en el sentido de una *personeidad* que, por serlo de una realidad sentiente, tiene que fabricarse la figura de su ser sustantivo, de su Yo a lo largo de una vida. La diferencia que las cosas presentan respecto de esta vida es lo que hemos llamado *condición*. Todas las condiciones están inscritas en una condición suprema, cual es que la realidad en cuanto tal tiene un *sentido* para la vida. Esta dimensión de sentido que tiene la realidad en cuanto tal se despliega en su carácter de posibilitante, última e impelente. Una esencia abierta como es el hombre está transcendentalmente implantado en la realidad, teniendo que hacer la figura de su ser con esa estructura radical y última que es la inquietud del ser, la *inquietud transcendental*.

Por esto —decía— el orden transcendental no es una cosa que esté dada de una vez para todas. En los manuales más o menos ricos y precisos de metafísica el orden transcendental es desgraciadamente un piélago en el que el hombre lenta y penosamente tiene que ir precisando conceptos, buscando dimensiones en la realidad. Pero la metafísica no es, en última instancia, ni cuestión de conceptos, por lo menos de combinación de conceptos, ni de largos razonamientos. Es justamente al revés. Bergson lo reconocía para otra idea de la metafísica que la que aquí puedo sostener, pero lo que decía es verdad: Se trata de hacer conceptos a la medida. ¡Esto es lo difícil! Ampliar la conceptuación del orden transcendental, ver el enorme problematismo que todo esto tiene y que el hombre, lanzado por la inquietud de ser en el orden transcendental, en una o en otra forma va en un cierto momento a pensar conceptualmente en eso que es el orden transcendental.

Sería un error —a mi modo de ver— creer que la justificación de la metafísica está, como dice Heidegger, en ser una tematización de algo que *naturalmente* es el hombre. ¡Esto no!

El hombre podría perfectamente no haber hecho metafísica jamás. La metafísica es una ocupación intelectual que el hombre puede tener o no; pero, si el hombre se decide a tenerla, entonces ha de hacerse cargo de la dimensión transcendental de la realidad en cuanto tal. Cosa que se dice muy pronto y parece muy huera, pero no lo es, ya que es el piélago en el que se pierde la inteligencia humana, cuando quiere hacer conceptos a la medida a propósito de la realidad en cuanto tal.

APÉNDICE

NOTAS SOBRE LA INTELIGENCIA HUMANA

por Xavier Zubiri

Amicus amico carissimo.

El hombre tiene que habérselas con eso que llamamos cosas reales. Necesita, en efecto, saber lo que son las cosas o las situaciones en que se encuentra. Sin compromiso ulterior, llamamos inteligencia a la actividad humana que procura este «saber». El vocablo designa aquí no una facultad sino una serie de actos o actividades. Es decir, tomamos «inteligencia» no κατὰ δύναμιν sino καθ' ἐνέργειαν. Estas fugaces notas no pretenden entrar en el problema estructural de la inteligencia humana sino tan sólo acotar el fenómeno para esa ulterior investigación.

Para que la intelección tenga lugar es menester que las cosas nos estén, en alguna manera, previamente presentes. No basta con que las cosas sean reales, ni con que «haya» cosas reales en el mundo; es menester que las cosas reales nos estén presentes en un modo especial de enfrentarnos con ellas. En este sentido, las cosas reales no nos están presentes, sino desde nosotros mismos, es decir, según un modo nuestro de enfrentarnos con ellas.

¿Cuál es este modo?

No hay la menor duda de que en última instancia las cosas me son presentes por los sentidos. Para entrar en el problema, no me importa la diferencia, profunda, pero ajena a nuestro propósito, entre sensibilidad externa e interna; un tratamiento extenso del tema exigiría precisar los matices en vista de esta diferencia. Pero para seguir la exposición, basta con referirse a la sensibilidad externa, cosa siempre más clara; porque cuanto vayamos a decir se refiere a la sensibilidad en cuanto tal.

Las cosas, pues, nos están presentes primeramente por los sentidos. Pero ¿en qué consiste la función sensorial que nos hace presentes las cosas reales? Se habla de percepciones. Mas la percepción tiene muchos momentos distintos, por ejemplo, el momento intencional de referir el contenido sensible a su objeto. Sin embargo, no es este el momento primario de la sensibilidad. Sentir no es primeramente percibir. Si eliminamos todos los momentos intencionales de la percepción, nos queda el puro «sentir» algo. ¿Qué es simplemente sentir? La cuestión es grave. Husserl estima que eso que aquí llamo puro sentir, por ejemplo, sentir un color, es tan sólo el momento material o hilético de la conciencia perceptiva; lo que llamamos sensibilidad, nos dice, representa el residuo fenomenológico de la percepción normal después que hemos quitado la intención. Heidegger lo llama *Faktum brutum* y Sartre vuelve a hablarnos de lo sensible como de algo meramente residual. Pero ¿es la sensibilidad un mero residuo? ¿No será más bien lo principal y principial, aquello en donde ya se ha jugado la partida en el problema de la realidad? La propia intelección no es ajena a esta cuestión esencial ni puede serlo. Vamos a acotar nuestra investigación en cuatro pasos:

1.º ¿Cuál es, de un modo vago, pero esencial, la «posición» del sentir en la intelección?

2.º La estructura esencial de la sensibilidad humana.

3.º La estructura esencial de la intelección en sí misma.

4.º La estructura esencial de la inteligencia humana: la inteligencia sentiente.

I
La posición de lo sensible en el acto intelectivo

Con su inteligencia, el hombre sabe, o cuando menos intenta saber, lo que son las cosas reales. Estas cosas están «dadas» por los sentidos. Pero los sentidos, se nos dice, no nos muestran lo que son las cosas reales. Este es el problema que ha de resolver la inteligencia y sólo la inteligencia. Los sentidos no hacen sino suministrar los «datos» de que la inteligencia se sirve para resolver el problema de conocer lo real. Lo sentido es siempre y sólo el conjunto de «datos» para un problema intelectivo. Es la concepción de todos los racionalismos de una u otra especie, por ejemplo, de Cohen: lo sensible es mero «dato».

Que esto sea verdad en lo concerniente a un conocimiento estricto y riguroso, es algo innegable. Pero aquí se trata de lo que constituye la índole propia de lo sensible tomado en sí mismo. Y situada así la cuestión nos preguntamos: ¿está ausente de lo sensible el momento de realidad? Porque lo primero en que se piensa, y con razón, es en que si los datos sensibles no poseyeran el momento de realidad ¿de dónde se lo iba a sacar la inteligencia? Tendríamos con la inteligencia «ideas», pero jamás la realidad. Y es que el vocablo y el concepto de «dato» es manejado en esta concepción con una singular imprecisión. Por un lado, «dato» significa dato *para* un problema. Es lo que se nos acaba de decir. Pero esto, con ser verdad, no es la verdad primaria. Porque —es el otro sentido de la palabra «dato»— un dato sensible no es primariamente dato *para* un problema, sino dato *de* la realidad. Y al amparo del primer sentido, se nos quiere hacer olvidar el segundo que es el primario y radical. La función de lo sensible no es plantear un problema a la inteligencia, sino ser la primaria vía de acceso a la realidad. La concepción anterior es una gigantesca preterición de la sensibilidad en el problema filosófico del enfrentamiento del hombre con las cosas reales. Lo sentido es dato de la realidad. Y entonces se plantea inexorablemente la cuestión de en qué consiste el carácter de estos datos, esto es, cuál es la estructura esencial de la sensibilidad humana.

II
La estructura esencial de la sensibilidad humana.

Como datos de la realidad, se nos dice, los datos son «intuiciones». Sentir es formalmente intuir. La inteligencia entra en juego precisamente para entender lo que intuimos y hasta lo que no intuimos. Pero ¿qué se entiende aquí por intuición?

Desde los tiempos de Platón y de Aristóteles, lo que llamamos intuición sensible se ha considerado como un conocimiento ($\gamma\nu\tilde{\omega}\sigma\iota\varsigma$). Y se ha caracterizado este conocimiento por su inmediatez. Si no el vocablo, la idea está en aquellos grandes maestros griegos. En la intuición el objeto está inmediatamente presente sin la mediación de otros factores tales como las imágenes, los recuerdos, los conceptos, etc. La intuición sería el conocimiento por excelencia, $\varkappa\alpha\tau$' $\varepsilon\xi o\chi\acute{\eta}\nu$. La inteligencia es, entonces, el sucedáneo conceptual que elaboramos para conocer aquello de que no tenemos intuición.

Esta concepción del sentir no es falsa; pero ¿es suficiente? Porque lo cierto es que el hombre carece, por ejemplo, de una intuición suprasensible. Su intuición es pura y simplemente «sensible». La filosofía ha propendido a hacer de la sensibilidad una especie de intelección minúscula, olvidando justamente el momento que la caracteriza formalmente: el ser «sensible». ¿Qué significa este adjetivo como momento estructural del sentir?

En la filosofía de Husserl ha cruzado el problema de una caracterización más precisa de lo que es la intuición. En la intuición, el objeto está dotado de una presencia originaria; es decir, no es una presencia a través de un intermedio tal como una fotografía. Pero esto no basta. Es menester que esta «originariedad» sea tal que el objeto esté presente *leibhaftig*, podríamos traducir «en carne y hueso». Pero ¿en qué consiste esta presencia? Husserl no nos lo dice, precisamente porque no se hace cuestión del carácter sensible de nuestra intuición.

Y es que a pesar de todos estos esfuerzos, se ha eliminado el momento más característico y propio de la intuición sensible a beneficio del momento meramente cognoscitivo, intuitivo. ¿Qué es, pues, nos volvemos a preguntar, lo sensible de nuestra intuición? No es una «presencia» todo lo inmediata que se quiera, sino una presencia en «impresión». Sentir es la presencia impresiva de las cosas. No es mera intuición sino intuición en impresión. Lo sensible de nuestra intuición está en este momento de impresión.

Dicho así, sin más, esto en rigor no es ninguna novedad. Pero era menester volver a ello y preguntarnos qué es impresión. Impresión es, por lo pronto, «afección». El objeto afecta físicamente a los sentidos. Cuando Aristóteles quiere establecer una diferencia entre la inteligencia ($νοῦς$) y el sentir ($αἴσθησις$), caracteriza a la inteligencia como algo «inafectado», «impasible» ($ἀπαθής$). La inteligencia puede ser pasiva pero es impasible, no sufre afección física como los sentidos. La filosofía moderna ha tomado este concepto de impresión como afección. Y como toda afección es subjetiva, lo sensible, como mera afección del sujeto, queda desligado de lo real. Todo el empirismo se apoya en esta concepción. Pero esto es a todas luces insuficiente. Porque el ser afección no agota la esencia de la impresión. Ya desde siglos atrás se había visto que en la afección de la impresión nos es presente aquello que nos afecta. Este momento de alteridad en afección es la esencia completa de la impresión. Por esto las impresiones no son meramente afecciones subjetivas. Y por eso también, lo sensible es a una un dato de la realidad y un dato para la intelección de lo real.

Ahora bien, ¿cuál es la estructura de esta impresión así entendida? Por lo pronto nos encontramos con lo que aparentemente es lo más problemático de ella: lo que llamo su *contenido específico*. Es lo que en cada caso y en cada momento nos ofrecen los sentidos de lo que son las cosas. El empirismo lo llamó «cualidades secundarias». Y a ellas dirigió su implacable crítica negativa: el color real no es la impresión visual del color, etc. No vamos a entrar aquí en este problema. Pero en el caso del hombre, esto no agota la que llamamos impresión de las cosas. Porque el hombre no sólo siente impresivamente este «verde», por ejemplo, sino que siente impresivamente la «realidad» verde. En el caso de las impresiones humanas, la alteridad en afección no está constituida solamente por su contenido sino también por su *formalidad* de realidad. El hombre siente impresivamente la realidad de lo real. Ciertamente este momento de realidad no puede llamarse impresión sin más, porque no es una segunda impresión junto a la impresión del verde. Pero es que tampoco puede llamarse sin más impresión al contenido. Contenido y realidad son dos momentos de una sola impresión: la impresión humana. Pero para contraponerme más explícitamente al empirismo, y también al racionalismo, he centrado el problema de la impresión en el momento de realidad, y para abreviar he llamado a su aprehensión sensible *impresión de realidad*. Es un momento en el que no ha solido reparar la filosofía.

En virtud de su sensibilidad, el hombre se encuentra formalmente inmerso en la realidad. El animal tiene también impresiones, pero la alteridad que en ellas se le da, es la de algo meramente «objetivo», esto es, distinto e independiente de la afección que sufre. El animal reconoce la voz de su dueño como algo perfectamente distinto de sus afecciones, etcétera. Pero esto no pasa de ser un «signo objetivo» para sus respuestas. La alteridad del animal lo es siempre y sólo de un signo objetivo. Esta objetividad no pasa de ser eso: la *independencia* respecto de la afección, la objetividad de un estímulo cuya afección como tal se agota en la estimulación por algo distinto del afectado. El animal puede ser y es objetivista, tanto más objetivista cuanto más perfecto sea. Pero no es ni puede ser jamás realista. Y esta es la cuestión: el animal no tiene impresión de realidad. Por eso en el rigor de los términos, el residuo de que nos hablan los fenomenólogos es no el contenido determinado de la impresión, sino el momento mismo de realidad. El animal carece de este residuo.

¿Qué es este momento de realidad? En un estímulo, lo estimulante no tiene más carácter objetivo que el de desencadenar una respuesta. Su contenido es sólo de y para una respuesta. En cambio, en la impresión humana el contenido nos afecta como algo que es propiedad suya, por así decirlo, propiedad de aquello que nos muestra la impresión; es, como suelo decir, algo *de suyo*, posee como caracteres propios suyos los contenidos de la impresión. Por esto el momento de realidad no es un contenido más, sino un modo del contenido, lo que he llamado *formalidad*. Es una formalidad según la cual se nos presenta el contenido de las impresiones sensibles. El momento de realidad no es algo que está allende lo que los sentidos nos dan en sus impresiones. Pero lo que estas impresiones nos dan son las «cualidades» como algo de suyo. Sentimos como impresión de la roca, por ejemplo, algo que en mi sentir mismo se me presenta como siendo ya algo de suyo, la roca de suyo. Este «de suyo» expresa el momento o formalidad de lo real.

Esta formalidad es aquello según lo cual nos enfrentamos primariamente con las cosas. Pero no es algo meramente subjetivo sobre lo cual la inteligencia razonara para llegar a la realidad de suyo de las cosas; no se trata de esto. El momento de realidad pertenece física y formalmente a la impresión en cuanto tal. El mero contenido sensorial se nos presenta en la impresión como siendo impresivamente ya algo de suyo. Y este «ya» expresa con toda exactitud lo que venimos diciendo. La versión a la realidad, al «de suyo», es un momento físico de la impresión en virtud del cual la formalidad de realidad pertenece a la impresión misma en su modo de alteridad. Las cosas no nos son simplemente presentes en la impresión, sino que nos son presentes *en* ella, pero como siendo ya *de suyo*. Como he solido decir, este momento del «ya» expresa que en el impresionar, la realidad de lo que impresiona es un *prius* respecto del impresionar mismo. Un *prius* que no es cronológico, pero sí algo previo según su propia razón. Y por eso la remisión a la cosa real es una remisión física y posee una inmediatez física también. En la impresión sensible estamos físicamente remitidos a la realidad *por* la realidad misma. Este momento de realidad, es decir, el «de suyo», no se identifica con el contenido, pero tampoco con la existencia; ambas son reales tan sólo en la medida en que competen «de suyo» a lo que impresiona. Tal es la estructura esencial de la sensibilidad humana, radicalmente distinta de la sensibilidad animal.

Siendo esto así surge inevitablemente la pregunta de qué sea la inteligencia humana y su intelección.

III
La estructura formal de la inteligencia

Ahora volvamos la mirada hacia la intelección misma en cuanto tal. Innegablemente hay una diferencia esencial con el sentir. El hombre no sólo recibe impresiones de las cosas, sino que además las concibe y entiende de una manera u otra, forma proyectos sobre ellas, etc. Ninguno de estos actos puede ser ejecutado por los sentidos; los sentidos, por ejemplo, no pueden aprehender ideas generales ni pueden juzgar acerca de lo que las cosas son. Esto es suficiente para distinguir ya desde la entrada en el problema, la intelección y todo el sistema de sentires humanos.

Pero esto no basta. Estos actos están ejecutados tan sólo por la inteligencia, sí, pero ¿en qué consiste *formalmente* la intelección en cuanto tal? Es decir, ¿en qué consiste formalmente lo intelectual en cuanto tal? ¿Es lo formal de la inteligencia el idear y el juzgar?

Para acercarnos a este problema procedamos por pasos contados.

1.º Todos los actos a que acabamos de aludir son exclusivos de la inteligencia. Pero la verdad es que si queremos hacer una descripción más precisa de tales actos nos encontramos siempre con que hay que decir lo siguiente: concebir es concebir cómo son o pueden ser las cosas en realidad, juzgar es afirmar cómo son las cosas en realidad, proyectar es siempre proyectar cómo habérnoslas realmente con las cosas, etc. Aparece siempre en todos los actos intelectuales este momento de versión a la realidad. Todos los actos y actividades intelectuales se mueven siempre en algo que, para facilitar la expresión, llamaré aprehensión de las cosas como realidades. Sólo aprehendidas como reales es como la inteligencia ejecuta sus actos propios, forzada a ello por la realidad misma de las cosas. En este sentido, la aprehensión de realidad es el acto *elemental* de la inteligencia.

2.º La aprehensión de realidad no es sólo el acto elemental de la inteligencia, sino que es un acto *exclusivo* de ella. Ciertamente, hemos dicho que en la impresión de realidad —que es sensible— aparece el momento de realidad. Pero se trata de la sensibilidad *humana*. El adjetivo «humano» era esencial en el problema de la sensibilidad. Dejemos, pues, de lado cuanto hemos dicho de la sensibilidad humana y atendamos tan sólo al *puro sentir* tal como se da en el animal. Esto nos permitirá descubrir a una la esencia del sentir y la esencia de la inteligencia.

¿Qué se entiende por pura sensibilidad? Sentir, tanto fisiológica como psíquicamente, es la liberación biológica del estímulo en cuanto tal. La sensibilidad se constituye y se agota en la estimulidad. Por esto es por lo que el animal se mueve, según vimos, entre meros signos objetivos. Un estímulo es siempre y sólo algo que suscita una respuesta biológica. La estimulación se agota en este proceso: es lo propio del puro sentir en cuanto tal. El carácter formal de la pura sensibilidad es, a mi modo de ver, la *estimulidad. Toto coelo* distinto es el carácter de realidad. La realidad es el carácter según el cual las cosas son de suyo, estimulen o no al hombre, duren o no duren más que lo que dure la estimulación. Por eso los estímulos reales no se agotan en el proceso de estimulación. Además, el puro estímulo es siempre específicamente determinado, mientras que realidad es algo por lo pronto inespecífico, indeterminado. En el rigor de los términos es más que inespecífico, es trascendental, pero es un aspecto del problema que excede de nuestro actual propósito. Estimulidad y realidad son dos formalidades completamente distintas. La estimulidad es la formalidad de las cosas en mera suscitación de respuesta; realidad es la formalidad según la cual las cosas son de suyo. Lo primero es exclusivo del puro sentir; lo segundo es exclusivo de la intelección.

3.º Esta versión a la realidad no es sólo el acto elemental y exclusivo de la inteligencia, sino que es el primario y más radical de sus actos. La aprehensión de realidad es el *acto radical* de la inteligencia. Es por esto lo que formalmente constituye el inteligir en cuanto tal. La aprehensión de realidad es, en efecto, el punto preciso en que surge en el animal humano el ejercicio de la intelección. Veámoslo.

Todo sentir, toda estimulación, tiene tres momentos: un momento receptor, un momento tónico en que se encuentra el viviente en cuestión y un momento efector o de respuesta adecuada. Los tres momentos no son sino tres momentos de un solo fenómeno unitario: la estimulación. Según sea la complicación interna del animal, debida a una estructura de formalización (que no voy a exponer aquí), las respuestas adecuadas a un mismo estímulo pueden ser, y son, muy varias; es lo que constituye la riqueza del sentir animal (prescindo, naturalmente, de la riqueza de especificación). Pero por amplio que sea, el elenco de estas respuestas adecuadas está asegurado, en principio, por las estructuras mismas del sentir animal.

Pero en el caso del hombre la cosa es más compleja. La complicación estructural del hombre es tal que el elenco de posibilidades de respuesta adecuada al estímulo que la suscita no queda siempre asegurado por la estructura de su puro sentir: el hombre es el animal hiperformalizado. ¿Qué tiene que hacer entonces el hombre? Suspende, por así decirlo, su actividad responsiva y, sin eliminar la estimulación, sino conservándola, hace una operación que en los adultos llamamos *hacerse cargo de la realidad*. Se hace cargo de lo que son los estímulos y de lo que es la situación que le han creado. No es que abandone el estímulo y se ponga a considerar cómo pueden ser las cosas en sí mismas; esto es inicialmente quimérico. Lo que hace es aprehender los estímulos como algo «de suyo», esto es, como realidades estimulantes. Es justamente el orto de la intelección. La primera función de la inteligencia es estrictamente biológica; consiste en aprehender el estímulo (y el propio organismo, naturalmente) como realidad estimulante, lo cual le permitirá elegir la respuesta adecuada. La inteligencia se moverá a partir de aquí en el ámbito de la realidad abierto en este primer acto psico-biológico de hacerse cargo de la realidad, en este acto de aprehender el estímulo y la situación creada como algo «de suyo». La inteligencia está así, por un lado, en continuidad perfecta con el puro sentir, pero, por otro, situada en el ámbito de lo real, se ve forzada por las cosas mismas a concebirlas, juzgarlas, etc.: es el desarrollo intelectivo del «primer» acto psico-biológico de hacerse cargo de la realidad.

La inteligencia aparece, pues, en su función aprehensora de la realidad precisa y formalmente en el momento mismo de superación del puro sentir mediante una suspensión del carácter meramente estimulante del estímulo. Por consiguiente, la aprehensión de realidad no es tan sólo lo que subyace elementalmente a todo acto intelectual ni es tan sólo una operación exclusiva de la inteligencia, sino que es el acto más radical de ella. La inteligencia consiste formalmente en aprehender las cosas en su formalidad de realidad. Si se quiere hablar de «facultad» habrá que decir que la inteligencia es la facultad de lo real, no, como suele decirse, la facultad del ser.

Pero entonces surge aquí un grave problema, que antes hemos dejado expresamente de lado y con el que ahora hemos de enfrentarnos. La sensibilidad humana, no la animal, siente impresivamente la realidad; está, pues, desde sí misma, vertida a la realidad. Sus impresiones, en efecto, lo son de realidad. Pero si la inteligencia consiste formalmente en aprehender el estímulo como realidad surge la cuestión esencial: ¿cuál es la «relación», digámoslo así, entre la inteligencia humana y la sensibilidad humana? ¿Cuál es, en definitiva, la estructura de la inteligencia humana en cuanto tal?

IV
La estructura esencial de la inteligencia humana: inteligencia sentiente.

Hacíamos ver antes que el sentir humano posee un momento propio, la impresión de realidad, esto es, que por su propia índole la sensibilidad humana no es puro sentir, sino un sentir cuyo carácter humano consiste en su intrínseca versión al estímulo como realidad. Ahora bien, acabamos de ver que la versión a la realidad es el acto formal propio de la inteligencia, lo cual significa que el sentir humano es un sentir ya intrínsecamente intelectivo; por eso es por lo que no es puro sentir. Por otra parte, la inteligencia humana no accede a la realidad sino estando vertida desde sí misma a la realidad sensible dada en forma de impresión. Todo inteligir es primaria y constitutivamente un inteligir sentiente. El sentir y la inteligencia constituyen, pues, una unidad intrínseca. Es lo que he llamado *inteligencia sentiente*. Lo humano de nuestra inteligencia no es primaria y radicalmente finitud sin más, sino el ser sentiente. Aclaremos algo este concepto, solamente algo, porque el desarrollo completo del problema excede de los límites de estas sucintas notas introductorias.

Digamos primeramente *lo que no es* la inteligencia sentiente.

a) No se trata únicamente de que haya una prioridad cronológica del sentir respecto del inteligir, es decir, no se trata de que *nil est in intellectu quod prius non fuerit in sensu*. Porque, cuando menos por lo que respecta al momento de realidad, este momento está aprehendido en un solo acto. La impresión de realidad es, en efecto, un momento del sentir humano y es a la vez el acto formal de inteligir. En este punto no hay dos actos, uno anterior al otro, sino un solo acto.

b) Tampoco se trata de dos actos, uno de sensibilidad y otro de inteligencia, que tengan el mismo objeto. Que no exista sino un solo y mismo objeto es algo que, con razón, viene afirmándose desde Aristóteles hasta nuestros días frente a todo dualismo platónico o platonizante. No hay un mundo propio de los sentidos, un mundo sensible, y un mundo propio de la inteligencia, el mundo inteligible; no hay sino un solo mundo real. Esta mismidad del objeto sentido y del inteligido envuelve innegablemente para ser aprehendido en su mismidad alguna unidad en el acto aprehensor mismo. Esta unidad consistiría en que ambos actos, el sensible y el intelectivo, son conocimientos, son actos cognoscitivos. El intelectivo es cognoscitivo porque conoce y juzga lo que los sentidos aprehenden, y el acto de sentir es también un conocimiento intuitivo, una γνῶσις. Son dos modos de conocimiento. En su virtud, el propio Aristóteles atribuyó a veces caracteres noéticos al sentir.

Kant va más lejos: ni sentir ni inteligir son dos actos cognoscitivos, sino que la inteligencia y la sensibilidad son dos actos que producen por coincidencia un solo conocimiento, caracterizado por esto como sintético. Husserl amplía estas consideraciones: sentir e inteligir serían dos actos que componen el acto de conciencia, el acto de «darme-cuenta-de» un mismo objeto. Esta unidad del objeto permitió alguna vez a Husserl hablar de «razón sensible» (*sinnliche Vernunft*); expresión utilizada a su vez por Heidegger para una exposición (por demás insostenible) de la filosofía de Kant.

En todas estas concepciones, sin embargo, se parte de dos ideas: que el sentir es por sí mismo intuición cognoscente y que lo propio de la inteligencia es «idear», esto es, concebir y juzgar.

Sin embargo, ya vimos que el sentir no es primariamente mera intuición, sino aprehensión impresiva de las cosas como realidades, y que inteligir no es formalmente idear, sino aprehender las cosas como realidad.

La unidad de sensibilidad e inteligencia no está constituida, pues, por la unidad del objeto conocido, sino que es algo más hondo y radical: es la unidad del acto aprehensor mismo de la realidad como formalidad de las cosas.

Trátase, pues, de un solo acto en cuanto acto. Es lo que significa la expresión «inteligencia sentiente». Ciertamente, entre el puro sentir y la inteligencia existe una esencial irreductibilidad. La prueba está en que pueden separarse. El animal siente, pero no tiene impresión de realidad, no aprehende la realidad, no intelige. Y en el hombre mismo, la inmensa mayoría de sus sentires son puro sentir. Sentir no es algo exclusivo de esos complejos que llamamos órganos de los sentidos. Toda célula siente a su modo y la transmisión nerviosa es una estricta liberación del estímulo, es decir, es un auténtico sentir. Sin embargo, ninguna de estas funciones constituye un «hacerse cargo de la situación» ni contiene una impresión de realidad. ¿Qué sería del hombre si tuviera que hacerse cargo de la situación a propósito, por ejemplo, de cada transmisión sináptica?; no podría ni empezar a vivir. Hay, pues, un sentir puro, esto es, un sentir que no es intelectivo, que para nada necesita del momento intelectivo de versión a la realidad. Pero la recíproca no es cierta. Toda aprehensión de la realidad lo es precisamente por vía impresiva; la inteligencia no tiene acceso a la realidad más que impresivamente. Y el momento de versión a la realidad es intrínseco y formalmente un momento intelectivo; sólo por esto es por lo que existe una impresión de realidad en los sentidos. En cierto nivel humano, cuando faltan las respuestas adecuadas al estímulo, el hombre se hace cargo de la situación real, esto es, siente la realidad o, lo que es lo mismo, intelige sentientemente lo real. En este nivel no hay dos actos: uno, de sentir, y otro, de inteligir, sino un solo acto para un mismo «objeto»: la formalidad de realidad. Inteligencia sentiente expresa, no la subordinación de lo inteligible a lo sensible ni tan sólo la unidad del objeto, sino la estricta unidad numérica del acto aprehensor de la formalidad de realidad. La inteligencia humana, en tanto que inteligencia en su acto formal y propio (la aprehensión de realidad), está constitutiva y unitariamente inmersa en el acto del puro sentir; y el sentir, en su nivel no-puro, está formalmente constituido por un momento intelectivo. Trátase, pues, de la unidad de un solo acto de intelección sentiente. No es una unidad objetiva, sino una unidad subjetiva del acto en cuanto acto. La inteligencia aprehende la realidad sintiéndola, así como la sensibilidad humana siente intelectivamente. La inteligencia no «ve» la realidad impasiblemente, sino impresivamente. La inteligencia humana está en la realidad no comprensiva, sino impresivamente.

Cuál sea la índole de esta unidad estructural es un problema que, como dije al comienzo, excede del ámbito de estas fugaces notas, que no pretenden sino acotar el fenómeno de la intelección sentiente. Pero aun reducida a estos límites la idea me parece esencial. Frente al dualismo platónico de Ideas y Cosas sensibles, Aristóteles restauró (en una forma u otra, no vamos a entrar en el problema) la unidad del objeto, haciendo de las Ideas las formas sustanciales de las Cosas. Pero mantuvo siempre el dualismo de sentidos e inteligencia; cada una de estas facultades ejecutaría un acto completo por sí mismo. Creo, sinceramente, que es menester superar este dualismo y hacer de la aprehensión de realidad un acto único de intelección sentiente. Ello no significa reducir la inteligencia al puro sentir (sería un absurdo sensualismo) ni hacer del sentir, como Leibniz, una intelección oscura o confusa. En su esencial irreductibilidad, sin embargo, sentir humano e inteligir humano ejecutan conjuntamente un solo y mismo acto por su intrínseca unidad estructural. No es una cuestión de alcance meramente dialéctico, es algo, a mi modo de ver, decisivo en el problema del hombre entero (no sólo en su aspecto intelectivo) y en especial en el problema de todos sus conocimientos, inclusive los científicos y los filosóficos.

ÍNDICE ANALÍTICO

abrir del ser: 73.
accidentalismo metafísico: 64
accidente: 44, 58, 108, 111, 112, 121-124
acción: 54, 75, 81, 122, 130, 131, 137, 149, 159, 160, 177, 178, 187, 193, 210, 231, 232
  a. causal: 132, 133, 186
  a. divina: 91
  a. moral: 185
Acerca del bien: 105
acetilcolina: 54
acontecer: 91, 151, 153, 167, 168
acto
  a. causal: 149
  a. cognoscitivo: 20, 21, 256
  a. de aprehensión: 254, 256-258
  a. de concepción: 36
  a. de conciencia: 11, 256
  a. de enfrentarse a las cosas: 12, 40
  a. de ideación: 36
  a. de impresión de realidad: 67
  a. de impresión sensible: 61
  a. de intelección: 11, 12, 201
  a. de intelección sentiente: 35, 51, 258, 259
  a. de inteligencia sentiente: 39, 226, 256
  a. de la creación: 169
  a. de la inteligencia: 30, 32, 37, 195, 251-255
  a. de la persona: 203-205, 207-209, 211-216, 219, 228-231
  a. del entendimiento: 22
  a. del νοῦς: 79
  a. de materia prima: 60
  a. de referirse a las cosas: 11
  a. de sentir intelectivo: 35
  a. de visión: 196
  a. fluente: 218, 219, 233n
  a. intelectivo: 35, 84, 151, 245
  a. intelectual: 28, 29, 31, 32, 37, 251, 254
  a. intencional: 13
  a. libre: 233
  a. perceptivo: 69, 223, 227
  a. primero: 193, 211, 232

a. psico-biológico: 254
a. segundo: 149, 193, 211, 212, 216, 218, 228, 232
a. transcendental: 14
a. ulterior de lo real: 149, 150, 152, 154, 158
aspecto noético del a.: 13
a. y actualización: 124
a. y potencia: 64
causalidad en a.: 189
actual: 15, 43, 46, 60, 73, 114, 124, 144, 147, 151, 158
actualidad: 40, 124, 144, 149, 150, 154, 156, 158, 200, 230, 231, 237
a. de lo real: 151
a. del ser: 155
actualización: 36-38, 40, 124, 200-202, 212, 215, 216
actualizar: 38, 40, 73, 124, 144, 201, 202, 215, 232
acusar: 75, 122
Adán: 210
adición: 196, 215
ἀδικία (adikía): 183
afección: 22-27, 31, 39, 40, 169, 208, 247-249
a. del animal: 235
afirmación: 20, 26, 36, 37, 85, 151
afirmar: 29, 149, 251
ἀγαθός (agathós): 82
ἀΐδιος (aídios): 183
αἴσθησις (aísthesis): 19, 22, 33, 49, 79, 247
καθ'αἴαθησιν (kath'aísthesin): 223
κατ'αἴσθησιν (kat'aísthesin): 69
αἰτία (aitía): 161
ἀκίνητον (akíneton): 47
albinismo: 60-63, 101-102

algo: 30, 39, 44, 78, 85-88, 115, 156, 169, 259
a. «de suyo»: 26, 27, 38, 40, 67, 70, 90, 99, 117, 191, 193, 249, 250, 254
a. en sí mismo: 77, 112, 193, 202
a. objetivo: 249
a. otro: 23
a. que está delante: 81
a. que pone el yo: 82
a. real: 41
a. subjetivo: 81, 224, 225, 250
a. suyo: 202
a. tenido: 206
aliquid: 77, 85, 86, 87, 142, 143, 144, 154, 155, 156, 159, 237
allende
a. el ente: 82, 88
a. el mundo: 97
a. el ser: 154
a. la libertad: 205
a. las impresiones: 26, 249
a. la sustancialidad: 95
a. todo objeto: 82
transcendental es a.: 88
alteridad: 23-25, 30, 40, 169, 172, 194, 248, 250
a. del animal: 249
«amanual»: 153
ameba: 62
ἀνάγκη (anágke): 185
analogía: 76, 78, 79, 93, 117, 225
Analytica posteriora: 122n
Anaximandro: 182, 183
animal: 25, 26, 30-32, 34, 35, 40, 62, 94, 169-172, 249, 252
a. hiperformalizado: 253

a. humano: 253
animismo: 184
ansia de realidad: 7
anterioridad: 93
a. de rango: 181
ἄνθρωπος (ánthropos): 149
anticosismo: 42
antiguos: 72, 196, 225
antropología filosófica: 16
ἀπαθής (apathés): 22, 247
ἄπειρον (ápeiron): 182, 183
apertura: 73, 196, 197, 215, 218, 237
apetecer: 143
apetición: 132, 133
aporte
  a. adventicio: 52
  a. constitucional: 52
a posteriori: 92, 101, 186, 236
aprehender
  a. cosas: 31, 195, 254, 255, 257
  a. estímulos: 32, 254
  a. por la inteligencia: 36, 143
  a. realidades: 31, 96, 185, 257
aprehensión
  a. de cosas: 29, 62, 147, 222, 251, 257
  a. del mundo sensible: 13
  a. de lo real: 69
  a. de realidad: 29-32, 34, 248, 251-254, 257-259
  a. intelectiva: 95
  a. verdadera: 37
a priori: 79, 80, 83, 88, 90-93, 101, 167, 236
arcaico: 183
ἀρχή (arché): 162, 182, 183
arcóntico: 183
Aristófanes: 27
Aristóteles: 19, 22, 33, 34, 43-46, 49-51, 53, 59, 60, 64, 67, 73-77, 80, 105-111, 117, 121-124, 131, 146, 149, 161-163, 166, 176, 182, 183, 199, 200, 216, 220, 246, 247, 256, 258
Aristoxeno: 105
árquico: 183
artificial: 220, 221
ASCLEPIO, Archivo Iberoamericano de Historia de la Medicina y Antropología Médica: 11n
astrofísica: 11
átomo: 48, 54-56, 125, 175
A Treatise of human nature: 164n
atributo: 46, 74
ausencia
  a. de la sensibilidad: 15, 16
  a. del cuerpo: 16
australopiteco: 62
autonomía: 43, 44, 50, 202
αὐτός (autós): 65
  αὐτό καθ' αὐτό (autó kath' autó): 49
  καθ' αὐτό (kath' autó): 45, 64

Beadle, G. W.: 63
Befindlich: 135
Befindlichkeit: 14, 88, 89, 135
Bergson, H.: 46, 47, 125, 130, 238
bien: 8, 9, 11, 14, 18, 22, 27, 32-35, 40, 42, 44, 46, 48-50, 53, 55, 57-59, 64, 66-69, 75-79, 82-86, 90-93, 95-97, 101, 104-106, 120, 127, 129, 143, 159, 182, 201, 230, 232
Billot: 182
biografía: 119, 216, 229, 231

biología: 95, 116
בני־ישראל (bne-Israel): 67
bondad: 142
bonum: 73, 77, 78, 97, 142-144, 154-156, 159, 185, 195, 217, 230, 233, 237
bosquejo: 134, 135
brahman: 184, 185
«brutalidad»: 15, 92
bueno: 45, 73, 77, 78

cambio: 22, 31, 32, 42, 44, 46-48, 65, 82, 138, 141, 149, 158, 162, 168, 171, 193, 202, 214
campo
  c. de realidad: 171
  c. perceptivo: 94, 170-172
carácter: 86, 141, 198
  c. de realidad: 27, 31, 35-37, 41, 93, 105, 138, 172, 192-195, 200, 217, 226, 232, 237, 252
  c. de respectividad: 225
  c. del yo: 205, 214
  c. del Yo: 232
  c. exigencial: 65
  c. fluente: 150
  c. funcional: 172
  c. impelente: 238
  c. impresivo: 22, 32
  c. intuitivo: 19
  c. moral: 232, 233
  c. noético: 256
  c. posibilitante: 238
  c. real: 40
  c. talitativo: 228
  c. transcendental: 78, 94, 118, 190, 203, 209, 215, 216
causa: 82, 84, 142, 163-168, 170-172, 174, 175, 177, 178, 181, 186
  c. eficiente: 162, 173, 176, 182
  c. formal: 51, 161, 162, 176
  c. libre: 178, 179, 189
  c. material: 176
  c. primera: 179
causal: 51, 54, 93, 130-133, 149, 150, 168, 178, 181, 182, 185
causalidad: 36, 93, 101, 130-132, 144, 159-161, 164, 166-169, 172-178, 180-182, 186, 189, 237
  c. eficiente: 163
  c. ejemplar: 162
  c. extática: 179
certeza: 86
Cervantes, M. de: 110
χωρίς (*chorís*): 49
χωριστόν (*choristón*): 50, 123
Cicerón, M. T.: 204
ciencia: 10, 48, 56, 79, 168, 175, 178, 179
claridad del ser: 148
clausura: 53, 55
clorofila: 57
Choephoroi: 62n
Cohen, H.: 17, 245
coherencia exigencial primaria: 65
coherencial: 64, 65, 67, 99, 123
combinación funcional: 57
complexión transcendental: 143
comprensión del ser: 88, 195
conciencia: 11, 13, 35, 132, 172, 196, 244, 256
conexión: 42, 51, 54, 59, 63, 130, 136, 138, 147, 157, 169, 186, 226, 231, 236
  c. causal: 131-133, 137, 149, 150, 168

c. cósmica: 159
c. de causalidad: 144
c. dinámica: 160, 181, 189, 190, 237
c. mundanal: 192
configuración: 44, 50, 52, 170, 171, 214, 217
configurante: 216, 228, 230
connotación: 109, 115, 117
conocer: 52, 81, 82, 245, 246
conocimiento: 9, 10, 19-22, 39, 62, 80, 84, 87, 196, 245, 246, 256, 259
c. transcendental: 73
consistencia: 86, 131, 138
constelación: 50, 51, 53, 57, 60, 65, 67, 69
c. abierta: 52
constitución: 61, 115-120, 128, 137, 155, 157, 181, 186, 189, 237
c. autónoma: 57
c. transcendental: 236
constitucional: 52, 54, 60, 61, 63, 99, 102, 114, 115, 127, 128, 172, 191, 235
constitutivo: 54, 60, 62, 211
c. de la constitución: 61
c. de la sustantividad: 61
constructo: 128, 222
c. metafísico: 66, 67
contenido específico: 24, 38, 171, 248
contingente: 92
«corporalmente»: 21
contracción: 192, 200, 215
c. transcendental: 199
cosa
c. artificial: 221
c. en condición: 224

c. en sí: 36, 81, 87, 89, 91, 152, 153, 192
c. natural: 220, 221
c. real: 12, 17, 40, 42, 43, 65, 70, 72, 94, 100, 104, 127-129, 136, 138, 143, 144, 170, 171, 190, 191, 194, 199, 202, 213, 218, 226, 228, 236, 237, 243-246, 250
c.-realidad: 69, 219-221, 223, 224, 233
c. sentida: 19
c.-sentido: 69, 219-227, 233
c. técnica: 221
cosismo: 42
cosmos: 131, 132, 138-140, 150, 158, 159, 189, 217, 237
creación: 93, 169, 179, 217
Creador: 142
cristianismo: 179, 185, 204
Crítica de la razón pura: 22, 72, 167
cuerpo: 16, 22, 55, 146

דא גופי (*da gufí*): 146
Dasein: 14, 88, 95, 134, 135, 151, 153, 195, 197
dato
d. sensible: 18, 19, 24, 245
d. de la realidad: 18, 19, 21, 245, 246, 248
d. de la sensibilidad: 12
d. de los sentidos: 17
De Anima: 22n, 33n
De Eucharistia: 146n
de potentia Dei absoluta: 20, 85, 165
«de suyo»: 25-27, 35-38, 40, 51, 61, 67, 70, 90, 99, 100, 103,

117-119, 124, 191-193, 202, 216, 217, 235, 249, 250, 252-254
Demócrito: 48
Descartes, R.: 84-87, 156, 165, 206
desvelación: 36, 37
De Trinitate: 205
διαίρεσις (diaíresis): 109
dialéctica: 45, 62
διαφέρειν (diaphérein): 76
Die Fragmente der Vorsokratiker: 47nn, 48n, 182n, 183n
Diels, H.: 47n
diferencia
   d. metafísica: 202
   d. ontológica: 87, 88, 91
   d. posicional: 55
   d. talitativa: 198
   d. transcendental: 198, 199, 201, 202, 215
δίκαιον (díkaion): 62
δίκη (díke): 183
dimensión: 70, 87, 90, 93, 96, 109, 118, 126, 127, 129, 136, 183, 227, 230, 237, 239
   d. de la verdad: 85
   d. del ser: 144
   d. de poder: 180, 182, 229
   d. de realidad: 139
   d. de sentido: 238
   d. finita: 229
   d. extática: 177, 178
   d. metafísica: 168
   d. moral: 185
   d. talitativa: 71, 94
   d. transcendental: 71, 72, 89, 92, 97, 98, 100, 138, 140, 141, 143, 186, 200, 228
dimensionalidad: 187
Diógenes Laercio: 131n

dinamismo: 101, 111
Dios: 79, 85, 87, 90, 91, 97, 112, 115, 139, 141, 149, 173, 178, 179, 185, 190, 201, 203, 217
dios Luna: 184
Discours de métaphysique: 106n
Disputationes mataphysicæ: 109n, 115n
diversidad primaria y radical: 76, 161, 180
dominación: 181
dominancia: 181, 182, 185, 237
δόξα (dóxa): 47
dualidad: 12, 37, 38, 40, 123, 124
dualismo: 49, 256, 258, 259
duración: 40, 127, 187, 192, 220
δύναμις (dynamis): 11
   κατὰ δύναμιν (katà dynamin): 243

Edad Media: 57, 166
efecto: 48, 163, 165, 167, 168, 172, 173, 176, 178, 179, 181, 186, 189
eficiencia intencional: 182
εἴδη (eîde): 45
εἶδος (eîdos): 49, 161
εἶαι (eînai): 149, 161, 183
Einstein, A.: 48
elemento hilético: 13
eliminación de la sensibilidad: 16, 18
El ingenioso hidalgo Don Quijote de la Mancha: 110n
El ser y el tiempo: 135, 153n
empirismo: 23, 24, 26, 45, 81, 83, 166, 169, 172, 192, 247, 248

«en carne y hueso»: 21, 22, 247
encontrarse con las cosas: 14, 134
«en cuanto tal»: 8, 10-12, 25, 29, 31, 32, 38, 40, 41, 58, 61, 68-70, 77, 78, 80-83, 88-90, 95, 97, 98, 100, 102, 103, 105, 117, 120, 121, 127, 134, 139, 140-143, 151, 154, 155, 157, 158, 160, 172, 178, 185, 186, 189, 190, 191, 193, 194, 196, 198-202, 204, 209, 211, 213, 215-220, 223, 225-230, 255
ἐνέργεια (enérgeia): 111
καθ'ἐνέργεια (kath'enérgeia): 11, 59, 69
καθ 'ἐνέργειάν (kath'enérgeian): 243
ens: 73, 77, 86
«en tanto que»: 8, 12, 19, 20, 23, 31, 32, 35-37, 43, 45, 51, 70-72, 77, 84, 89, 93, 98, 100, 103-105, 112, 114, 120, 128, 135-141, 144, 149, 151, 154, 158, 172-177, 179-181, 185, 186, 189-191, 193, 194, 200, 201, 209, 213, 219, 220, 222, 223, 226, 227
enfoque del problema: 8, 9, 39, 68, 157
enfrentarse con la realidad: 36
ente: 73, 76, 79-82, 83, 85-89, 93, 95, 115, 128, 142, 150, 155, 158, 174, 198, 199, 230
  e. apetecible: 77
  e. cerrado: 196
  e. cognoscente: 78
  e. cognoscible: 77
  e. divino: 91
  e. indiviso: 114
  e. subsistente: 90

ἐντελέχεια (entelécheia): 111
entender: 18, 19, 21, 28, 30, 32, 36, 41, 44, 49, 52, 72, 81, 87, 92, 107, 147, 163, 168, 176, 180, 210-212, 220, 246, 251, 252
entendimiento:22, 72, 83, 85
entidad: 74, 75, 77, 78, 84, 86, 109, 114, 122, 150
entificación de la realidad: 77
Entwurf: 134-136
ἐνυπάρχον (enypárchon): 183
Epístola 1 a los Corintios: 146
Erfahrung: 34
Erkenntnistheorie: 196
Ersatz: 20
Erschliessen: 73
Erschlossenheit: 195
Escolástica: 77-80, 87, 93, 103, 108-111, 142, 146, 147, 150, 158, 162
escolástico: 73, 76, 78, 81, 84, 86, 87, 111, 150, 162, 211, 225, 230
Escoto, D.: 93, 115, 141, 142
esencia: 27, 62-66, 68, 70, 100-105, 112, 113, 117-119, 120, 121, 124, 128, 147, 149, 158, 161, 177, 179, 187, 191, 211-213, 222, 235, 236, 247, 248, 252
  e. abierta: 193-202, 209, 214-218, 224, 227-230, 232, 233, 237, 238
  e. cerrada: 192, 193, 196, 199, 200, 201, 202, 215, 237
  e. constitutiva: 157, 180
  e. de la cosa: 61
  e. del animal: 193
  e. de la realidad: 61

e. física: 99
e. humana: 203, 214, 216
e. intelectiva: 194
e. metafísica transcendental: 209
e. sustantiva: 67
esencial: 19, 21, 27, 42, 43, 55, 61-63, 65, 67, 90, 91, 93, 98, 101, 104, 105, 114, 117, 149, 159, 170, 177, 179, 206, 244, 246, 250-252, 255, 257-259
esencialidad: 92, 160
espectro: 27
espiritismo: 184
Esquilo: 62
esse
   e. copulativo: 147
   e. *essentiæ*: 147
   e. *existentiæ*: 147
   e. *reale*: 90, 147, 149, 152, 158, 232
estabilidad: 127, 187
estado constructo: 66, 67
estimulación: 25, 31, 32, 34, 170, 249, 252, 253
estimulante: 32, 254
estimular: 39
estimulidad: 30, 31, 69, 235, 252
estímulo: 30-32, 34, 40, 169, 171, 249, 252- 255, 257, 258
estoicos: 131, 185
estructura: 11, 14, 32, 33, 48, 54-56, 60, 64, 70, 73, 80, 81, 83, 86, 90, 94, 98, 101, 111, 112, 124, 127, 128, 130, 132, 133, 136, 142, 143, 148, 159, 177, 186, 189, 191, 192, 202-204, 206, 208, 214, 215, 218, 238, 244, 246, 248, 250, 251, 253, 255

e. de la impresión: 23
e. de la persona: 210
e. de la realidad: 8, 38, 100, 129, 139, 140
e. de la unidad: 120
e. de lo real: 39, 103, 157
e. de poder: 180
e. interna de la realidad de una cosa: 42, 43
e. talitativa: 198
e. unitaria y única: 34
estructural: 64, 192
Eudoxio: 105
evolución: 62, 179
exclusivo
   e. de la inteligencia: 30-32, 226, 251-254
   e. de la sensibilidad: 12, 253, 257
ex: 125, 126
existencia: 26, 27, 36, 44, 58, 76, 102, 103, 119, 136, 147, 149, 153, 222, 228, 230, 250
«e. bruta»: 15
e. del hombre en el mundo: 14
e. humana: 88, 95, 134, 151, 197, 212
e. humana abierta: 195
existencialismo: 197
existir humano: 14, 153
experiencia: 22, 83, 169
éxtasis: 177, 178, 179, 180
exterioridad: 125-127, 129, 186, 237

Facktizität: 14
facticidad: 14, 89
factualidad: 92
factum brutum: 14, 15, 89, 91, 135, 150, 244
fenómeno: 21, 22, 30, 34, 45,

60, 82, 96, 153, 175, 192, 224, 243, 253, 258
Fenomenología de Husserl: 13
fenomenólogos: 13, 69, 138, 154, 249
Fichte, J. G.: 197
filosofía: 15, 16, 31, 34, 36, 42, 46, 77, 80, 83-85, 87, 92, 115, 122, 125, 133, 156, 158, 163, 165, 176, 181, 184, 204, 206, 212, 224, 225, 246-248, 257
f. actual: 47
f. antigua: 22, 72
f. clásica: 57
f. contemporánea: 17
f. escolástica: 72, 81, 95
f. moderna: 23, 107
f. transcendental antigua: 73
historia de la f.: 10, 12, 20, 23, 43, 64, 71, 72, 132, 152, 162, 164, 166, 168, 174, 182, 183
filósofos: 20, 106
finalidad: 137, 162
finitud: 198, 255
física: 95, 96, 175
fisiología: 31
flexión: 66, 67
fluencia: 218
formalidad: 24, 27, 31, 32, 36, 51, 67, 90-93, 95, 96, 226, 235, 248, 249, 252-254, 257
f. de lo real: 70
f. de realidad: 69, 94, 250, 258
φῶς (*phôs*): 148
función: 19, 37, 39, 42, 43, 49, 92, 95, 108, 117, 119, 121, 123, 124, 127, 132, 140, 148-150, 152, 154, 156, 173, 177, 189, 192, 194, 195, 209, 213, 222, 237, 244, 245
f. aprehensora: 32, 254
f. de la inteligencia: 40
f. del dato: 18
f. de los sentidos: 14
f. fundante: 62
f. intelectiva: 31
f. intramundana: 98
f. intuitiva: 21
f. primaria y radical: 36
f. talitativa: 96
f. transcendental: 96, 100, 102, 113, 114, 116, 118, 139, 159, 160, 190, 191, 198, 199, 201, 202, 236
f. t. abierta: 97
funcional: 51, 59, 172, 187
funcionalidad: 172-176, 179-181, 189, 190, 237
f. causal: 185
f. estructural: 57
función
f. biológica: 54
f. orgánica: 55
f. transcendental intramundana: 98
φύσει ὄντα (*physei ónta*): 221

Galileo: 48
Ganzheit: 139
Gaos, J.: 153
Garrigou-Lagrange, R.: 174
Gegenstand: 81
gen: 61, 101
γένεσις (*génesis*): 48, 179, 183
geometría: 96, 126
γένος (*génos*): 45
Gestalt: 170, 171
glucosa: 55, 57, 58, 103

γνῶσις (gnôsis): 19, 246, 256
grado de realidad: 127, 187
griegos: 27, 43, 131, 147, 221, 246
Grundlage der gesammten Wissenschaftslehre: 197n
Grundlegung zur Metaphysik der Sitten: 204n

«hacerse cargo de la realidad»: 32, 253, 254
«hacia»: 37, 62, 97, 134, 135
ἥ (hé): 200
«hecho bruto»: 14, 135
Hegel, G. W. F.: 152, 198
Heidegger, M.: 14-16, 34, 36, 69, 73, 74, 87-89, 91, 95, 110, 134-136, 140, 147, 150, 151, 153, 154, 158, 195, 197, 198, 222, 227, 238, 244, 257
Heisenberg, W. K.: 175
ἕκαστον (hékaston): 107
καθ' ἕκαστον (kath'hékaston): 107
ἕν (hén): 64, 106, 107, 110, 111, 131, 132
ἕν καθ' αὑτό (hén kath'autó): 64, 108
Heráclito: 46
hilemorfismo: 64
Hipólito: 183
historia: 7, 9, 43, 96, 97, 105, 106, 110, 118, 125, 161
   h. de la filosofía: 10, 12, 20, 23, 43, 64, 71, 72, 132, 152, 162, 164, 166, 168, 174, 182, 183
   h. de la metafísica: 49, 164, 205
ὅλον (hólon): 107

hombre: 7, 10-15, 18-20, 22, 24-26, 28, 29, 30-33, 35-40, 42, 45, 49, 59, 62, 72, 74-76, 81, 88, 92-94, 96, 97, 105, 134-136, 149, 152, 157, 167, 169, 170-173, 177, 182, 186, 187, 194-196, 202, 204, 207, 209-220, 222-225, 228-234, 236, 239, 240, 244, 246, 247, 249, 250, 252-254, 258-260
ὡς (hos): 200, 216
ὅθεν (hóthen): 162
Hume, D.: 164-169, 172, 173, 175
Husserl, E.: 13, 16, 20, 21, 33, 34, 69, 87, 244, 247, 256, 257
ὕλη (hyle): 13

ἰδέα (idéa): 82
idea de lo real: 8, 39, 70, 98, 99, 157, 189
idealismo: 17, 23, 91, 97, 152, 213
Ideen zu einer reinen Phänomenologie und phänomenologische Philosophie: 13n, 20n, 21n
ignoticia: 19
imposible metafísico: 27, 173, 197
impresión: 21-23, 27, 34, 36, 39, 41, 61, 94, 95, 100, 165, 169, 189, 192-194, 208, 229, 247, 250-252, 256, 258
   i. del animal: 249
   i. de las cosas: 24, 248
   i. de realidad: 24, 25, 30, 32, 35, 37, 38, 40, 42, 51, 67, 70, 93, 151, 171, 174,

195, 201, 223, 226, 227, 235, 248, 255, 257
i. humana: 24, 172, 248, 249
i. sensible: 26, 170
impulso impelente: 229
in: 19, 64, 85, 88-90, 109, 113, 125, 126, 134, 135, 137, 140, 149, 151-153, 158, 177, 217, 225, 232, 233, 236
incomunicabilidad: 110, 112, 113, 118, 119
independencia: 30, 139, 249
in-der-Welt-sein: 134, 135
individual: 61, 107, 111, 118, 119, 128
individualidad: 107, 109, 110, 113, 116, 118, 119, 126, 181
i. transcendental: 120
individualizar: 120
individuidad: 119, 120
individuo: 76, 107-110, 113, 118, 119-121, 126-128
individuum: 108, 109
indivisión: 109, 112, 114, 120, 236
inespecífico
carácer de realidad i.: 31, 252
i. es transcendental: 38, 252
In librum III Sententiarum: 115n
inmediatez: 19, 246, 250
inquietud: 233
i. del ser: 238
i. transcendental: 238
insustantivo: 58, 68, 103
intelección: 11, 12, 16, 33, 62, 201, 243, 244, 246, 248, 250, 251, 253, 254
i. humana: 19
i. impasible: 22, 247
i. sentiente: 35, 51, 195, 258, 259

intelectivo: 32-35, 84, 94, 151, 218, 245, 254-259
intelectual: 9, 10, 28, 29, 31-33, 37, 40, 42, 44, 55, 85, 87, 106, 239, 251, 254
inteligencia: 11, 12, 16-18, 20, 28-32, 36, 37, 40, 49, 59, 62, 66, 78, 79, 81, 86, 89, 91, 96, 142, 143, 151, 152, 155, 156, 185, 193, 194, 196, 197, 200, 202, 205-207, 213, 216, 217, 227, 230, 231, 245-247, 250-256, 259
i. angélica: 198, 201
i. divina: 198, 201
i. humana: 33-35, 198, 201, 235, 239, 243, 244, 255, 258
i. metafísica: 174
i. sentiente: 33, 35, 39, 50, 94, 97, 195, 218, 226, 235, 244, 255, 257, 258
inteligente: 62, 78, 97, 142
inteligibilidad: 80, 82, 168
inteligible: 80, 82, 100, 218, 230, 256, 258
inteligir: 50, 253, 256-259
i. sentiente: 255
intención: 13, 125, 244
intencionalidad: 13
interioridad: 128, 129, 186, 237
i. metafísica: 124-126
intuición: 23, 33, 34, 120, 164, 246, 247, 257
i. intelectual: 19
i. metafísica: 166
i. sensible: 20, 21
intus: 124, 236

Jenofonte: 47
Jordan, P.: 175

Júpiter: 27
justeza: 183, 185
justicia:: 45, 62, 183-185

Kant, I.: 22, 34, 72, 73, 77, 80-84, 87, 122, 149, 152, 153, 166-169, 172, 173, 192, 204, 256, 257
Kant und das Problem der Metaphysik: 34n
κατὰ φύσιν (katà physin): 69
κατηγορέιν (kategoréin): 75, 122.
κατηγορία (kategoría): 75
καθόλου (kathólou): 107
κείμενον (keímenon): 47, 79
  ὑπερκείμενον (hyperkeímenon): 59
  ὑπορκείμενον (hypokeímenon): 44, 45, 47, 50, 59
κίνησις (kínesis): 150
κίνητον (kíneton): 47
Köhler, W.: 30
κοινωνία (koinonía): 45
κόσμος (kósmos): 131, 139, 168
Kraft: 180
Kranz, W.: 47n
Kritik der reinen Vernunft: 22n, 34n, 73n, 80n, 82n, 83n

La pensée et le mouvant: 46n, 130n
λεγόμενον (legómenon): 45
Leibhaftig: 21, 247
Leibniz, G. W.: 106, 109-115, 117, 123, 125, 132, 133, 136, 163, 167, 168, 174, 175, 259
lengua
  l. indoeuropea: 66, 145
  l. románica: 66
  l. semítica: 66, 67, 145
L'être et le néant: 15n
L'évolution créatice: 46n, 130n
ley
  l. de Coulomb: 177
  l. de Maxwell: 177
  ll. del movimiento: 48
libertad: 15, 179, 200, 205
  definición metafísica de la l.: 178
  l. de Dios: 190, 203
  l. humana: 14
lingüistas: 89, 145, 147
Logik der reinen Erkenntnis: 17n
λόγος (lógos): 45, 50, 75, 79, 161
lo «sido»: 65, 236
lumen: 148
luminaria: 148
Luna: 184
lux: 148
luz: 140, 148, 153, 208

Macht: 180
matemáticas: 86
me: 210, 211
Meditationes de prima philosophia: 84, 206n
memoria: 206, 207
mensura: 37, 126, 127, 237
mente
  m. del hombre: 10
  m. divina: 37
Mercurio: 27
metafísica: 7, 9, 10, 24, 79, 100, 115, 125, 156, 157, 168, 173-175, 178, 180, 184, 199, 238, 239
  historia de la m.: 49, 164, 205
  m. clásica: 166

m. de Aristóteles: 176, 220
m. de Heidegger: 198
m. de Hume: 166
m. del empirismo: 166
m. de Platón: 220
m. escolástica: 117, 142
m. interioridad: 124, 126
m. intramundana: 142
m. tradicional: 204
Metaphysica: 19n, 44n, 49n, 75n, 106n, 131n, 149n, 161
mi: 210, 211
mí mismo: 11, 207
mi mundo: 134, 136, 141, 213
mi realidad concreta: 97
mismidad: 120, 212, 213
modificación de lo real: 39
modo
    m. de actualidad: 150
    m. de intelección: 12
    m. de presentación: 69
    m. de realidad: 96, 116, 137, 190, 191, 198, 221, 215
    m. de ser: 75, 96, 115, 117, 120, 128, 131, 132, 149, 150, 153, 154, 156
    m. humano de conocer: 10
    m. propio de enfrentarse con las cosas: 11
μοῖρα (*moîra*): 185
moléculas: 56, 61
momento
    m. aprehensor: 37
    m. de la sensibilidad: 18
    m. del me: 210
    m. del mi: 210, 211
    m. del «ya»: 26
    m. del yo: 210
    m. de realidad: 17, 24, 29, 30, 36, 172, 200, 203, 235, 236, 245, 248-250, 252, 256

m. de residuo: 25
m. efector: 31, 253
m. intencional: 13, 244
m. noético: 33
m. receptor: 31, 253
m. tónico: 31, 253
m. transcendental: 78, 95
mónada: 110, 111, 132, 133
Monadologie: 111n, 132n
μονάς (*monás*): 110, 132
moral: 184, 185, 204, 208, 233
moralidad: 232
μορφή (*morphé*): 59, 107, 161
movimiento: 22, 44-49, 55, 56, 62, 67, 106, 145, 150, 175, 233
mundanidad: 101, 128, 129, 157, 189, 213
mundo: 97, 128, 130, 131, 134-136, 138, 139-144, 148, 150, 151, 153-156, 158, 159, 180, 187, 213, 217, 219, 230, 231, 237
    visión metafísica del m.: 184

nada: 27, 85, 115, 116, 169, 172, 192
naturaleza: 59, 69, 197, 206-208, 221
necesidad metafísica: 125
neokantianos: 17, 34
Newton, I.: 48, 168
noema: 13, 34
nominalista: 28, 165
no ser: 24, 27, 47, 79, 114, 118, 158, 169
nota: 51, 67, 70, 78, 96, 103, 124
    nn. accidentales: 121
    nn. adventicias: 105, 160, 236

nn. animales: 62
nn. constitucionales: 52, 60-62, 99, 101, 104, 105, 235
nn. constitutivas: 64
nn. esenciales: 62, 64, 65, 101, 102, 114, 194, 200
nn. físicas: 53, 54
nn. formales: 55
nn. metafísicas: 53
nn. necesarias y suficientes: 60, 99, 235
nn. no constitutivas: 102
nn. sistemáticas: 52
nn. sustanciales: 56
nn. talitativas: 192
nn. transcendentales: 77, 83
«Notas sobre la inteligencia humana»: 12n, 35n, 243-259
noúmeno: 153
νούμενον (noúmenon): 79, 80, 94
νοῦς (noûs): 22, 33, 44, 45, 49, 79, 94, 247
no-yo: 83
nuda realidad: 37, 69, 141, 144-146, 149, 151, 155, 158, 219-223, 225, 227

objectum: 81, 84
objetividad: 25, 34, 86, 87, 152, 171, 192, 249
objeto: 10, 11, 20, 33, 34, 55, 79-84, 87, 95, 153, 167, 170, 199, 208, 211, 225, 244, 246, 247, 256-258
  o. de la sensibilidad: 21, 22
  o. real: 35
objetología: 84
objetualidad: 81, 82
ὄν (ón): 75, 79, 149, 199
πρὸ ὄν (prò ón): 149

orden
  o. a priori: 79, 80
  o. categorial: 157, 160
  o. causal: 51
  o. constitucional: 54
  o. constitutivo: 54, 186
  o. cósmico: 132
  o. de causalidad: 179
  o. de conceptos: 80, 93
  o. de la realidad: 89, 226
  o. del ente: 81, 89
  o. del objeto: 81
  o. del ser: 89
  o. físico: 93
  o. inteligible: 91
  o. operativo: 186
  o. real: 92, 226
  o. sensible: 80, 91
  o. talitativo: 209
  o. transcendental: 70-72, 75, 79-83, 88-95, 100, 101, 109, 114, 118, 120, 121, 141, 144, 155, 157, 159, 160, 179, 190, 199, 200-202, 225, 226, 229, 233, 236, 238
ordenación: 54, 130, 131
Ordinatio: 93n, 141n
ordo
  o. entis: 81
  o. objecti: 81
organismo: 39, 54, 55, 56, 58, 63, 102, 103, 113, 114, 169, 254
  o. animal: 57
origen causal: 54
οὐσία (ousía): 43-46, 50, 67
  περὶ οὐσία (perì oysía): 43

παράδειγμα (parádeigma): 161
paradigma: 161, 162

Parménides: 47, 48, 106, 148
participación: 117, 225
partículas: 56, 178
pecado original: 210, 211
Pedro Laín Entralgo: 12n
pensar funcional: 51
percepción: 13, 18, 19, 21, 25, 32, 69, 83, 85, 86, 94, 132, 133, 152, 227, 244
   p. del hombre:30, 171
   p. externa: 13
   p. sensible: 26, 30
percibir: 93, 244
Pérez: 110
perfección: 127, 186, 187
Περί τοῦ αγαθοῦ (Perí tou agathoû): 105
«perseidad»: 58
persona: 63, 82, 94, 122, 170, 171, 203-211, 213-216, 219, 231, 238
personalidad: 214, 215, 216
personeidad: 214, 215, 216, 238
personificar: 213, 214
phersu: 204
Physica: 44n, 183n
Platón: 19, 43-45, 73, 75, 79, 80, 82, 91, 94, 105-107, 220, 246
poder: 30, 44, 52, 70, 101, 159, 161, 180-182, 184-186, 189, 190, 229, 237
Poema de Parménides: 47
Poincaré, H.: 127
por sí: 18, 45, 50, 54, 64, 83, 91, 101, 120, 128, 129, 137, 141, 174, 208, 236, 257, 259
posibilidad: 32, 134, 136, 141, 197, 213, 229, 232, 233, 253
   p. última: 228
posibilitación: 229

posición: 54, 55, 152, 165
posidente: 206, 207
potencia: 64, 106, 223
potencialidad: 60
predicados transcendentales: 73, 80, 81
presencia
   p. inmediata: 19
   p. originaria: 20, 21, 247
preterición de la sensibilidad: 18, 19
primariedad: 52
primarium absolutum: 211
primera unidad coherencial: 123
primitivismo: 184
primo diversa: 76, 77, 87
principio: 122, 128, 162, 165, 166, 175, 182, 183, 189, 221
   petición de p.: 164, 165, 174
   p. de causalidad: 36, 163, 164, 167, 168, 173, 174, 175
   p. de contradicción: 91
   p. de identidad: 163, 167
   p. de individuación: 120, 128
   p. de razón suficiente: 163, 167, 175
   p. físico: 61
prius: 26, 250
prioridad: 33, 223, 227, 256
problema
   p. de la filosofía: 15
   p. de la realidad: 7, 8, 9, 35, 38, 41, 50, 68, 158, 236, 245
   p. de la transcendentalidad: 71
   p. filosófico: 18, 192, 246
Prolegomena zu einer jeden künftigen Metaphysik, die als Wissenschaft wird auftreten können: 166n
propiedad: 45, 46, 51, 55, 63,

275

65, 79, 95, 96, 103, 114, 124, 138, 141, 249
p. biológica: 54
pp. elementales: 56
pp. sistemáticas: 56-58
πρόσωπον (prósopon): 204
Protágoras: 48
proyección *ad extra*: 127
proyecto: 28, 29, 53, 192, 251
psicólogos: 42, 170
πτῶσις (ptôsis): 66, 67

quid: 77, 143, 156, 161
Quodlibeta septem: 165n

racionalismo: 17, 122, 152, 245, 248
rango: 48, 180, 181, 185, 187, 190, 237
r. del animal: 186
ratificación: 212, 231
razón: 7, 9, 17, 20-22, 42, 46, 52, 64, 65, 72, 76, 77, 91, 100, 101, 122, 128, 133, 138, 139, 142, 149, 152, 156-160, 162, 163, 167, 170, 175, 194, 196, 201, 209, 213, 222, 223, 227, 229, 230, 237, 245, 250, 256
r. pura sensitiva: 34
r. sensible: 33, 257
razonamiento: 20, 35, 36, 51, 164, 166, 238
razonar: 28, 29
re-actual: 213
reactualidad: 40
reactualización: 37, 38, 148, 202
reafirmación: 212, 231
realidad

r. apetecible: 218, 230
r. afectante: 23
r. divina: 91
r. en cuanto tal: 10-12, 38-41, 68, 89, 90, 95, 97, 98, 100, 102, 105, 120, 121, 127, 139-141, 157, 158, 160, 172, 178, 185, 189-194, 199-202, 213, 215-217, 220, 226, 227, 230, 238, 239
r. en impresión: 25
r. en ser: 90, 158
r. en verdad: 38
r. esencial: 90, 98, 149, 179
r. estimulante: 254
r. humana: 196, 197, 212
r. impelente: 228
r. objetiva única: 34
r. posibilitante: 228
r. primaria y radical: 26
r. psicosomática humana: 23
r. sentiente: 238
r. sustantiva: 80, 101, 113, 119, 120, 126, 127, 132, 137, 138, 141, 148, 150, 151, 154, 156, 211, 212, 214, 216, 220, 228, 229, 231, 232, 235, 237
rr. subjetuales: 121
rr. sustantivas: 120, 125, 132, 133, 134, 136, 144, 156
realismo: 17
realista: 25, 36, 249
realitas
r. *in essendi*: 90
r. *in essendo*: 149, 152, 158, 232, 233
r. *qua tale*: 158
Recuerdos de Sócrates: 47n
reificación: 103

reificar: 102, 119, 160, 203, 213
reines Ich: 82
relación
   r. causal: 130
   r. positiva: 55
   r. preposicional: 67
relacionista: 66
relativista: 66
relatos: 225
religación: 233
religiones: 98, 184
Remarques sur les objections de M. Foucher: 106n
remisión física: 26, 35, 36, 250
res: 77, 103, 105, 137, 155, 203, 204, 213
   r. objecta: 80, 84
residuo: 13, 14, 15, 25, 26, 28, 30, 31, 69, 87, 89, 91, 244, 249
   r. bruto: 87, 89
   r. fenomenológico: 13, 14, 244
respectividad: 136, 137, 138, 139, 140, 141, 143, 144, 149, 151, 154, 155, 156, 158, 177, 187, 190, 217, 218, 219, 222, 224, 225, 226, 227, 228, 229, 230, 231, 233, 237
   r. de condición: 229
   r. dinámica: 179, 180
   r. esencial: 229
   r. extática: 189
   r. mundanal: 151
respectus: 136
Rita: 184

saber humano: 10
San Agustín: 206, 207
Santo Tomás: 58, 142

Sartre, J.-P.: 14, 15n, 25, 87, 244
Secundæ Responsiones de Descartes: 206n
secundum quid: 156
secundum totum: 107
Sein: 14, 73, 87
Sein und Zeit: 14n, 73, 88n, 89n, 134n-136n, 148n, 153n, 195n
Seinverständnis: 195
sensación: 25, 95
sensibilidad: 12-16, 18-22, 25, 28, 29, 33, 53, 79, 218, 244, 249, 255-258
   pura s.: 32, 252
   s. animal: 30, 31, 250, 254
   s. humana: 32, 34, 35, 246, 250, 252, 254
   s. intelectiva: 32
sensible: 18, 20, 21, 23, 26, 30, 32-34, 36, 61, 69, 80, 91, 100, 169, 244-248, 250, 252, 255-258
sensitivo: 26, 30, 34, 53, 235
sensualismo: 259
sentido: 223, 225-227, 229, 230, 238
sentidos: 12, 14, 17-19, 22, 24, 26, 28, 29, 33, 34, 49, 50, 106, 107, 152, 208, 243-245, 247-249, 251, 256, 257-259
sentiente: 33, 35, 39, 40, 50, 51, 94, 97, 195, 218, 226, 235, 238, 244, 255, 257-259
sentir: 26, 33, 50, 195, 246, 247, 250, 252
   puro s.: 244, 252-255, 257, 258
   s. animal: 253, 257
   s. humano: 251, 255, 256, 259

s. impresivamente: 24, 248, 254
s. intelectivo: 32, 35, 94
s. la realidad: 24, 39, 258
s. puro: 257
ser
   s. copulativo: 146, 147, 151
   s. de la esencia: 147
   s. de la existencia: 147
   s. «de suyo»: 103, 117, 118, 202
   s.enelmundo: 134
   s. entitativo: 76
   s. humano: 198
   s. mío: 203, 205, 209
   s. otro: 156
   s. puro: 47
   s. real: 90, 96, 100, 147, 158, 217, 226
   s. sustantivo: 122, 146-149, 151, 154, 158, 212, 214-220, 228-232, 238
   s. vivo: 31, 53, 56-58, 76, 182, 213, 220
signo objetivo: 25, 30, 169, 172, 249, 252
Simplicio: 182
singularidad: 113, 116, 117, 181
singuli: 108, 117
singulum: 107, 108, 181
sinnliche Vernunft: 33, 34, 257
sistema: 40, 54, 55, 57, 64, 65, 67, 78, 79, 90, 92, 94, 102, 104, 117, 121-123, 126, 127, 131, 132, 135, 136, 155, 156, 171, 251
   s. clausurado: 52, 53
   s. constructo: 128
   s. de conceptos: 93, 157
   s. de datos: 19
   s. de notas: 60, 99, 211, 235

s. de posibilidades: 134, 213, 232, 233
s. fundamental: 60
s. molecular: 56
s. noemático: 33
s. sustantivo: 124
Sobre la esencia: 7n, 27n, 86n, 108n, 126n
σῶμα (*sôma*): 146
Sophistes: 45n
status constructus: 67
Stoicorum veterum fragmenta: 131n
Stuart Mill, J.: 95
Suárez, F.: 109, 114, 115, 120, 128, 146
subjectum: 47
subjetivismo: 81, 82
subjetivo: 23, 34, 35, 81, 169, 194, 224, 225, 247, 250, 258
subjetual: 45, 50
subjetualidad: 59, 182
subsistema: 61, 62, 99, 235
substancial: 45
substante: 46, 50, 59
sub-stantia: 44
substrato: 50
suficiencia: 43, 44, 57
   s. constitucional: 58, 99
sui juris: 204
sujeto: 23, 27, 39, 44-51, 54, 58, 64-67, 75, 82, 102, 118, 121-124, 169, 204, 206, 208, 209, 225, 247
   s. subyacente: 52
   s. humano: 224
   s. personal: 205
   s. posidente: 207
   s. puro: 207
sujetoyo: 210
Super prædicamenta: 93n

supraestante: 59, 182
sustancia: 49, 51, 56-59, 66, 68, 69, 75, 76, 95, 103, 108, 110-113, 117, 121-124, 157, 160
sustancialidad: 55, 57-59, 67, 70, 95, 102, 121
sustantividad: 41, 53, 55, 57, 58, 60, 61, 63, 65-71, 96, 99, 100, 102, 103, 105, 113, 116, 117, 119, 121, 123, 125, 128, 129, 137, 144, 149, 155, 159, 160, 182, 186, 191-193, 203
  s. esenciada: 128
  s. humana: 59
  s. humana abierta:197, 212
sustantivo: 60, 66, 67, 71, 122, 124, 146-149, 151, 154, 158, 212, 214-220, 228-232, 238
συμβεβηκός (symbebekós)
  συμβεβηκότα (symbebekóta): 44
  κατὰ συμβεβηκός (katà symbebekós): 121, 124
συμπλοκή (symploké): 144, 147
συνεχές (synechés): 106
σύστημα (systema): 131

«tal como»: 36, 94, 129, 138, 139, 190, 200, 201, 216
«tal cosa»: 71, 138
talidad: 41, 71, 72, 77, 96, 98, 100, 116, 138, 139, 159, 175, 190, 198, 201, 209, 217, 222, 236
talitativo: 99, 100, 112, 116, 138, 140, 158, 171, 172, 198, 201, 204, 209
Tatsachlichkeit: 14
τάξις (táxis): 131

técnica: 221
τέχνη (téchne): 221
τέχνη ὄντα (téchne ónta): 221
Teeteto: 105
Theaithetos: 19n
Teilhard de Chardin: 125
τέλος (télos): 162
temporalidad: 88, 89
temporeidad: 88
temporidad: 153
teólogos: 98, 141, 149, 210
Teón de Esmirna: 105
teoría del conocimiento: 9, 10, 39, 196
tiempo: 118, 135, 145, 146, 149, 150, 153, 167, 175, 183
Tierra: 113
tipos de explicitud: 200
τόδε τί (tóde tí): 107
Topica: 122n
totalidad: 53, 55, 104, 105, 120, 133, 136, 139
totum: 107
tradición metafísica: 165
transcendental: 38, 41, 70-75, 78, 79-83, 86-98, 100-102, 105, 108, 109, 111-114, 116-118, 120, 121, 123, 124, 127, 138-140, 143, 144, 149, 152, 156, 157, 160, 179, 189, 190-192, 194, 195, 198-203, 209, 213, 215, 216, 222, 225, 226, 228-230, 233, 236, 238, 239
  t. complejo: 141, 142, 155, 158
  t. disyunto: 142
  t. simple: 141, 158
  tt. clásicos: 77
  tt. complejos: 154, 155, 159, 237

transcendentalidad: 70-72, 81, 82, 96
transcender: 14, 88

ultimidad: 89, 229
unicidad: 117, 120
unidad: 34, 49, 50, 59, 77, 78, 100, 106, 107, 109-111, 113-115, 121, 123, 128-130, 133, 135, 143, 151, 179, 187, 190, 199, 206, 222, 255-257, 259
   u. coherencial primaria: 64, 65, 67, 69, 92, 99, 117, 236
   u. constitucional: 63
   u. cósmica: 131
   u. de conexión: 131, 132
   u. de constitución: 117
   u. de dos momentos: 23, 195
   u. de la esencia: 64, 65, 105
   u. de lo real: 103
   u. de un objeto: 33
   u. esencial: 65, 104, 117
   u. exigencial: 65
   u. física: 64, 116
   u. hilemórfica: 64
   u. interna: 104, 120, 125, 127, 236
   u. objetiva: 33, 258
   u. por sí misma: 64, 120
   u. primaria: 52-55, 61, 63, 65, 124
   u. respectiva: 138, 139
   u. sistemática: 65
   u. subjetiva: 35, 258
   u. transcendental: 108, 112, 116, 117, 236
   uu. coherenciales primarias: 68
   uu. constitucionales: 52
universalidad: 49, 73, 74, 107
universitas: 74
Universo: 48, 113, 131, 133, 178, 187, 217, 221, 236
univocidad del ente: 93
uno transcendental: 105
unum: 73, 77, 104, 109, 111, 118
   u. constitucional: 127
   u. *per se*: 108
   u. transcendental: 127
   u. *transcendentale*: 108, 113, 119

verbo
   v. ser: 89, 145-148
   v. sustantivo: 149
   vv. de realidad: 145
verdad: 9, 10, 37, 38, 40, 73, 80, 84-87, 97, 140, 142, 143, 145, 164, 217, 230, 245
   v. como acierto: 85
   v. de la realidad: 38
   v. fenomenológica: 73
   v. lógica: 37
   v. objetiva: 86
   v. ontológica: 37
   v. primaria: 37
   v. real: 37, 40, 87, 235
veritas transcendentalis: 73
versión
   v. a la realidad: 29, 31, 250, 251, 253, 255, 257, 258
   v. a las cosas: 36
verum: 73, 77, 78, 86, 97, 142-144, 154-156, 159, 185, 195, 217, 230, 237
vía
   v. de acceso a la realidad: 18, 88, 245
   v. de impresión: 30

vida: 53, 57, 59, 96, 105, 109, 118, 186, 213, 214, 218, 220-222, 225, 226, 228, 230-232, 238
   v. currente: 219
   v. del animal: 31, 170
   v. discurrente: 229
   v. fluente: 219
   v. humana: 157, 223, 224
virtud: 11, 23, 25, 26, 31, 35, 37, 40, 42, 43, 53, 57, 59, 180, 217
viviente: 31, 53, 56, 57, 219, 253
vivir: 57, 257
volente: 78, 97, 133, 156, 194, 218
volición: 194, 195
voluntad: 59, 78, 91, 96, 97, 110, 139, 143, 155, 156, 185, 194, 195, 205, 207, 217, 230, 232

   v. tendente: 218
Vorhanden: 14, 91, 89, 135

Woraufhin: 134

yo
   yo empírico: 83, 91, 213
   yo humano: 68
   yo mismo: 211-213, 232
   yo puro: 82, 83, 207
   yo transcendental: 82
Yo
   Yo mismo: 212, 232

Zeitlichkeit: 88
Zuhandenes: 227
Zuhandenheit: 153, 154

ÍNDICE

Presentación, por José A. Martínez I

Introducción 7

Capítulo I: *El enfoque del problema de la realidad.* 9
§ 1 El enfoque del problema 9
    I. *Cómo se presentan las cosas* 16
        A) La eliminación de la sensibilidad 16
        B) La concepción de la sensibilidad 18
        C) La preterición de la sensibilidad 28
    II. *Cuál es el problema que las cosas plantean.* 35

Capítulo II: *La idea de lo real en su realidad* 39
§ 1. La idea de lo real 39
    I. *Realidad y sustantividad* 41
        A) En qué consiste la realidad de cada cosa real 43
        B) Cuál es la estructura interna de la sustantividad 60
    II. *Realidad en cuanto tal* 68
        A) La transcendentalidad en sí misma 72

  B) Qué es el orden transcendental en sí mismo 90
  C) Cuál es el modo como el orden transcendental está presente al hombre 92
  D) En qué consiste formalmente esta dimensión transcendental de las cosas reales ... 94

Capítulo III: *La estructura de la realidad en cuanto tal.* 99
 § 1. Realidad y estructura de cada una de las cosas reales en tanto que reales 101
  I. *La unidad de cada cosa* 104
   A) ¿En qué consiste formalmente esta unidad? 105
  II. En qué consiste la realidad de cada cosa en tanto que una con la totalidad de las notas que posee 120
 § 2. Realidad y mundanidad respecto de las demás cosas 128
  I. *La estructura misma del mundo* 130
  II. *La inclusión de cada realidad en el mundo* 143
 § 3. Realidad, causalidad y poder 159
  I. *La idea de la causalidad* 161
  II. *La idea del poder* 180

Capítulo IV: *Cuáles son los modos que tiene lo real en orden a la realidad en cuanto tal* 189
 § 1. Los diferentes modos transcendentales de realidad 191
  I. *Las diferencias de lo real en orden a su realidad* 191
  II. *Cuál es el carácter de esta diferencia* 198

III. Cuál es la estructura positiva de la realidad según esta diferencia 202
    A) Qué es ser persona 204
    B) En qué consiste la estructura misma de esta persona 209
§ 2. Qué significa esta diferencia 215
    I. La realidad y sus diferencias en este respecto 217
    II. Carácter de estas diferencias 224
    III. La realidad en cuanto tal como configurante del ser sustantivo del hombre 230

Conclusión 235

Apéndice 241

Índice analítico 261